逻辑学概论

张振华　编著

辽宁大学出版社

引　言

　　培养和提高大学生的素质和能力是高等教育的永恒主题，也是本书编写的主要宗旨。

　　逻辑思维能力在诸多素质和能力中居于重要地位。诚然，对素质的培养与提高是众多学科的共同任务，但是，逻辑学的教学无疑起着特殊的作用。

　　任何有成效的思维都离不开知识。但是，掌握的知识越多，是否意味着逻辑思维能力越强？人的素质主要是由什么决定的？是知识还是能力？是否存在一种独立于各种专门知识，包括逻辑专门知识的逻辑思维能力？现行理论的一个基本观点是，人的那种独立于各种专门知识，包括逻辑专门知识的逻辑思维能力，即批判性思维能力，第一是存在的；第二是有差异的；第三是可训练的；第四是可测试的。

　　人的素质差异，不在于既存知识信息量的差异，而在于他们思维能力的差异。我们的目标是，寻找有效途径，训练这种能力，揭示这种能力上的差别，把这方面的高素质的对象选拔出来。

　　思维训练的问题是一个古老而又常新的话题，一个备受关注又十分棘手的话题，一个不时引起热烈争论又有些沉重的话题。从孔子、墨子、苏格拉底、亚里士多德、培根等中外哲学家、思想家到近、现代心理学、逻辑学、思维科学、符号学、语言学、修辞学、认知神经科学等方面的专家学者都十分关注这些问题，并对它们进行了多视角的研究。迄今为止的理论研究和思维训练实践表明，问题已不是思维是否可以训练，思维是否需要训练的问题，而是思维应当怎样训练的问题。从某种意义上说，一部教育史就是一部思维训练史。正如心理学家沙赫特所说，在儿童的成长过程中，儿童逐渐学会选择、组织、构造经验模式，辨认事物、从别人那里借用范畴来规范自己的认知。从某种意义上说，儿童的成长过程就是一个不自觉的思维训练过程。换个角度说，任何教育都在有意无意地培养着某种或某些思维模式。因此，问题不在于培养什么思维模式，而在于它应当培养什么样的思维模式。从学习者方面说，问题不在于是否需要接受思维训练，而在于应当接受什么样的训练，才是有益的、高效的、全面的。事实上，许多正规教育，从小学（甚至从幼儿园）开始到大学阶段一直偏重于进行求同思维、演绎思维（遗憾的是，大多不是严格的、系统的演绎思维训练）、左脑思维、言语思维、协调性思维的训练，有的甚至是在进行教条式的、两极化（非黑即白）思维训练；而对求异思维、发散思维、类比思维、右脑思维、非言语思维、次协调思维、辩证思维等涉及思维能力方面却较少注意，有的甚至完全撇在一边，置之不理。这种思维训练的直接后果是：接受知识能力较强，研究能力较弱；掌握书本知识的能力较强，解决实际问题能力较差；抽象演绎能力较强，综合运用能力较差；数学推导能力较强，表达能力较差。从而使许多学生思维刻板，盲从权威和教师，怕出错、怕冒险，过分追求确定性，缺少创造性和想象力。由此可以看出，思维能力的培养和训练是一个不可忽视的重要课题。

思维的培养、训练与提高是与逻辑学分不开的。逻辑学是一门关于思维的科学，它主要研究思维的形式、规律、推理和论证，而任何领域无论其理论体系的建立、观点表述或具体问题的解决，都存在着逻辑思维过程，都有逻辑方法的运用。所谓表达能力、决策能力和运作能力都不外是思维能力的体现。特别是批判性思维，它实际上是一种逻辑思维，它以推理、论证、反驳等为基本形式，而这些基本形式大都是逻辑学的基本内容。因此，熟悉一些逻辑学的基础知识，掌握一些逻辑学的基本方法，有助于提高我们的思维能力。

本书是为训练、提高人的逻辑思维能力而编写的。我认为，一个人具有逻辑思维比具备逻辑知识更重要。因此，本书在讲述与之相关的逻辑学基础知识的同时更加突出培养人的基本素质、提高训练人的思维能力方面的特点，其目的是把逻辑知识的学习与逻辑思维能力的培养有机地结合起来。如果读者能从中获益，哪怕是微不足道的，这对我而言也是最大的满足。

作　者

2011 年 4 月

目　录

第一章 绪 论

第一节 逻辑学的定义及范畴

一、逻辑学的研究对象

逻辑学是研究思维形式结构及其规律的科学。

思维是多种学科研究的对象，除了逻辑学之外，哲学认识论、生理学、心理学、语言学、控制论和信息论、人工智能等，也都研究思维。不过，它们各自研究的具体范围、方面、侧重点是不同的。

逻辑学主要研究思维的形式结构。任何思维过程都是由概念、命题和推理来承担和表现的。概念、命题和推理称作思维形式。任何思维都有具体内容，也有其形式结构或逻辑形式。反映在概念、命题和推理中的特定对象及其属性称作思维的具体内容，思维内容各部分之间的联系方式称作思维的逻辑形式（或形式结构）。思维的逻辑形式是由逻辑常项和逻辑变项构成。

逻辑常项是思维形式结构中不变的部分，它决定思维的逻辑内容。逻辑变项是思维形式结构中可变的部分。例如：

(1) 所有事物都是发展变化的。

(2) 所有哺乳动物都是脊椎动物。

(3) 所有商品都是用来交换的劳动产品。

(4) 所有艺术品都有欣赏价值。

上述例子中，分别是关于"事物"、"动物"、"商品"、"艺术"等不同的内容，但有共同的逻辑形式：

所有"S"都是"P"

其中，"所有……都是……"是逻辑常项，逻辑常项并不随思维内容的变化而变化。逻辑常项体现了逻辑形式的本质特征，是思维的逻辑形式的关键，是区分不同种类的逻辑形式的唯一依据。"S""P"是逻辑变项。这种逻辑变项叫做词项变项，可以用不同的词项带入，表达不同的思维内容。又如：

（1）如果物体受到摩擦，那么物体就会生热。

（2）如果他来，那么我就不去。

（3）如果人类要生存，那么就必须注意保护人类生存的自然环境。

（4）兼听则明，偏听则暗。

上述各句的共同形式结构是：

如果"p"，那么"q"。

其中，"如果……，那么……"是逻辑常项，"p""q"是逻辑变项。这里，这种逻辑变项叫做命题变项，可以用不同的命题带入。

可以看出，思维形式结构是撇开思维具体内容的一种逻辑抽象。这种抽象的意义在于：思维形式结构自身具有特殊的规律性，人要通过思维获得正确认识，必须遵循这方面的规律，否则将导致思维混乱。

思维的逻辑形式是与思维的具体内容紧密地联系在一起的。但是，不可否认，思维的逻辑形式又有其自身的相对独立性。人们有必要也有可能从具有不同内容的各类思维形式中，抽取出它们所共有的逻辑形式来加以研究。逻辑学不研究思维的具体内容，也不研究那些个别的逻辑形式，它只研究各种不同类型的思维形式所共同具有的逻辑形式，这是逻辑学研究思维形式的根本特点。

二、思维的基本规律

思维形式结构自身不表达具体的思维内容，因而没有真假。但是，在对思维形式结构中的逻辑变项赋予一定内容时，思维形式结构就有意义了，同时也就有了真假。其中，永远表达其真实思想内容的思维形式结构称为逻辑规律。例如"如果 p，那么 p"、"p 或者非 p"等。如果永远表达其虚假思想内容的思维形式结构称为逻辑矛盾。例如"p 并且非 p"、"并非（p 或者非 p）"等。逻辑学的任务之一就是运用逻辑规律进行推理和论证，发现和排除逻辑矛盾。

逻辑规律也称作思维的基本规律。因为它是普遍适用于各种类型的逻辑形式，是正确思维的基本要求，是任何人进行思维活动时都必须遵守的最起码的逻辑规律。思维基本规律：同一律、矛盾律、排中律和充足理由律。

同一律要求：一个思想是什么，它就是什么，不能把不同的思想混为一谈；

矛盾律要求：在互相否定的两个思想中，必须承认至少有一个是假的，而不能承认它们都是真的；

排中律要求：在互相矛盾的两个思想中，必须承认有一个是真的，即二者必居其一，排除第三种可能性；

充足理由律要求：断定任何一个思想为真，都必须有充分的理由。

只有遵守上述 4 条规律，人们才能有效地运用概念进行判断和推理，才能使思维和论证过程具有确定性、不矛盾性、明确性和论证性。

第二节　传统逻辑和现代逻辑

一、传统逻辑

传统逻辑主要是指以亚里士多德的古典逻辑为主，延续到近代一个阶段的逻辑理论，包括传统演绎逻辑与传统归纳逻辑。

传统演绎逻辑也称传统形式逻辑，它的研究对象是人们日常思维中运用的演绎推理形式，如三段论推理、联言推理、宣言推理、假言推理等。传统演绎逻辑认为，推理是由判断构成的，判断是由概念构成的，因此，传统逻辑将思维分为概念、判断、推理等类型。并由此出发形成了概念的理论、判断的理论和推理的理论。

在亚里士多德之后，古希腊斯多葛学派以及欧洲中世纪的一些逻辑学家，充实了亚里士多德逻辑学的内容，使得传统逻辑有了很大的发展。

17世纪，随着经验自然科学的兴起和发展，英国哲学家弗兰西斯·培根提出了科学归纳法，奠定了归纳逻辑的基础。在培根之后，英国哲学家约翰·穆勒继承并发展了培根的归纳逻辑，提出了寻求现象间因果联系的五种归纳方法，即契合法、差异法、契合差异并用法、共变法和剩余法，逻辑史上通称为"穆勒五法"。

到了17世纪的中叶，法国出版了亚诺德和尼柯尔合著的《波尔罗亚尔逻辑》，这是一本逻辑学教科书，共有四大部分，分别讨论了概念、判断、推理和方法问题。至此，演绎、归纳和一般逻辑方法融为一体的传统逻辑便基本定型了。

虽然日常思维大量运用传统逻辑，但由于传统逻辑的内容有些陈旧而肤浅，作为逻辑分析的工具显得有些落后，远远不能适应现代科学与技术发展的需要，现代逻辑因此应运而生。

二、现代逻辑

现代逻辑是指从德国哲学家莱布尼兹开始到现在，以数理逻辑即符号逻辑为主的逻辑理论。

数理逻辑是以命题演算、谓词演算为基础内容，包括集合论、证明论、递归论、模型论等标准逻辑，即二值逻辑；也包括多值逻辑、模态逻辑等非标准逻辑；还包括问题逻辑、规范逻辑等应用逻辑。现代演绎逻辑在进行逻辑分析时，采用的是形式化、符号化和逻辑演算的方法。

莱布尼兹首先提出了用数学方法处理演绎逻辑，把推理变成逻辑演算的思想。因而，他成为数理逻辑的奠基人。后来，英国数学家布尔建立了"逻辑代数"，把莱布尼兹的思想变为现实，使数理逻辑有了飞跃的发展。随后，弗雷格、罗素和怀特海等人建立了命题演算和谓词演算，使数理逻辑进一步完善和成熟。1910年到1913年罗素和怀特海出版了巨著《数学原理》，标志数理逻辑的完成。

数理逻辑与传统逻辑的区别在于运用的语言不同。传统逻辑是以自然语言作为主要的工具语言，数理逻辑的工具语言是符号语言。由于使用了符号语言，使得数理逻辑在进行逻辑分析时，能够实现形式化、符号化和演算化。显然，数理逻辑较之传统逻辑获得了更为精确、有效的分析和表述工具，从而包括并大大发展了传统逻辑对于命题和词项推理的研究，并建立起命题逻辑和谓词逻辑的精确、完备的体系。

第二章 概 念

第一节 概念的概述

一、概念及其特征

1. 什么是概念

概念是反映对象本质属性的思维形式。概念所反映的对象是指一切能被思考的事物，如自然界的日、月、星辰，社会上的商品、货币，精神领域中的感觉、思维，等等。有些不存在的事物，如造物主、永动机，也属于概念所反映的对象，因为它们同样能被思考。事物无不具有一定的性质，如形态、颜色、美丑、善恶等等，无不与其他事物发生一定的关系，如上下、轻重、同异、对称等等。

事物的性质和关系，统称事物的属性。事物和属性是不可分离的，属性都是属于一定事物的属性，事物都是具有某些属性的事物。事物由于属性的同异而形成各种不同的类，具有相同属性的事物组成一类，具有不同属性的事物分别组成不同的类。事物的属性分为本质属性和非本质属性。

本质属性是为一类事物共同具有并且仅仅为该类事物具有的属性，也就是决定一事物之所以成为该事物并区别于其他事物的属性。例如，"能制造和使用生产工具的动物"就是人的本质属性，至于人的高矮、胖瘦、男女、长幼等则是人的非本质属性。

概念舍去了对象的非本质属性，抽象地反映对象的本质属性。

2. 概念的特征

概念的内涵与外延是概念的两个逻辑特征。

概念的内涵就是反映在概念中的对象的本质属性。

概念的外延就是反映在概念中的具有本质属性的个体。例如：

"太阳系的行星"这个概念的内涵是按椭圆形轨道围绕太阳运行的星球，它的外延是水星、金星、地球、火星、木星、土星、天王星、海王星、冥王星等。

概念的内涵和外延是相互依存、相互制约的。内涵是概念的质，它说明概念所反映的对象是什么；外延是概念的量，它说明概念所反映的对象有哪些。确定某一概念内涵，也就相应的确定了这个概念的外延。因此，概念明确就是指内涵或外延是明确的。

概念的内涵有多少之分，概念的外延有大小之别。在属概念与种概念的内涵与外延之间存在反变关系：一个概念的内涵越多，其外延越小；一个概念的外延越大，其内涵越少，反之亦然。以"综合性大学"与"大学"两个概念为例，"综合性大学"的内涵比"大学"的内涵多，"综合性大学"的外延比"大学"的外延小。

二、概念与语词

概念是思维的最小单位，它的语言表达形式是语词。概念和语词有密切的关联。概念是语词的思想内容，语词是概念的语言表达方式。任何概念都是通过语词来表达的，不用语词表达的概念是不存在的。

但是，概念和语词又有区别。

第一，概念是一种思维形式，语词是一种语言形式。概念是对客观事物的一种反应，而语词并不是事物的反应形式，它只是用来表达概念、标示事物的一组声音或一组比画。

第二，概念必须通过语词来表达，但并非所有的语词都表达概念。一般来说，实词（名词、形容词、动词、代词、数量词等）表达概念。不能单独充当语法成分的虚词，如助词"的""地""得"等脱离开实词则没有确定的含义，叹词"呀""啊""哈"等是表达感情的，疑问词"吗""呢"等则是表达疑问的，这些虚词单独使用都不表达概念。

第三，同一个概念可以用不同的语词来表达。例如，"医生"和"大夫""西红柿"和"番茄"等。其中每一组语词所表达的都是同一个概念。

第四，同一个语词在不同的语境中可以表达不同的概念。例如"逻辑"一词，即可指"思维规律"也可指"客观规律"，还可以指"逻辑学"，它在不同的语境中表达不同的概念。

第二节 概念的种类

依据概念在内涵或外延方面的特征，概念可分成不同的类型。

一、单独概念与普遍概念

根据概念反映的对象是一个还是至少两个，概念可分为单独概念与普遍概念。

1. 单独概念

单独概念反映的是独一无二的对象。一般用两类语词表达：一是以专有名词作为限制词的语词，例如，"鲁迅""北京""中国""红楼梦""2000 年 1 月 1 日"等。二是摹状词，例如，"《家》的作者""清朝最后一个皇帝"等。

2. 普遍概念

普遍概念反映的是至少有两个分子的一类对象。例如，"国家""沈阳市重点中学""自然数""天体"等。其中"国家""沈阳市重点中学"这样的可数概念称为有限普遍概念，"自然数"
"天体"这样的不可数概念称为无限普遍概念。

二、集合概念与非集合概念

根据所反映的对象是否为集合体，概念可分为集合概念和非
集合概念。

1. 集合概念

反映集合体的概念称为集合概念。集合体是由一定数量的个
体组成的统一整体。一个集合体有它特定的属性，而组成集合体
的个体不一定具有集合体的属性。例如，"森林"就是集合概念，
因为，它是由许多树木组成的集合体，而个体的树木不具有森林
的属性。一个对象是集合体，主要在于它是由若干个体组成的，
并且组成它的个体不具有作为集合体的属性。

2. 非集合概念

非集合概念是反映非集合体的概念。非集合概念是相对于集
合概念来说的，凡不属于反映集合体的概念都是非集合概念。例
如："树""书"等，都是非集合概念。怎样区分集合概念和非集
合概念呢？在客观事物中，存在着两种不同的联系，一是类和分
子的联系，一是集合体和个体的联系。类的属性，必然地为组成
它的任一分子所具有；集合体的属性，并不必然地为构成它的任
一个体所具有。例如："国家"和"中国"的关系，是类和分子
的关系，"国家"具有的性质，"中国"必然具有，否则，中国就
不能称其为国家；而"森林"和"树木"的关系，则是集合体和
个体的关系，"森林"具有的性质"树木"未必都具有。需要注
意的是，同一个语词在一些命题中表达集合概念，在另一些命题
中不表达集合概念，这需要根据语言环境来确定。例如，在命题
"中国人死都不怕，还怕困难吗？"其中"中国人"表达集合概
念，它的外延是中国人的整体。而在命题"中国人是炎黄子孙"
其"中国人"不表达集合概念，它的外延不是中国人的集合体。

三、正概念与负概念

根据概念反映的对象是否具有某种属性，概念可分为正概念与负概念。

1. 正概念

正概念是反映对象具有某种属性的概念。正概念也叫肯定概念。如"机动车""正义战争""哺乳动物"等都是正概念。

2. 负概念

负概念是反映对象不具有某种属性的概念。负概念也叫做否定概念。如"非机动车""无脊椎动物""非正义战争""不合法"等都是负概念。负概念一般都带有否定词"非""无""不"等。但是，并非带有这些否定字样的概念都是负概念。

负概念总是相对于某个特定范围而言的，这在逻辑上叫做论域。如"非正义战争"是指正义战争以外的战争，它的论域是战争；"非哺乳动物"的论域是脊椎动物，"党员"的论域是人，等等。

第三节 概念外延之间的关系

概念外延是一个类，概念外延之间的关系也可看作类与类的关系。借助"欧拉图"可以对概念外延之间的关系作直观解释。概念外延间的关系共有五种。

一、全同关系

设 A、B 两个概念，如果它们的外延全部重合，即所有的 A 都是 B，同时，所有的 B 都是 A，那么 A 与 B 之间的关系就是全同关系。全同关系也叫做同一关系。

例如，"等边三角形与等角三角形"就是全同关系。全同关系可以用"欧拉图"表示为（图 2—1）

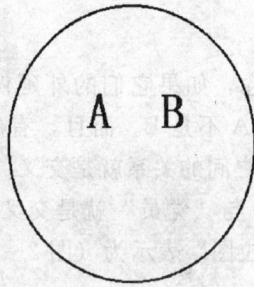

图 2—1

二、真包含关系与真包含于关系

设 A、B 两个概念，如果所有的 B 都是 A，但是，有的 A 不是 B，那么 A 真包含 B，即 A 对 B 是真包含关系；反之，B 对 A 就是真包含于关系，即 B 真包含于 A。

例如，"动物"与"哺乳动物"，"动物"真包含"哺乳动物"；"哺乳动物"真包含于"动物"。真包含关系与真包含于关系可以用"欧拉图"表示为：真包含关系与真包含于关系统称为属种关系。具有真包含关系与真包含于关系的两个概念，总是一个外延大，一个外延小。外延大的概念叫属概念，外延小的概念叫种概念。属概念外延真包含种概念外延，种概念外延真包含于属概念外延。真包含关系和真包含于关系用"欧拉图"表示（图 2—2）

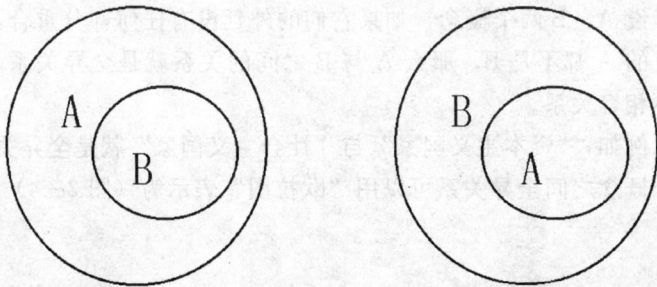

图 2—2

三、交叉关系

设 A、B 两个概念，如果它们的外延仅有一部分是重合的，即有的 A 是 B，有的 A 不是 B。而且，有的 B 是 A，有的 B 不是 A，那么，A 与 B 之间的关系就是交叉关系。

例如，"大学生"与"党员"就是交叉关系。两个概念之间交叉关系可以用"欧拉图"表示为（图2—3）

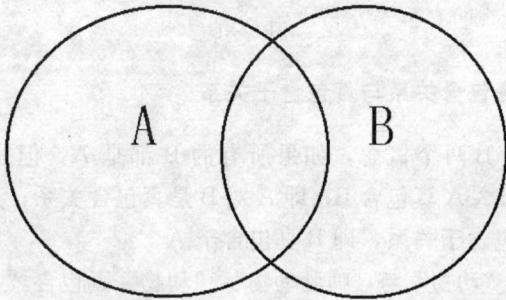

图2—3

上述两个概念之间的同一关系、真包含关系、真包含于关系、交叉关系有一个共同点，即 A、B 两个概念外延至少有一部分是重合的。逻辑上把这四种关系统称为相容关系。

四、全异关系

设 A、B 两个概念，如果它们的外延没有任何部分重合，即所有的 A 都不是 B，那么 A 与 B 之间的关系就是全异关系，又叫不相容关系。

例如，"资本主义国家"与"社会主义国家"就是全异关系。两个概念之间全异关系可以用"欧拉图"表示为（图2—4）

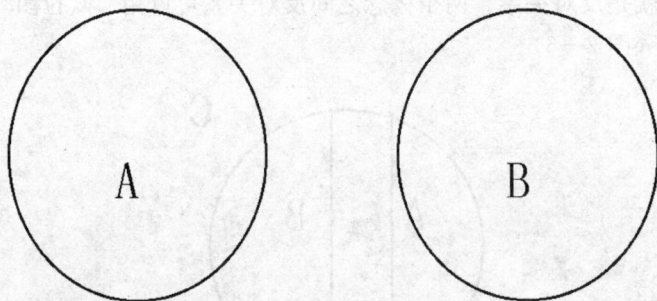

图 2—4

全异关系还可以分为矛盾关系和反对关系。

1. 矛盾关系

矛盾关系是指具有全异关系的 A、B 两个概念，它们都包含于另一个概念 C，如果 A 与 B 的外延之和等于 C 的全部外延，那么，A 与 B 之间的关系就是矛盾关系。例如，"红色"和"非红色"就是矛盾关系。两个概念之间矛盾关系可以用"欧拉图"表示为（图 2—5）

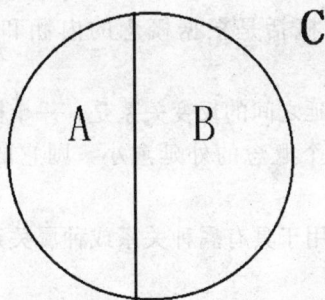

图 2—5

2. 反对关系

反对关系是指具有全异关系的 A、B 两个概念，它们都包含于另一个概念 C。如果 A 与 B 的外延之和小于 C 的全部外延，那么，A 与 B 之间的关系就是反对关系。例如，"红色"和"白

色"就是反对关系。两个概念之间反对关系可以用"欧拉图"表示为（图 2—6）

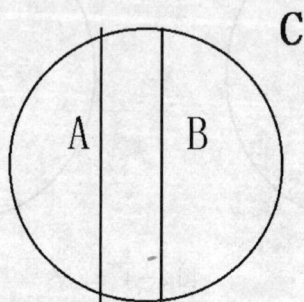

图 2—6

第四节 明确概念的逻辑方法

一、概念的限制与概括

概念的限制与概括是根据概念的内涵和外延反变关系进行的。

概念内涵与外延之间的反变关系是：一个概念的外延愈大则它的内涵愈少，一个概念的外延愈小，则它的内涵愈多，反之亦然。

反变关系只适用于具有属种关系或种属关系的概念，不适用其他关系的概念。

1. 概念的限制

概念的限制是通过增加概念内涵以缩小概念外延来明确概念的一种逻辑方法。例如，由"劳动"过渡到"脑力劳动"就是对"劳动"增加了"脑力"这一属性，从而把"劳动"限制为"脑力劳动"。"劳动"是属概念，"脑力劳动"是它的种概念。因此，概念的限制也可表述为：由外延较大的概念向外延较小的概念过渡，即由属概念向它的种概念过渡。概念限制的极限是单独概念。因为单独概念外延只有一个对象，不存在种概念。例如，"国家"可以连续限制：国家→社会主义国家→中国。中国就是单独概念，它不能再进行限制了。

2. 概念的概括

概念的概括是通过减少概念内涵以扩大概念的外延来明确概念的一种逻辑方法。例如，由"社会主义国家"过渡到"国家"，就是从"社会主义国家"中减去"社会主义"这一属性，从而把"社会主义国家"概括为"国家"。"社会主义国家"是"国家"的种概念，"国家"是它的属概念，因此，概念的概括也可以表述为：由外延较小的概念向外延较大的概念过渡，即由种概念向它的属概念过渡。概括的极限是哲学范畴，"物质""意识"等，因为它并不再有属概念了。

二、定义

1. 定义及定义的结构

定义是揭示概念内涵的逻辑方法。

定义由被定义项、定义项和定义联项三部分组成。

被定义项是其内涵被揭示的概念；定义项是用来揭示被定义项内涵的概念；定义联项是联结被定义项与定义项的概念。例如，"概念是反映对象本质属性的一种思维形式"。在这个定义中，"概念"是被定义项，"反映对象本质属性的一种思维形式"是定义项，其中联结被定义项和定义项的"是"叫定义联项。

2. 定义方法

最常用的是"属加种差"定义方法。属加种差定义可用下列公式表示：

$$被定义项＝种差＋属概念$$

例如，"商品是用来交换的劳动产品"就是用属加种差定义方法下的定义。其中"商品"是被定义项，"用来交换的"是种差，"劳动产品"是属概念。

另外，下定义方法还有发生定义、关系定义和功用定义。

3. 定义规则

正确定义必须遵守下列三条规则：

第一，定义项的外延和被定义项的外延应是全同的。违反这条规则的错误有"定义过宽"和"定义过窄"两条。例如：

"贪污就是违法行为"作为定义，犯了"定义过宽"的逻辑错误。

"形式逻辑是研究推理的科学"作为定义，犯了"定义过窄"的逻辑错误。

第二，定义项中不能直接或间接地包含被定义项。违反这条规则的逻辑错误有"同语反复"和"循环定义"两条。例如：

"贪污就是贪污国家资财的人"，这个定义犯了"同语反复"的逻辑错误。

"生命就是有机体的新陈代谢，而有机体是生命的机体。"这个定义犯了"循环定义"的逻辑错误。

第三，定义项中不能包括含混的概念或语句，不得用比喻。违反这条规则就会犯"定义含混"或"比喻代定义"的逻辑错误。例如：

"语言是一切事物和思想的衣裳"，这个定义犯了"定义比喻"的逻辑错误。

三、划分

1. 划分及划分的结构

划分是把一个属概念分为若干个种概念的逻辑方法。

划分由划分母项和划分子项两个部分组成。

划分母项就是被划分的属概念；划分的子项是划分出来的种概念。例如，"社会产品"分为"生产资料"和"生活资料"，在这个划分中，"社会产品"是划分的母项，"生产资料"和"生活资料"是划分子项。

划分与分解不同，被划分的概念，即母项与划分出来的概念即子项是属与种的关系，而分解并不是属种关系。

划分最常用的方法是一次划分和连续划分。此外，还有二分法。

2. 划分规则

正确划分必须遵守以下规则：

第一，划分后的各子项外延之和必须与母项外延相等。违反这条规则就会犯"划分不全"或"多出子项"的逻辑错误。例如：

"期刊分为月刊和季刊"。这个划分犯了"划分不全"的逻辑错误。又如：

"中国少数民族包括蒙、回、藏、满、维吾尔、朝、汉等五十多个民族"。这个划分就犯了"多出子项"的逻辑错误。

第二，每次划分必须按同一标准进行。违反这条规则就会犯"划分标准不同一"的逻辑错误。例如：

"国家分为社会主义国家、资本主义国家、大国、小国等。"这个划分就犯了"划分标准不同一"的逻辑错误。

第三，划分的各子项应当不相容。违反这条规则就会犯"子项相容"的逻辑错误。例如：

"阶级分为无产阶级、资产阶级、工人阶级和剥削阶级"。这个划分就犯了"子项相容"的逻辑错误。

练习题

一、填空题

1. 概念是_____的思维形式。

2. _____和_____是概念的两个基本逻辑特征。具有属种关系的两个概念，它们的两个逻辑特征之间存在着_____关系。

3. 概念限制和概括的根据是_____。

4. 从定义结构上看，在定义"形式逻辑是研究思维形式结构及其规律的科学"中，"形式逻辑"是_____，"研究思维形式结构及其规律"是_____,"科学"是_____。

5. 一个正确定义的定义项与被定义项在外延上应具有_____关系。

6. 划分母项与划分子项之间具有_____关系；划分子项与子项之间具有_____关系。

7. "概念"这个概念的属概念是_____,种概念是_____,反对关系概念是_____,矛盾关系概念是_____。

8. 概念间_____关系,能进行限制和概括。

9. 概念、命题、推理三种不同思维形式之间是_____关系。

10. 概念的内涵和外延的反变关系,只适用于_____关系或_____或_____,不适用于_____关系、_____关系和_____关系。

二、单项选择题（选出一个正确答案,并把它的标号写在括号内。）

1. 在"工人、农民和知识分子是建设社会主义事业的三支基本社会力量"和"人人都要改造世界观,知识分子也要改造世界观",这两个命题中,"知识分子"（   ）。

(1) 都是集合概念

(2) 都是非集合概念

(3) 前者是集合概念,后者是非集合概念

(4) 前者是非集合概念,后者是集合概念。

2. "我国是一个多民族国家"。在这个命题中,"一个多民族国家"这个概念是（   ）。

(1) 单独概念　　　　　　(2) 集合概念

(3) 普遍概念　　　　　　(4) 否定概念

3. 在"逻辑形式中的项只有逻辑常项和变项"这一命题中,"逻辑形式中的项"与"逻辑常项"在外延上具有（   ）关系。

  (1) 全同   (2) 交叉

  (3) 真包含   (4) 真包含于

4. 若 A 是划分母项，则根据划分规则，A 不可以是( )。

  (1) 单独概念   (2) 普遍概念

  (3) 正概念   (4) 负概念

5. 把中国概括为国家，限制为辽宁省，则其( )。

  (1) 概括正确，限制正确

  (2) 概括错误，限制正确

  (3) 概括正确，限制错误

  (4) 概括错误，限制也错误。

6. 性质命题的主项 "S" 和谓项 "P" 在外延上的关系有如下几种："全同关系，真包含关系，真包含于关系，交叉关系，全异关系和矛盾关系" 这个划分所犯的逻辑错误是( )。

  (1) 划分标准不一   (2) 子项相容

  (3) 多出子项   (4) 划分不全

7. "脑力劳动是艰苦的劳动，特别是复杂的脑力劳动更是艰苦的劳动。" 这句话运用了( )。

  (1) 定义方法   (2) 划分方法

  (3) 概括方法   (4) 限制方法

8. "集合概念" 和 "正概念" 间的关系是( )。

  (1) 真包含关系   (2) 真包含于关系

  (3) 交叉关系   (4) 全异关系

9. "中国位于亚洲" 这句话中的中国与亚洲两个概念外延间为( )。

  (1) 真包含关系   (2) 真包含于关系

  (3) 交叉关系   (4) 全异关系

10. 如 A 是属加种差中的属概念，则 A 通常不是( )。

  (1) 普遍概念   (2) 单独概念

  (3) 正概念   (4) 负概念

11. "国家有奴隶制国家，封建制国家，资产阶级国家、无产阶级国家，它们都是阶级专政的国家"这几个判断对"国家"这个概念是(　　)来说明的。

(1) 仅从内涵方面

(2) 仅从外延方面

(3) 先从内涵再从外延方面

(4) 先从外延再从内涵方面

12. "集合概念"和"正概念"间的关系是(　　)。

(1) 真包含关系　　　　(2) 真包含于关系

(3) 交叉关系　　　　　(4) 全异关系

13. 下列对概念概括正确的是(　　)。

(1) "子项"概括为"母项"

(2) "沈阳"概括为"中国"

(3) "主语"概括为"句子"

(4) "交叉关系"概括为"相容关系"

13. a："某属概念具有的内涵，其种概念必然具有"和 b："某种概念不具有的内涵，其属概念必然不具有"这两个论断(　　)。

(1) 都对　　　　　　　(2) a 对，b 错

(3) 都错　　　　　　　(4) a 错，b 对

14. 下列句子中，"教师"是集合概念的句子是(　　)。

(1) 教师是培养千百万接班人的辛勤园丁

(2) 教师是知识分子

(3) 教师应当成为人类灵魂的工程师

(4) 陶行知是教师

15. "有 A 是 B"、"有 A 不是 B"、"并非 B 都是 A"这三个判断都真，则 A 与 B(　　)。

(1) 都是单独概念

(2) A 是单独概念，B 是普遍概念

(3) 都是普遍概念

(4) A 是普遍概念，B 是单独概念

16. 若 A、B 两概念具有同一关系，则 A 与 B（　　）。

    (1) 内涵与外延均相同   (2) 内涵相同而外延不同

    (3) 内涵不同外延均相同   (4) 内涵与外延均不同

17. 设 A 为《孔乙己》，B 为《鲁迅全集》，则 A 与 B 的外延关系为（　　）。

    (1) A 真包含于 B   (2) B 真包含 A

    (3) A 与 B 全异   (4) A 与 B 相容

18. 若 A 是划分母项，则根据划分规则，A 不可以是（　　）。

    (1) 单独概念   (2) 普遍概念

    (3) 正概念   (4) 负概念

19. 下列属于逻辑划分的是（　　）。

    (1) 三段论分为大前提、小前提和结论

    (2) 思维形式分为概念、判断和推理

    (3) 关系判断分为关系项、关系者项和量项

    (4) 定义分为被定义项、定义项和定义联项

20. 定义可用公式表示为"DS 就是 DP"，犯定义过窄的错误反映的是在外延上（　　）。

    (1) DS 全同于 DP   (2) DS 真包含于 DP

    (3) DS 真包含 DP   (4) DP 真包含 DS

21. 下列对概念概括正确的是（　　）。

    (1) 子项概括为母项

    (2) 沈阳概括为中国

    (3) 主语概括为句子

    (4) 交叉关系概括为相容关系

三、双项选择题（选出两个正确答案，并把它们的标号写在括号内）

1. 下列各组概念在外延上具有交叉关系的有（　　）（　　）。

    (1) 青年、教师、大学教师

　　（2）单独概念、普遍概念、肯定概念

　　（3）演绎推理、三段论、类比推理

　　（4）党员、工人、劳动模范

　　（5）党员、干部、汉族

2. 在"中国是世界上人口最多的国家"这一命题中，主项与谓项都是(　　)和(　　)概念。

　　（1）单独　　　　　（2）普遍　　　　　（3）集合

　　（4）正　　　　　　（5）负

3. "中国女子排球队员"这个概念是(　　)(　　)。

　　（1）单独概念　　　（2）普遍概念　　　（3）集合概念

　　（4）否定概念　　　（5）非集合概念

4. "杀人罪就是故意非法地剥夺他人生命的行为。"这个定义是(　　)(　　)。

　　（1）正确的

　　（2）错误的

　　（3）犯了定义过宽错误

　　（4）犯了定义过窄错误

　　（5）定义用了否定形式

5. "划分按层次可以分为一次划分和连续划分，任何划分都包含母项、子项和根据三部分"。这一议论是(　　)(　　)来说明划分这一概念的。

　　（1）仅从内涵

　　（2）先从内涵，后从外延

　　（3）仅从外延

　　（4）先从外延，后从内涵

　　（5）并非都从内涵

6. 若"A 可以分为 B、C、D"是一正确的划分，则 B 与 C 的外延一定是(　　)(　　)。

　　（1）矛盾关系　　　（2）属种关系　　　（3）交叉关系

　　（4）反对关系　　　（5）全异关系

7. 下列各组概念中，具有属种关系的是(　　　)(　　　)。
   (1) 常项—量项
   (2) 太阳系—地球
   (3) 《鲁迅全集》—《药》
   (4) 变项—支命题
   (5) 母项—子项

8. 下列依据属种关系来明确概念间内涵与外延反变关系的
   逻辑方法是(　　)(　　)。
   (1) 定义　　　(2) 划分　　　(3) 分类
   (4) 限制　　　(5) 求同法

9. 若 A 和 B 都是单独概念，则 A 与 B 的外延可能是(　　)
   关系或(　　)关系。
   (1) 同一　　　(2) 真包含　　(3) 真包含于
   (4) 交叉　　　(5) 全异

10. 设 A 是单独概念，B 是普遍概念，则 A 与 B 的外延关
    系或是(　　)关系或是(　　)关系。
    (1) 同一　　(2) A 真包含 B　(3) A 真包含于 B
    (4) 交叉　　(5) 全异

11. "划分按层次可以分为一次划分和连续划分，任何划分
    都包含母项、子项和根据三部分"。这一议论是(　　)
    (　　)来说明划分这一概念的。
    (1) 仅从内涵
    (2) 先从内涵，后从外延
    (3) 仅从外延
    (4) 先从外延，后从内涵
    (5) 并非都从内涵

12. 下列依据属种关系来明确概念间内涵与外延反变关系的
    逻辑方法是(　　)(　　)。
    (1) 定义　　　(2) 划分　　　(3) 分类
    (4) 限制　　　(5) 求同法

13."出席会议的有共产党员、民主党派成员、无党派民主人士、其他群众代表、汉族和少数民族代表"这一划分的逻辑错误是(　　)(　　)。

(1) 划分不全

(2) 多出子项

(3) 划分标准不同一

(4) 子项相容

(5) 划分标准同一

14. 设 A 是单独概念，B 是普遍概念，则 A 与 B 的外延关系或是(　　)关系或是(　　)关系。

(1) 同一　　(2) A 真包含 B　(3) A 真包含于 B

(4) 交叉　　(5) 全异

四、多项选择题（选出三至五个正确答案，并把他们的标号写在括号内）

1. 下列各组概念中 a 真包含于 b 的有(　　)。

(1) a 思维形式 b 概念

(2) a 交叉关系 b 相容关系

(3) a 逻辑常项 b 变项

(4) a 单独概念 b 概念

(5) a 类比推理 b 间接推理

2. 侵略战争（a）、反侵略战争（b）、国内革命战争（c）、非正义战争（d）、这四个概念间具有全异关系的有(　　)。

(1) a 与 b　　(2) a 与 c　　(3) a 与 d

(4) b 与 c　　(5) b 与 d

3."概念是反映客观对象属性的思维形式，它分为单独概念、普遍概念、肯定概念等。"这段话中存在的逻辑错误是(　　)。

(1) 子项相容　(2) 循环定义　(3) 定义过窄

(4) 定义过宽　(5) 划分标准不一

4. 如果一个概念外延被另一个概念外延所包含，则这两个概念之间关系是（　　）。

(1) 相容关系　　(2) 交叉关系　　(3) 属种关系

(4) 同一关系　　(5) 真包含于关系

5. a真包含b，a与c交叉，则b与c的关系是（　　）。

(1) 全异关系　　(2) 全同关系　　(3) 交叉关系

(4) 真包含关系　(5) 真包含于关系

6. 封建社会和社会主义社会之间的关系是（　　）。

(1) 矛盾关系　　(2) 反对关系　　(3) 全异关系

(4) 交叉关系　　(5) 不相容关系

7. 下列对概念概括错误的有（　　）。

(1) 学生概括为知识分子

(2) 唯心主义概括为哲学

(3) 哲学系概括为辽宁大学

(4) 非金属元素概括为元素

(5) 喜马拉雅山脉概括为山

8. 在下定义时，如果被定义项概念外延大于定义项概念外延，则犯的错误是（　　）。

(1) 定义不清　　(2) 定义过宽　　(3) 定义过窄

(4) 定义项外延不等于被定义项外延

(5) 定义项外延与被定义项外延不是同一关系。

9. 如一次划分的子项外延处于（　　）关系，则该划分犯子项相容的逻辑错误

(1) 全同　　　　(2) 真包含　　　(3) 交叉

(4) 矛盾　　　　(5) 反对

10. 下列概括错误的有（　　）

(1) 传递关系推理→直接推理

(2) 对称关系推理→直接推理

(3) 反传递关系推理→间接推理

(4) 前提虚假→推理无效

(5) 概念→判断

11. 若"A 可以分为 B、C、D"是一正确的划分，则 B 与 C 的外延不能是（　　）关系。

  (1) 同一　　　　(2) 真包含于　　　(3) 交叉

  (4) 矛盾　　　　(5) 真包含

12. 设 A、B、C 是同一次划分的三个子项，则根据划分规则，A 与 C 在外延上不能是（　　）关系。

  (1) 全同　　　　(2) 属种　　　　(3) 交叉

  (4) 矛盾　　　　(5) 反对

五、图解题

1. 用"欧拉图"表示下列各组概念之间关系：

(1) a 概念间关系　b 同一关系　c 真包含关系　d 真包含于关系　e 交叉关系　f 全异关系

(2) a 教师　b 共产党员　c 劳动模范　d 青年教师

(3) a 思维形式　b 概念　c 间接推理　d 演绎推理

(4) a 工人　b 青年人　c 中年人　d 共产党员

(5) a 单独概念　b 肯定概念　c 普遍概念

2. 将下列语句中标有横线概念之间外延关系表示在一个"欧拉图"中。

(1) 巴金（a）是文学家（b），而不是历史学家（c），郭沫若（d）既是文学家又是历史学家

(2)《红楼梦》（a）是中国小说（b），也是古代小说（c），但不是武侠小说（d）。

(3) 张华（a）是大学生（b），但不是三好生（c）。

(4)《祝福》（a）是鲁迅（b）写的，不是巴金（c）写的，巴金是《家》的作者（d）。

(5) 有些劳动产品（a）是商品（b）。

(6) 有些教师（a）是知识分子（b）。

(7) 有些教育单位（a）是高等院校（b）。

(8) 有些高档商品（a）是商品（b）。

（9）有的唯物主义者（a）是马克思主义者（b）。

（10）多数学生（a）不是三好生（b）。

3. 根据已知条件，用"欧拉图"表示概念间关系：

（1）已知 a 与 b 交叉，b 与 c 交叉，a 与 c 全异，a、b 均真包含 d，d 与 c 全异，请用"欧拉图"表示 a、b、c、d 这几个概念间关系。

（2）已知 a 与 b 交叉，b 与 c 交叉，用"欧拉图"表示 a 与 c 可能有的关系。

（3）已知 a 与 b 全异，a、b 均与 c 交叉，c 真包含 d，a、b 均与 d 全异，请用"欧拉图"表示 a、b、c、d 这几个概念间关系。

（4）已知 a 与 b 交叉，b 真包含 c，请用"欧拉图"表示 a 与 c 可能有的关系。

（5）已知 a、b 交叉，b 真包含于 c，请用"欧拉图"表示 a 与 c 可能有的关系。

（6）已知 a 真包含于 b，而与 c 全异，请问 b 与 c 有什么关系，并用"欧拉图"表示 b 与 c 可能有的关系。

（7）如果 a 与 b 全异，d 真包含 a，那么 d 与 b 在外延上可能有哪几种关系？

（8）已知 a 真包含于 b，c 真包含 a，问 b 与 c 在外延上可能有哪几种关系？用"欧拉图"表示。

（9）已知 a 真包含于 b，b 真包含 c，用"欧拉图"表示 c 与 a 在外延上可能有的关系。

六、分析题

1. 分析下面画有横线概念是在集合意义下使用，还是在非集合意义下使用？

（1）我们的干部必须关心群众生活，注意工作方法

（2）他是群众，不是干部

（3）人贵有自知之明

（4）人是由猿进化而来的

（5）凡<u>人</u>皆有死

（6）在我们社会主义国家里，<u>人民</u>享受着广泛民主和自由，同时又必须用社会主义纪律来约束自己

（7）<u>人民</u>的力量是不可抗拒的

（8）<u>中国</u>是社会主义国家

（9）<u>书</u>是知识的海洋

（10）<u>书</u>不能不读，<u>报</u>不能不看

（11）我们的<u>同志</u>来自五湖四海

（12）<u>人</u>不能没有朋友

（13）<u>中国人</u>死都不怕，还怕困难吗？

（14）<u>中国人</u>是黄种人

（15）<u>东北人</u>粗犷、奔放

（16）谁不实在，谁就没有资格做<u>东北人</u>

2. 在下列三个命题中，"甲班学生"是否表达了集合概念？为什么？

（1）甲班学生是从华东六省来的。

（2）小刘是甲班学生。

（3）甲班学生都应努力学习。

3. 分析下列定义或划分是否正确？如不正确，说明原因。

（1）思维是人对客观世界的主观反映。

（2）句子分为主语、谓语、宾语、定语、状语、补语。

（3）两栖动物是既能在陆地上生活，又能在水中生活的动物。

（4）内容是决定形式的东西，形式是由内容决定的东西

（5）天文学是研究我们地球所在的太阳系的科学。

（6）复合命题是包含其他命题的命题。它分为联言命题、选言命题、假言命题。

（7）不相容关系就是全异关系。

（8）中国人有信奉马克思主义的，有反对马克思主义的。

（9）划分是由两部分构成，一是划分母项，一是划分子项。

划分根据不同层次，可分为一次划分或连续划分。

（10）地球以赤道为界分为南半球和北半球，以本初子午线为界分为东半球和西半球。

第三章 命 题

第一节 命题的概述

一、命题及其特征

命题是对事物情况有所断定的一种思维形式。例如：

（1）所有事物都是发展变化的。

（2）有些大学生不是党员。

（3）亚里士多德是逻辑学家并且是哲学家。

（4）如果我有 1000 万，那么我就是富翁。

上述所表达的语句都是命题。显然，命题有两个特征：

第一，任何命题都有所断定。它或者是以"肯定"形式进行断定，或者是以"否定"形式进行断定。

第二，任何命题都有真假。如果一个命题所作的断定符合对象的实际，该命题就是真的；否则，就是假的。

二、命题和语句

命题的表达形式是语句。命题是语句的思想内容，语句是命题的语言形式。命题只有通过语句才能表达。这是命题和语句联系。但是，语句和命题并非一一对应的。

命题和语句的区别表现在：

第一，命题作为思维形式，是精神形态的东西；语句作为语言形式，是物质形态的东西。

第二，任何命题都要用语句表达，但并非任何语句都表达命题。一般说，陈述句、反疑问句表达命题；疑问句、命令句、感叹句不表达命题。判定一个语句是否表达命题，标准有两条：

（1）看它是不是有所肯定或有所否定；

（2）看它是不是有真有假。

只有具备上述两个条件的语句才是命题。

第三，同一命题可以用不同的语句表达。例如，"如果他是罪犯嫌疑人，那么他就有作案动机""只有他有作案动机，他才是罪犯嫌疑人""或者他不是罪犯嫌疑人，或者他有作案动机""他是罪犯嫌疑人而他没有作案动机，这是不可能的"这四个语句都表达了相同的事物情况。从语言方面讲，它们是不同的语句。从思维方面讲，它们表达了相同的命题。

第四，同一语句可以表达不同命题。例如，"小王的这幅肖像画挺传神"可以指"小王所画的某人的肖像画挺传神"，也可以指"某人所画的小王的肖像画挺传神"。

三、命题和判断

有时人们也将命题称作判断。判断是对思维对象有所断定的思维形式。所谓断定就是在判断中肯定对象具有某种属性，或者否定对象具有某种属性。断定是构成命题的认识活动，命题是陈述判断的语句，因而，断定有对有错，命题有真有假。例如，某人指鹿为马，断定："鹿是马"为真。但是，"鹿是马"是个假命题，它不因某人断定它为真而变成一个真命题；相反，正因为某人断定一个假命题为真，他的断定才是错的。断定的对错虽然与命题的真假有关，但断定的对错不就是命题的真假。断定者直接断定的是命题，命题直接陈述的是事物的属性，从命题所陈述的对象来说，命题当然有所断定，因为它陈述了对象具有或不具有某种属性。由于判断即牵涉到所断定的内容与对象的关系，又牵涉到断定者与所断定的内容的关系，即判断与断定者有关，受断定者的知识程度、认识能力以及心理状况等因素影响。而命题并不需要考虑这些因素，它与断定者与所断定的内容无关，因此，我们只在命题的意义上使用断定这个词，也就是说，断定这个词只与命题的真假有关，而与断定者对错无关。

四、命题的形式结构

命题从其形式结构上可以分成两大类：简单命题（或称为原子命题）和复合命题。

简单命题是一个整体，它的组成部分不再包含其他任何命题。例如："所有事物都是发展变化的""有些大学生不是党员"

复合命题是由某些联接词结合其他命题而构成。

例如："亚里士多德是逻辑学家并且是哲学家""如果我有1000万，那么我就是富翁"

命题的形式结构由常项和变项两部分构成。常项是指形式结构中不变的部分，如"所有""都是""并且"等，它决定命题形式的逻辑类型和特征。变项是结构中的可变部分，如符号"S""P"及小写英文字母 p、q、r、s、t……表示的部分，它们可以在某一特定领域内，表示思维的任一具体内容，当我们用任一具体内容对它们作代入时，都不会改变其逻辑结构。

第二节　直言命题

一、直言命题及其结构

直言命题又称性质命题，是断定思维对象有无某种性质的语句。直言命题是以主谓式语句表达的。

例如：

（1）北京是中华人民共和国首都。

（2）所有事物都是发展变化的。

（3）所有唯心主义者都不是马克思主义者。

（4）有的人是大学毕业的。

（5）有的人不是大学毕业的。

直言命题由主项、谓项、量项与联项四部分组成。

主项是命题中表示对象的词项。例如（1）（2）（3）和（4）中的"北京""事物""唯心主义者"和"人"分别表示主项。主项在逻辑表达式中用"S"表示。

谓项是命题中表示对象属性的词项。例如（1）（2）（3）和（4）中的"中华人民共和国首都""发展变化的""马克思主义者"和"大学毕业的"分别表示谓项。谓项在逻辑表达式中用"P"表示。

联项是命题中联结主项与谓项的词项，它表示命题所作的断定，即肯定或否定。联项分为肯定联项与否定联项。

肯定联项一般用系词"是"来表示；否定联项一般用系词"不是"表示。联项为肯定的直言命题，称为肯定命题，如（1）（2）和（4）；联项为否定的直言命题，称为否定命题，如（3）和（5）。

命题的肯定或否定叫做命题的质。

在直言命题中，断定主项外延数量的词项称为量项。量项又称为直言命题的量。当主项是单独概念时，命题的量是单称的；当主项是普遍概念时，量项可分为全称量项和特称量项。全称量项断定主项的全部外延，常用"所有""一切""任何""每一个""凡""都"来表示，它们的含义是确定的。量项是全称的直言命题，称为全称命题，例如（2）和（3）。

特称量项又称存在量项，它断定的是主项部分外延，常用"有""有些""存在""至少一个""大多数""少数"等表示。可以看出，对于表示数量而言，这些词语的含义有的是不确定的。经过逻辑抽象，特称量项的含义是"至少一个，也可能全部"。量项为特称的直言命题，称为特称命题，例如（3）和（4）。

二、直言命题的分类

逻辑学是按照命题的形式来划分各种命题的。根据上述说明，直言命题的一般形式可以表示为：

量项＋S＋联项＋P

其中量项和联项称为逻辑常项，它们决定直言命题的逻辑性质和彼此之间的逻辑关系；S 和 P 称为变项（变元），这种变项，称为词项变项。根据逻辑常项的不同，直言命题的形式可以分为以下 6 种类型。相应的就有以下 6 种直言命题：

（1）全称肯定命题：所有 S 是 P。

（2）全称否定命题：所有 S 不是 P。

（3）特称肯定命题：有 S 是 P。

（4）特称否定命题：有 S 不是 P。

（5）单称肯定命：这个 S 是 P。

（6）单称否定命题：这个 S 不是 P。

传统逻辑采用 SAP、SEP、SIP 和 SOP 这四种公式来分别表示全称肯定、全称否定、特称肯定和特称否定这四种直言命题的形式。相应的命题也称为 A 命题、E 命题、I 命题和 O 命题，同时把单称肯定命和单称否定命题分别用 a 和 e 表示。

三、非标准直言命题表达方式的转换方法

在用语句表达直言命题时，并非都是 A、E、I、O 的标准表达方式，还有大量的非标准表达方式。这些非标准的表达方式一般是使用了不规范的量项或联项，因此需要进行整理和规范化，使之转换为标准的 A、E、I、O 形式。

（1）"没有一个 S 不是 P"类型的命题转换为"所有 S 都是 P"。例如，"没有一个命题不是用语句表达的"，可转换为"所有命题都是用语句表达的"。

（2）"没有一个 S 是 P"类型的命题转换为"所有 S 都不是 P"。例如，"没有一个唯心主义者是马克思主义者"，转换为

"所有唯心主义者都不是马克思主义者"。

（3）"S不都不是P"类型命题转换为"有些S是P"、例如，"发言的不都不是学生"，转换为"有些发言的是学生"

（4）"S不都是P"类型命题转换为"有些S不是P"。例如，"语句不都表达命题"，转换为"有些语句不表达命题。"

举例：

试用非标准直言命题的转换方法，把下列非标准直言命题转换为标准形式：

（1）没有人是救世主。

（2）发光的东西不都是金子。

（3）无坚不摧。

（4）语词不都不表达概念。

解析：

（1）根据非标准直言命题的转换方法2，可转换为E型命题："所有的人都不是救世主"。

（2）根据非标准直言命题的转换方法4，可转换为O命题："有些发光的东西不是金子。"

（3）根据非标准直言命题的转换方法1，可转换为A命题："所有坚的东西都是能够被摧毁的"。

（4）根据非标准直言命题的转换方法3，可转换为I命题："有些语词表达概念"。

四、直言命题主、谓项的周延性

什么是直言命题的周延性问题呢？

直言命题的周延性问题是指在直言命题中对主项、谓项外延范围的断定情况。如果在一个直言命题中，对其主项或谓项的全部外延都作了断定，那么，这个项在该命题中就是周延的；如果未对其主项或谓项的全部外延作断定，那么，这个项在该命题中就是不周延的。

正确理解周延性的概念要注意下面两个方面：

第一，主、谓项的周延性，是相对于它们所在的命题而然，离开了命题，单纯的概念是无所谓周延不周延的。

第二，主、谓项的周延性，是相对于命题的形式结构而然的，不是相对于命题所断定的对象本身的实际情况而然的。因此，周延性问题与命题所断定的内容无关。

根据上述的分析，我们可以确定直言命题的主、谓项周延情况。

（1）A命题主项和谓项的周延问题

在"所有S都是P"中，由于它只断定了所有S是P，而没有断定所有S是全部P，即它只断定了S的全部外延，而没有断定P的全部外延，所以，在A命题中，主项S是周延的，谓项P是不周延的。

（2）E命题主项和谓项的周延情况

在"所有S都不是P"中，由于它断定了所有的S不是P，即所有的S不是任何一个P，那么，它也就同时断定了所有的P不是S。因而，在E命题中，既断定了S的全部外延，也断定了P的全部外延，二者都是周延的。

（3）I命题主项和谓项的周延情况

在"有些S是P"中，它只是断定有些S是P，没有断定所有S是P，也没有断定至少有一个S是任何P，也就是说，它既没有断定S的全部外延，也没有断定P的全部外延。所以，在I命题中，主项S和谓项P都是不周延的。

（4）O命题主项和谓项的周延情况

在"有些S不是P"中，它断定了有些S不是P，这实际上是说至少有一个S不是任何P。在O命题中，虽然没有断定S的全部外延，但断定了P的全部外延，因而，主项S是不周延的，谓项P是周延的。

由此可见，直言命题A、E、I、O主项和谓项的周延情况可概括如下：主项周延与否看量项，即全称命题的主项周延，特称命题的主项不周延；谓项周延与否看联项，即否定命题的谓项周延，肯定命题的谓项不周延。见（表1）：

表 1

命题＼词项	SAP	SEP	SIP	SOP
主项 S	周延	周延	不周延	不周延
谓项 P	不周延	周延	不周延	周延

五、直言命题之间的对当关系

主、谓项相同（亦称素材相同，以下省略）的 A、E、I、O 四种命题之间，存在着一定的真假制约关系，它们的关系是：反对关系（AE）、下反对关系（IO）、矛盾关系（AO，EI）、差等关系（AI，EO）四种。如（图 3－1）

反对关系

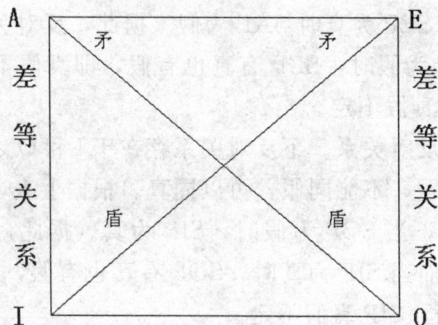

下反对关系

图 3－1

直言命题的主项和谓项的外延关系共有五种，在这五种外延关系下，四种命题形式的取值情况可以用下表说明。见（表2）

表 2

	全同关系	真包含于关系	真包含关系	交叉关系	全异关系
	S p	S P	S P	S P	S P
SAP	真	真	真	假	假
SEP	假	假	假	假	真
SIP	真	真	真	真	假
SOP	假	假	真	真	真

　　根据上表，我们可以探讨四种命题形式的真假制约关系和相应的推理。

　　第一，反对关系。反对关系存在于 A 和 E 之间。具有反对关系命题，不能同真，可以同假。根据上表，当 SAP 为真时，SEP 为假，当 SEP 为真时 SAP 为假。据此，反对关系可由真推假。而当 SAP 为假时，SEP 有真也有假，即真假不定；当 SEP 为假时，SAP 真假不定。

　　第二，下反对关系。下反对关系存在于 I 和 O 之间。具有下反对关系的命题，不能同假，可以同真。根据上表，当 SIP 为假时，SOP 为真，当 SOP 为假时，SIP 为真。据此，下反对关系可由假推真。而当 SIP 为真时，SOP 有真也有假，即真假不定；当 SOP 为真时，SIP 真假不定。

　　第三，矛盾关系。矛盾关系分别存在于 A 和 O，以及 E 和 I 之间，具有矛盾关系的两个命题，不能同真，也不能同假。根据上表，当 SAP 为真时，SOP 为假，反之亦然；当 SAP 为假时，SOP 为真，反之亦然。（同理，可说明 SEP 和 SIP 的矛盾关系。）据此，矛盾关系可以由真推假，也可由假推真。

　　第四，差等关系。差等关系分别存在于 A 和 I，以及 E 和 O 之间。根据上表，具有差等关系的两个命题，如果全称命题真，则特称命题真；如果全称命题假，则特称命题有真也有假，即真假不定；如果特称命题假，则全称命题假；如果特称命题真，则全称命题真假不定。据此，差等关系可由真推真，也可由假推假。

值得注意的是：对当关系与其内容无关。具有相同素材的直言命题间对当关系并非是指它们所涉及的内容之间真假关系，而只是就命题逻辑形式之间的真假关系而言，与其内容无关。例如。根据对当关系，"已知有些事物是发展变化的"为真，求"所有事物都是发展变化的"的真假？"有些事物是发展变化的"只能把它视为 I 命题，同理"所有事物都是发展变化的"视为 A 命题，这样，就可根据差等关系由 I 真推知 A 真假不定，即"所有事物都是发展变化的"真假不定。

如果涉及具有同一素材的单称命题，那么上述对当关系要稍加扩展：单称肯定命题和单称否定命题是矛盾关系；全称命题和单称命题是差等关系，单称命题和特称命题也是差等关系，见（图 3-2）

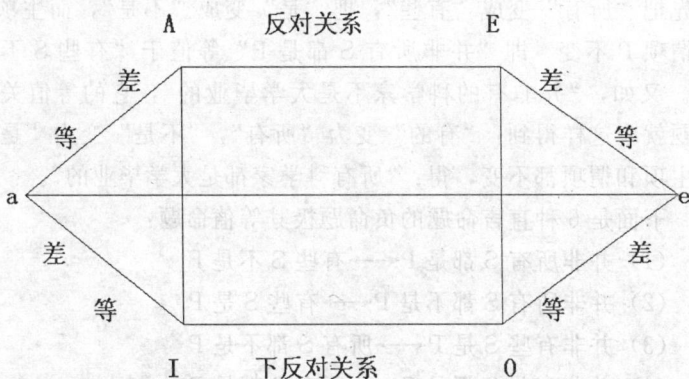

图 3-2

六、直言命题的负命题

如果句首的否定词限制的是其后的整个命题，就会形成负命题。负命题是对某个命题的否定，被否定的命题可以是任意的命题，称作支命题。比如，"并非所有的人都是遵纪守法的"就是一个负命题，其中被否定的命题"所有的人都是遵纪守法的"就是支命题。否定词"并非"否定的是一个直言命题，因此，它也称作直言命题的负命题。如何把一个直言命题的负命题化其为等值关系的命题呢？我们可以从直言命题的逻辑结构方面入手，即分析其中否定词和支命题之间的关系，从而归纳出一种较为简便、易于记忆和实用的方法，即"否量质法"。"否量质法"是相对直言命题的负命题否定词与其中支命题间的否定关系而言的。它们的否定关系是：否定词"并非"只否定了它的量项和联项两个部分，而与其主项和谓项毫无关联。对全称量项否定就得特称量项，对特称量项否定就得全称量项，对联项"是"的否定得"不是"，对联项"不是"的否定得"是"，而其中主项和谓项保持不变。这就是所谓"否量质法"的基本思路。运用"否量质法"就会较容易地得到四种直言命题的负命题及其等值关系命题。例如："并非所有 S 都是 P"的等值关系命题可以这样得到：首先把"所有"变成"有些"，把"是"变成"不是"，而主项 S和谓项 P 不变。即"并非所有 S 都是 P"等值于"有些 S 不是P"。又如，"并非有的科学家不是大学毕业的"，它的等值关系命题就应这样得到："有的"变为"所有"，"不是"变为"是"，而主项和谓项都不变，得："所有科学家都是大学毕业的"。

下面是 6 种直言命题的负命题极其等值命题：

（1）并非所有 S 都是 P←→有些 S 不是 P

（2）并非所有 S 都不是 P←→有些 S 是 P

（3）并非有些 S 是 P←→所有 S 都不是 P

（4）并非有些 S 不是 P←→所有 S 都是 P

（5）并非某个 S 是 P←→某个 S 不是 P

（6）并非某个 S 不是 P←→某个 S 是 P

上面的（1）—（4）等值式可以简写成以下的符号形式：

（1）－（SAP）←→SOP

（2）－（SEP）←→SIP

（3）－（SIP）←→SEP

（4）－（SOP）←→SAP

"否量质法"理论依据是来自具有相同素材 A、E、I、O 四种命题间对当关系中的矛盾关系原理。矛盾关系是指 A 与 E 与 I 之间既不能同真又不能同假的关系。而 A 与 O、E 与 I 的根本区别在于量和质的对立，而与其内容即主项与谓根本无关。因此，A 与 O、E 与 I 的矛盾实质在于量项之间、联项之间的矛盾。"否量质法"正是建立在这种理论基础之上的。但是，如果被否定的命题是单称命题，这种区别就不重要了。例如"并非小张是大学生"与"小张不是大学生"的意思就没什么差别。双重否定主要有两种句型，一种是对主项和联项的双重否定，就是前面所介绍的"没有……不是……"，"无……不……"句型。（这种句型不能称作负命题，因为否定词"没有"不是对整个命题的否定，只是对主项和联项的双重否定。例如"并非所有的人不是遵纪守法的"与"没有人不是遵纪守法的"不同，前者是负命题，即为"有的人是遵纪守法的"后者是双重否定，即为"所有的人都是遵纪守法的"。）另一种是对联项和谓项的双重否定，常见的句型是"……不是不……"，"……不是不…"转换为"……是……"。例如：

（1）科学家不是不理智的人。

（2）马克思主义者不是非理性主义者。

（3）任何人都不是没有错误的。

解析：

（1）转换为"科学家都是理智的人"；

（2）转换为"马克思主义者都是理性主义者"；

（3）转换为"任何人都是有错误的"。

在日常语言中，虽然双重否定等于肯定，但是，断定的程度还是有差别的。例如：双重否定句"我不是不相信你"与肯定句"我是相信你的"之间的断定程度就不一样，显然，单纯的肯定比双重否定之肯定，其肯定的程度要强一些。但在逻辑上二者是没有区别的。

七、直言命题间对当关系的理论与解题方法

直言命题间对当关系是指具有相同素材的 A、E、I、O 四种类型命题间真假关系。"相同素材"是直言命题间对当关系成立的基础。根据直言命题间对当关系，由已知命题的真或假可推知另外其他命题的真假情况。用下面介绍的方法，可以较易于把握它们。

根据 A、E、I、O 四种命题在逻辑方阵中的位置，总结出如下四句口诀：

（1）上位真，同侧真，另侧假；

（2）上位假，对角真，其余二角不定；

（3）下位真，对角假，其余二角不定；

（4）下位假，同侧假，另侧真。

其中"上位"指图形中上边位置的命题，即 A 或 E；"下位"指图形中下边位置的命题，即 I 或 O。见（图 3—3）

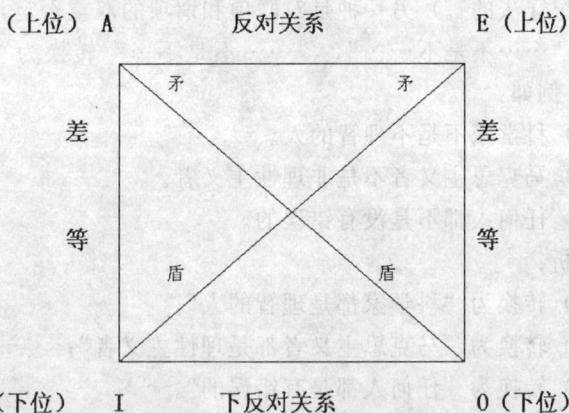

图 3—3

例如，已知 SAP 真，我们根据口诀就能得知 SEP、SIP、SOP 三个命题的真假情况。

　　SAP 为上位命题，根据口诀（1）得知，与 SAP 同侧的命题 SIP 真；与 SAP 另侧命题 SEP、SOP 都为假。

　　又如，已知 SOP 真，求 SAP、SEP、SIP 真假？

　　SOP 为下位命题，根据口诀（3）得知，与 SOP 对角的命题 SAP 假，其余两角 SEP、SIP 真假不定。

　　下面我们结合具体实例，进一步说明直言命题对当关系的理论和方法。

　　1. "有些鸟不会飞"如果是真的，那么我们不能逻辑地确定下列哪些陈述的真假？

　　Ⅰ 并非所有的鸟都会飞；

　　Ⅱ 有的鸟会飞；

　　Ⅲ 所有的鸟都不会飞；

　　Ⅳ 有的鸟不会飞；

　　Ⅴ 所有的鸟都会飞。

　　A. 仅Ⅱ。

　　B. 仅Ⅲ。

　　C. 仅Ⅱ和Ⅲ。

　　D. 仅Ⅰ、Ⅱ和Ⅲ。

　　E. Ⅰ、Ⅱ、Ⅲ、Ⅳ、Ⅴ。

　　解析：

　　题干"有些鸟不会飞"是 O 型命题，在预选答案中，五个选项分别是 O 型、Ⅰ 型、E 型、O 型、A 型命题，根据直言命题对当关系，它能够确定Ⅰ（O）、Ⅳ（O）、为真，Ⅴ（A）为假，但不能确定Ⅱ（Ⅰ）、Ⅲ（E）的真假。因此，正确选项是 C。

　　2. 在某一单位的一次会议上，四位领导有如下结论：

　　甲：我们单位所有的人都交了买房申请书。

　　乙：张丽交了买房申请书。

　　丙：单位的人不都没交买房申请书。

　　丁：有的人没交买房申请书。

　　如果四人中只有一人断定为真，则下列哪项是真的？

A. 甲断定是真的，张丽交了买房申请书。

B. 丙断定是真的，张丽交了买房申请书。

C. 丁断定是真的，张丽交了买房申请书。

D. 丁断定是真的，张丽没交买房申请书。

E. 丙断定是真的，张丽没交买房申请书。

解析：

第一步：找矛盾关系命题。

根据题意，四句话中只有一句是真的，矛盾关系命题不能同真也不能同假，唯一的真话必在矛盾命题之中。甲与丁是矛盾关系，则真话必在甲与丁之中，因此，乙和丙的话都是假的。由乙假，可知张丽没交买房申请书；由丙假，可知所有的人都没交买房申请书。

第二步：确定矛盾关系中的真命题。

确定一对矛盾关系命题哪一个是真命题，必须借助与这对矛盾关系命题有关联的其他命题来推之。我们已经确定丙是假的，而丙与丁是下反对关系，根据下反对关系，能由假推真，所以，丁是真话，甲是假话。正确选项是 D。

3. 某系包括系主任在内 28 名教师，有关这 28 名教师的情况是：

（1）系主任不是硕士毕业的。

（2）本系教师不都不是硕士毕业的。

（3）本系教师有的不是硕士毕业的。

如果以上三个命题中两个是假的，则以下哪项为真？

A. 28 名教师都不是硕士毕业的。

B. 28 名教师都是硕士毕业的。

C. 只有一人不是硕士毕业的。

D. 只有一人是硕士毕业的。

E. 无法确定该系有多少人是硕士毕业的。

解析：

上述三个命题中没有矛盾关系，而有下反对关系，（2）（I

命题）与（3）（O命题）是下反对关系。下反对关系不能同假但可同真，根据题意，唯一的真命题在下反对关系之中，即，真命题在（2）与（3）中。因此，（1）（单否命题）是假的。（1）与（2）也是下反对关系，下反对关系可由假推真，所以（2）是真的，（1）和（3）是假的。由（3）假可知：所有教师都是硕士毕业的。正确选项是B。

4. 甲、乙、丙三位老师议论张老师是否带博士生问题，有如下推测：

甲：所有教师都带了博士生。

乙：张老师不带博士生。

丙：没有教师带博士生。

如果三人中一个人说假话，则下列断定哪项为真？能否确定张老师是否带博士生？

A. 甲断定为真，张老师带博士生。

B. 丙断定为真，张老师带博士生。

C. 丙断定为真，张老师不带博士生。

D. 乙、丙断定为真，张老师是否带博士生无法确定。

E. 根本不能确定谁真，所以不能确定张老师是否带博士生。

解析：

上述甲、乙、丙三句话中没有矛盾关系，而有反对关系。甲与乙是反对关系（甲与丙也是反对关系），反对关系不能同真但可同假，根据题意，只有一个人说假话，假话必在甲与乙之中，因此，丙是真话。甲与丙也是反对关系，反对关系可以由真推假，即由丙真推之甲是假话，显然乙、丙是真话。正确选项是C。

例2、例3、例4在确定哪句话为真或为假时，首先运用到了矛盾关系、下反对关系和反对关系命题。矛盾关系命题能确定哪句话为真，也能确定哪句话为假；下反对关系命题只能确定哪句话为真，不能确定哪句话为假；反对关系命题能确定哪句话为假，不能确定哪句话为真。了解了这些解题思路，对于我们处理对当关系问题是极其有益的。

八、确定直言命题主、谓项外延关系的方法

直言命题主、谓项外延关系不外乎是概念部分中介绍的那五种关系，即统一关系、真包含于关系、真包含关系、交叉关系和全异关系。当一个性质命题的值确定后，如何确定其主谓项外延关系。例如，当 SAP 为假时，主项 S 与谓项 P 外延关系如何？当 SIP 与 PIS 同真时，主项 S 与谓项 P 外延关系应表示为哪种关系？下面，我们介绍一种最简便方法——列表法。

"列表法"就是先画出 A、E、I、O 四种命题主谓项外延关系的图表，然后借助此图表来确定主谓项外延关系。图表分两部分，一部分是表示主项 S 与谓项 P 的关系，它成为正表；另一部分是表示谓项 p 与主项 S 的关系，它称为副表。副表我们将在命题的右上角打上"－"的标记，如"PA^-"见（表3）。

表3

	全同关系	真包含于关系	真包含关系	交叉关系	全异关系
	(S p)	(S (P))	(S P)	(S ∩ p)	(S) (P)
SAP	T	T	F	F	F
PAS^-	T	F	T	F	F
SEP	F	F	F	F	T
PES^-	F	F	F	F	T
SIP	T	T	T	T	F
PIS^-	T	T	T	T	F
SOP	F	F	T	T	T
POS^-	F	T	F	T	T

怎样看此表？要横竖结合看。横看是看 A、E、I、O 四种命

题真假情况，竖看是看 A、E、I、O 四种命题在此真假情况下主、谓项外延的关系。如当 SAP 为真时，S 与 P 的外延关系就是前两种，即同一关系和真包含于关系。当 SAP 为假时，它所对应的图形就是后三种，即真包含关系，交叉关系和全异关系。当 SEP 与 SOP 同假时，S 与 P 外延关系又如何呢？在 SWP 一栏中，第一、第二、第三、第四种情况为假，在 SOP 一栏中，第一、第二种情况为假，显然，共同为假的情况是第一种和第二种情况，即同一关系和真包含于关系。

怎样看副表？方法与正表一样。如当 PAS 为真时，S 与 P 的外延关系就是第一和第三种情况，即同一关系和真包含关系。当 SOP 的外延关系就是同一关系和真包含关系。当 SAP 为真而 PAS 为假时，S 与 P 外延关系怎样呢？这是正表和副表的综合运用。先找出 SAP 真的情况，即同一关系和真包含于关系；再根据 PAS 的副表找出 PAS 为假的情况，即为真包含于关系、交叉关系和全异关系。显然，当 SAP 真而 PAS 假时，S 与 P 的外延关系应是真包含于关系。

以下试题为例来说明"列表法"的运用。

1. 当 S 类与 P 类具有（   ）（   ）关系时，SAP 与 SWP 同假？

（1）同一关系   （2）真包含于关系

（3）真包含关系   （4）交叉关系

（5）全异关系

解析：

此题是说，当 SAP 与 SEP 同假时，S 与 P 外延关系如何？通过查表可知，在 SAP 一栏中，第三、第四、第五种情况为假，在 SEP 一栏中，第一、第二、第三、第四种情况为假。显然，共同为假的情况是第三和第四种情况，那么 S 与 P 的外延关系就是：真包含关系和交叉关系。答案是（3）（4）。

2. 若"所有 P 是 S"与"有的 S 不是 P"均真，则 S 与 P 之间的外延关系是（   ）关系。

（1）同一关系　　　　　（2）真包含于关系

（3）真包含关系　　　　（4）交叉关系

（5）全异关系

解析：

首先，根据 PAS 的副表找出 PAS 真的情况：同一关系和真包含关系。在此基础之上，根据 SOP 的正表，找到为真的情况：真包含关系、交叉关系和全异关系，但共同为真的只能是真包含关系。答案是（3）。

第三节　关系命题

一、关系命题及其结构

关系命题是断定对象之间具有某种关系的命题。例如：

（1）x 大于 y。

（2）张三爱李四。

（3）锦州在沈阳和北京之间。

（4）有的老师批评了所有的学生。

上述三个命题都是关系命题。关系命题由关系者项、关系项和关系量项三部分构成。关系者项是表示一定关系的承担者的概念。如上例中（1）的"x"和"y"，例（2）中的"张三"和"李四"，例（3）中的"锦州""沈阳""北京"，例（4）中的"老师"和"学生"。关系项是表示关系者之间存在的关系的概念。如上例中（1）"大于"，例（2）中的"爱"，例（3）中的"……在……之间"，例（4）中的"批评"。量项是表示关系者项数量的概念。如"有些""所有"等。

关系命题有二元关系命题，三元关系命题和多元关系命题。存在两个对象之间的关系称为二元关系命题，公式为：aRb，也可表示为 R（a，b）。其中 a，b 分别表示关系者项，R 表示关系。存在三个对象之间的关系称为三元关系命题，公式为：R（a，b，c）。多元关系命题公式为：R（a_1，a_2，…an）。

二、关系的性质

关系有各种性质，其中最基本的性质是：对称性和传递性。

1. 对称性

关系的对称性分三种情况：对称、反对称和非对称。

（1）对称

对于特定论域中的任意对象 a 和 b，如果 a 和 b 之间有关系 R，那么 b 和 a 之间也一定有关系 R。在这种情况下，关系 R 是对称的。即 aRb→bRa，R 为对称。例如，"等于""矛盾""同乡""同学"等。

（2）反对称

对于特定论域中的任意对象 a 和 b，如果 a 和 b 之间有关系 R，那么 b 和 a 之间一定没有关系 R。在这种情况下，关系 R 是反对称的。即 aRb→b$\overline{R}$a，R 为反对称。例如："重于""以南""大于""小于"等。

（3）非对称

对于特定论域中的任意对象 a 和 b，如果 a 和 b 之间有关系 R，那么 b 和 a 之间可能有关系 R，也可能没有关系 R。在这种情况下，关系 R 是非对称的。即 aRb→bRa∨ba，R 为非对称。例如，"认识""帮助""批评"等。

2. 传递性

关系的传递性也有分三种情况：传递、反传递和非传递。

（1）传递

对于特定论域中的任意对象 a、b 和 c。如果 a 和 b 有关系 R，并且 b 和 c 有关系 R，那么 a 和 c 一定有关系 R。在这种情况下，关系 R 为传递。即 aRb∧bRc→aRc，R 为传递。例如"等于""大于""年长于""年轻于"等。

（2）反传递

对于特定论域中的任意对象 a、b 和 c。如果 a 和 b 有关系 R，并且 b 和 c 有关系 R，那么 a 和 c 一定没有关系 R。在这种情况下，关系 R 为反传递。即 aRb∧bRc→ac，R 为反传递。例如"父子关系""母子关系"等。

（3）非传递

对于特定论域中的任意对象 a、b 和 c。如果 a 和 b 有关系 R，并且 b 和 c 有关系 R，那么 a 和 c 可能有关系 R，也可能没有关系 R。在这种情况下，关系 R 为非传递。即 aRb∧bRc→aRc∨aRc，R 为非传递。例如"朋友""认识""信任"等。

下面结合具体实例进一步说明关系命题的应用。

1. 甲和乙任何一人都比丙、丁高。

如果上述为真，再加上以下哪项，则可得出"戊比丁高"的结论？

A. 戊比甲矮　　　B. 乙比甲高　　　C. 乙比甲矮
D. 戊比丙高　　　E. 戊比乙高。

解析：

"比……高"是一传递关系，要得到"戊比丁高"的结论，就需要戊比某个人高，而这个人又比丁高，符合条件的只有选项 E"戊比乙高"，由题干知道，乙比丁高，最后得到戊比丁高。因此，正确的选项是 E。

2. 有四个外表看起来没有分别的小球，它们的重量可能有所不同。取一个天平，将甲、乙归为一组，丙、丁归为另一组，分别放在天平两边，天平是基本平衡的。将乙、丁对调一下，甲、丁一边明显要比乙、丙一边重得多。可奇怪的是，我们在天平一边放上甲、丙，而另一边刚放上乙，还没有来得及放上丁时，天平就压向了乙一边。

请你推测，这四个球由重到轻的顺序是什么？

A. 丁、乙、甲、丙；

B. 丁、乙、丙、甲；

C. 乙、丙、丁、甲；

D. 乙、甲、丁、丙；

E. 乙、丁、甲、丙。

解析：

从题干可以得到三个关系命题：甲乙＝丙丁，甲丁＞丙乙，乙＞甲丙。由"甲乙＝丙丁"和"甲丁＞丙乙"，可以得到"丁＞乙"；由"甲乙＝丙丁"和新推出的"丁＞乙"，又可以得到"甲＞丙"，再加上"乙＞甲丙"，就可排出它们四者之间由重到轻的顺序：丁、乙、甲、丙。因此，正确答案是 A。

3. 某学术会议正举行分组会议。某一组有 8 个人出席。分组会议主席问大家原来各自认识与否。结果是全组中仅有 1 个人认识小组中的 3 个人，有三个人认识小组中的 2 个人，有 4 个人认识小组中的 1 个人。

若以上统计属实，则最能得出以下哪项结论？

A. 会议主席认识小组中的人最多，其他的人相互认识的少；

B. 此类学术会议是第一次举行，大家都是生面孔；

C. 有些成员所说的认识可能仅是电视上或报告会上见过而已；

D. 虽然会议成员原来的熟人不多，但原来认识的都是至交；

E. 通过这次会议，小组成员都相互认识了，以后见面就能称呼其名了。

解析：

由题干，任一与会者只可能是以下三种情况之一：只认识 3 个人、只认识两个人或只认识 1 个人。由此可知：统计中所说的"认识"是不对称的，至少有些人不是相互认识，而只是单向认识，即一个人认识另一个人，后者却不一定认识前者。选项 C 断定的正是有些与会者不是相互认识，而只是单向认识。因此，正确答案是 C。

练习题

一、基础部分练习

（一）填空题

1. 命题是_____的思维形式。

2. 任何命题都有两个逻辑特征：第一是_____；第二是_____。

3. 简单命题是_____的命题。

4. 复合命题是_____，组成复合命题的命题叫复合命题的_____。

5. 一个复合命题为真，其所有支命题_____真。

6. 已知关系 R 是对称的和反传递的，由 aRb 真可知_____，由 aRb 真且 bRc 真，可知_____。

7. 一个复合命题为假，其所有支命题_____假。

8. 在性质命题中，决定性质命题形式的是_____和_____。

9. 项的周延性是指在性质命题中对_____的断定情况。

10. 当"所有 S 都是 P"假，"有些 P 不是 S"也假时，S 与 P 的外延具有_____关系。

11. 当"有些 S 是 P"假，而"所有 P 不是 S"真时，S 与 P 外延具有_____关系。

12. 当"SAP"与"SIP"同假时，S 与 P 外延具有_____关系。

13. 已知 SEP 为真，根据对当关系可推知，SAP_____，SIP_____，SOP_____。

14. 一对反对关系命题_____同真，_____同假。

15. 一对下反对关系命题_____同真，_____同假。

16. 一对矛盾关系命题_____同真，_____同假。

17. 一对差等关系命题_____同真，_____同假。

18. 关系命题是_____的命题。它由_____、

_____、_____三个部分组成。

19. "—（SAP）与 SOP 是等值的"这个命题的逻辑形式是_____。

20. 命题间矛盾关系，从关系的对称性看，它属于_____。

21. 命题交叉关系和全异关系，从关系的传递性看，它都属于_____。

22. 一个性质命题的谓项周延，这个命题的质是_____。

23. 一个性质命题的主项不周延，这个命题的量是_____。

24. "有些非 P 是 S"为真，则"所有 S 是 P"为_____；"有的 S 不是 P"为_____；"所有 P 是 S"为_____。

25. "对称"与"反对称"在外延上具有_____关系；"对称"与"传递"在外延上具有_____关系。

26. 当 S 与 P 在外延间具有_____关系或_____关系时，并非 SOP 真。

27. 一个性质命题的主项是"甲班同学"，谓项是"青年人"，其主、谓项均不周延，用性质命题表示则为_____。

（二）单项选择题（选出一个正确答案，并把它的标号写在括号内）

1. 根据对当关系，由 SAP 假可推知（　　）真。

(1) SIP　　　　　　　(2) SEP

(3) SOP　　　　　　　(4) —（SEP）

2. "无论什么困难都不是不可克服的"是（　　）。

(1) —（SOP）　　　　(2) —（SEP）

(3) SIP　　　　　　　(4) SOP

3. SIP 与 SAP 具有（　　）关系。

(1) 矛盾　　　　　　　(2) 反对

(3) 下反对　　　　　　(4) 差等

4. "参加考试的不都是党员"与"参加考试的不都不是党

员"这两个命题之间具有（　　）关系。

(1) 反对　　　　　　　(2) 矛盾

(3) 差等　　　　　　　(4) 下反对

5. 当 S 和 P 全异关系时，则（　　）。

(1) SAP 与 SEP 同真　　(2) SAP 与 SOP 同真

(3) SEP 与 SOP 同真　　(4) SEP 与 SIP 同真

6. "没有一个唯心主义者是马克思主义者"与"唯心主义者不都是马克思主义者"两个命题间具有（　　）。

(1) 反对关系　　　　　(2) 矛盾关系

(3) 下反对关系　　　　(4) 差等关系。

7. "S 真包含于 P"，这个命题中的"真包含于"属于（　　）。

(1) 对称关系　　　　　(2) 非对称关系

(3) 传递关系　　　　　(4) 非传递关系

8. 如果甲命题与乙命题是矛盾关系，乙命题与丙命题也是矛盾关系，那么甲命题与丙命题是（　　）。

(1) 可同真，可同假　　(2) 可同真，不可同假

(3) 不可同真，可同假　(4) 不可同真，不可同假

9. 当 SIP 为假时，S 与 P 外延关系是（　　）。

(1) 全同关系　　　　　(2) 真包含于关系

(3) 交叉关系　　　　　(4) 全异关系

10. 当 SAP 为假时，S 与 P 外延关系不能是（　　）。

(1) 交叉关系　　　　　(2) 全异关系

(3) 真包含关系　　　　(4) 真包含于关系

11. 若 SIP、SOP、POS 三个命题均真，则 S 和 P 具有（　　）关系。

(1) 全同关系　　　　　(2) 真包含于关系

(3) 真包含关系　　　　(4) 交叉关系

12. 性质命题形式之间区别取决于（　　）。

(1) 逻辑变项　　　　　(2) 逻辑常项

(3) 语句形式　　　　(4) 语句内容

13. 如两个性质命题的变项完全相同，而常项都不同，则这两个性质命题（　　）。

(1) 可同真，可同假　　(2) 可同真，不同假

(3) 不同真，可同假　　(4) 不同真，不同假

14. "交叉关系不是全异关系"（a）与"S 与 P 不是全异关系"（b），这两个命题的种类应是（　　）。

(1) a 与 b 都是关系命题

(2) a 是关系命题，b 是性质命题

(3) a 与 b 都是性质命题

(4) a 是性质命题，b 是关系命题

15. 下列关系中，同时具有对称性和传递性的是（　　）。

(1) 交叉关系　　　　(2) 真包含关系

(3) 矛盾关系　　　　(4) 同一关系

16. 在性质命题对当关系中，如两个命题是矛盾的，那么它们（　　）。

(1) 常项和变项相同　　(2) 常项相同，变项不同

(3) 常项和变项都不同　(4) 常项不同，变项相同

17. "甲班学生都是上海人"（a）和"甲和乙都是上海人"（b），这两个命题是（　　）。

(1) 都是 A 命题　　　(2) a 是 A 命题，b 不是

(3) 都不是 A 命题　　(4) a 不是 A 命题，b 是

18. 在性质命题中，逻辑形式相同，是指（　　）相同。

(1) 主项和谓项　　　(2) 主项和量项

(3) 谓项和联项　　　(4) 量项和联项

19. "没有 S 是 P"与"没有 S 不是 P"这两个命题（　　）。

(1) 质与量均相同　　(2) 质相同但量不同

(3) 质不同但量相同　(4) 质与量均不同

20. 命题间蕴涵关系属于（　　）关系。

(1) 对称且传递　　　(2) 对称但非传递

（3）非对称但传递　　　（4）非对称且非传递

21."中国知识分子是热爱社会主义祖国的"这个命题是（　　）。

（1）全称肯定命题

（2）特称肯定命题

（3）单称肯定命题

（4）全称肯定命题或特称肯定命题

（三）双项选择题（选出两个正确答案，并把它们的标号写在括号内）

1."有的 S 不是 P"假，而"有的 P 不是 S"真时，S 与 P 外延关系应为（　　）（　　）。

（1）全同　　　　（2）交叉　　　　（3）S 真包含于 P

（4）全异　　　　（5）P 真包含 S

2."所有 S 都是 P"、"所有 S 都不是 P"均假，则 S 与 P 外延关系是（　　）（　　）。

（1）全同关系　　（2）真包含于关系（3）真包含关系

（4）全异关系　　（5）交叉关系

3.若（　　）（　　），则 SAP 真而 SOP 假。

（1）全同关系　　（2）真包含于关系（3）真包含关系

（4）交叉关系　　（5）全异关系

4.下面这些概念的外延之间的关系中，具有非传递关系的是（　　）（　　）。

（1）全同关系　　（2）真包含关系　　（3）真包含于关系

（4）交叉关系　　（5）全异关系

5."所有青年都是团员"假，则（　　）（　　）。

（1）所有青年都是团员真

（2）有些青年是团员假

（3）有些青年不是团员真

（4）有些青年不是团员假

（5）有些青年是团员真假不定

6. 下列与"有些干部是自考生"这个命题既可同真又可同假关系的命题是（　　）（　　）。

(1) 有些干部不是自考生

(2) 所有干部都是自考生

(3) 所有干部都不是自考生

(4) 没有一个干部不是自考生

(5) 没有一个干部是自考生

7. 一个性质命题的谓项不周延，则这个命题是（　　）或是（　　）。

(1) 所有 S 都是 P

(2) 所有 S 都不是 P

(3) 有些 S 是 P

(4) 有些 S 不是 P

(5) S 不都是 P

8. 若"A 可分为 B、C"是一正确划分，则 B、C 外延一定不能是（　　）（　　）。

(1) 全异关系　　(2) 反对关系　　(3) 矛盾关系

(4) 交叉关系

9. 当"有 A 不是 B"假而"有 B 不是 A"真时，A 与 B 外延关系应是（　　）（　　）。

(1) 全同　　　　(2) 交叉　　　　(3) A 真包含于 B

(4) 全异　　　　(5) B 真包含 A

10. 断定一个主项（S）周延、谓项（P）不周延的命题，也就断定了其主项与谓项具有（　　）关系或（　　）关系。

(1) 全同　　　　(2) S 真包含 P　(3) 全异

(4) 交叉　　　　(5) S 真包含于 P

11. 若 SOP 与 SIP 恰有一真，则必然有（　　）与（　　）。

(1) SAP 与 SEP 恰有一真

(2) SAP 与 SIP 恰有一假

(3) SEP 与 SOP 恰有一假

（4）SAP 与 SEP 恰有一假

（5）SAP 与 SIP 恰有一真

12. 概念间全异关系和交叉关系，就其逻辑性质看，都属于（　）（　）关系。

（1）传递关系　　（2）反传递关系　　（3）非传递关系

（4）非对称关系（5）对称关系

（四）多项选择题（选出三个至五个正确答案，并把它们的标号在括号内）

1. 与"所有 S 是 P"相矛盾的命题有（　　）。

（1）所有 S 都不是 P

（2）有的非 P 是 S

（3）有的非 P 不是 S

（4）有些 S 不是 P

（5）S 不都是 P

2. 当 S 与 P 具有全异关系时，下列取值为假的命题是（　　）。

（1）SA−P　　　（2）SE−P　　　　（3）SIP

（4）SOP　　　　（5）SO−P

3. 下列与"所有 S 都是 P"这个命题具有可同假，但不可同真关系的有（　　）。

（1）所有 S 不是 P

（2）有些 S 是 P

（3）S 不都不是 P

（4）没有一个 S 是 P

（5）没有 S 是 P

4. 如果"没有 S 是 P"为假，则 S 与 P 外延关系可能是（　　）。

（1）全同关系　　　（2）真包含于关系（3）真包含关系

（4）交叉关系　　　（5）全异关系

5. 若（　　），则 SAP 假而 SOP 真。

(1) 全同关系　　(2) 真包含于关系(3) 真包含关系

(4) 交叉关系　　(5) 全异关系

6. 下列既是反对称又是传递关系的是(　　)。

(1) ……是……父亲

(2) ……低于……

(3) ……战胜……

(4) ……大于……

(5) ……在……之南

7. 在下列关系中，哪些不能既反映对象间对称关系，又反映对象间传递关系(　　)。

(1) 同一　　(2) 真包含　　(3) 帮助

(4) 父子　　(5) 喜欢

8. 当 S 与 P 有交叉关系时，它所构成的性质命题与其同一素材命题的真假情况是(　　)

(1) I 真，O 真　　(2) A 假，I 真　　(3) E 假，O 真

(4) A 假，E 假　　(5) A 假，O 真

9. 下列命题中，逻辑常项相同的命题是(　　)。

(1) 并非 P　　(2) P 是假的　　(3) 并非 q

(4) 这个 S 不是 P(5) 有 S 不是 P

10. 下列关系命题中的关系项既具有非对称性，又具有非传递性的有(　　)。

(1) 张三批评李四

(2) 张三认识李四

(3) 张三喜欢李四

(4) 张三不喜欢李四

(5) 张三比李四高

(五) 简答题

1. 是否所有语句都表达命题？为什么？

2. 断定"有些故事情节是虚构的"假与断定"有些故事情节不是虚构的"真，是否相同？为什么？

3．断定"所有故事情节都是虚构的"假，与断定"有的故事情节不是虚构的"真，是否相同，为什么？

4．在性质命题对当关系中，已知矛盾关系和下反对关系成立，能否说明差等关系和反对关系成立？为什么？

5．在性质命题对当关系中，已知矛盾关系和反对关系成立，能否说明差等关系和下反对关系成立？为什么？

6．在性质命题对当关系中，已知差等关系和反对关系成立，能否说明矛盾关系和下反对关系成立？

7．在同一素材性质命题 p、q、r 之间，p 与 q 有下反对关系，q 与 r 有矛盾关系，p 与 r 有何种关系，为什么？

8．试分析下列（1）、（2）、（3）三组概念能否用二分法得到？为什么？

（1）对称关系与非对称关系

（2）性质命题与关系命题

（3）模态命题与非模态命题

9．举例说明：能否存在一种关系 R，使得 A、B 两式同真。

A：aRb∧b—Ra

B：aRb∧bRc∧aRc

二、应用部分练习

1．某班同学中有的人考试及格。

如上述断定为假，则下列哪项不能确定为假？

A．某班同学中没人及格

B．某班同学中没人不及格

C．某班同学中李娜考试不及格

D．某班同学中不都及格

E．某班同学中有的人不及格

2．某科研单位所有的人都是大学毕业生。

如上述断定为假，则下列哪项不能确定真假？

A．某科研单位不都是大学生

B．某科研单位所有的人都不是大学生

C. 某科研单位不都不是大学生

D. 某科研单位张三是大学生

E. 某科研单位张三不是大学生

3. 全班 20 人中，张华考上了 MBA。

如上述断定为真，则下列哪项能确定为假？

A. 全班 20 人中，没有人考不上 MBA

B. 全班有人没考上 MBA

C. 全班有人考上了 MBA

D. 全班 20 人中没有人考上 MBA

E. 张华没考上 MBA

4. 所有被骗的人都不是男性。

如上述断定为真，则下列哪项能确定为假？

A. 有些被骗的人是男性

B. 所有被骗的人都不是女性

C. 被骗的人不都是男性

D. 小王曾经被人骗过，但她是女性

E. 有些被骗的人不是男性

5. 个体户张老板没交个人所得税。

如上述断定为真，则下列哪项不能确定为假？

A. 所有个体户不都没交个人所得税

B. 没有个体户不交个人所得税

C. 所有个体户都没交个人所得税

D. 所有个体户都交了个人所得税，经核实是假的

E. 不是所有个体户都没交个人所得税

6. 在一次义务献血体检中，全系教师都参加了。体检结果是系主任不能献血，因为他是脂肪肝。而在复检时，证明结果错了。那么下列哪项为真？

A. 全系教师都能献血

B. 有的教师不能献血

C. 全系教师都不能献血

D. 有的教师能献血

E. 不是所有教师都不能献血

7. 全班 50 名学生中，张丽得了奖学金。

如上述断定为假，则下列哪项能确定为假？

A. 有人得了奖学金

B. 不是人人都得了奖学金

C. 所有的人都得了奖学金

D. 没人得奖学金

E. 没人不得奖学金

8. 已知，甲班有 100 人，关于该班有多少人会游泳，有三句陈述：

（1）有的人会游泳；

（2）有的人不会游泳；

（3）班长不会游泳。

已知关于游泳的三句陈述中，只有一句话是真的。请问，以下哪个选项一定为真？

A. 甲班有 99 人会游泳

B. 甲班只有一个人会游泳

C 甲班有 100 人会游泳

D. 甲班的人都不会游泳

E. 条件不足，不足以推出结论

9. 某旅游团去木兰围场旅游，团员们骑马、射箭、吃烤肉，最后去商店购买纪念品。已知：

（1）有人买了蒙古刀；

（2）有人没有买蒙古刀；

（3）该团的张先生和王女士都买了蒙古刀。

如果以上三句话中只有一句为真，则以下哪项肯定为真？

A. 张先生和王女士都没买蒙古刀

B. 如果张先生没买蒙古刀，但王女士买了蒙古刀

C. 该旅游团的李先生买了蒙古刀

D. 张先生和王女士都买了蒙古刀

E. 张先生和王女士至少有一个人买了蒙古刀

10. 在一次对全省小煤矿的安全检查后，甲、乙、丙三个人员有以下结论：

甲：有小煤矿存在安全隐患；

乙：有小煤矿不存在安全隐患；

丙：大运和宏通两个小煤矿不存在安全隐患。

如果上述三个结论只有一个正确，则以下哪项一定为真？

A. 大运和宏通煤矿都不存在安全隐患

B. 大运和宏通煤矿都存在安全隐患

C. 大运存在安全隐患，但宏通不存在安全隐患

D. 大运不存在安全隐患，但宏通存在安全隐患

E. 上述断定都不一定为真

11. 甲、乙、丙、丁四人关于是否得到住房优惠价问题有如下结论：

甲：所有教师都没有得到住房优惠价；

乙：教师不都没有得到住房优惠价；

丙：张老师得到了住房优惠价；

丁：有的教师得到了住房优惠价。

如果四人中只有一人断定是假的，则下列为真的是：

A. 甲断定是真的，张老师没有得到住房优惠价

B. 乙断定是真的，张老师没有得到住房优惠价

C. 丙断定是真的，张老师得到了住房优惠价

D. 丁断定是真的，张老师没有得到住房优惠价

E. 甲断定是真的，张老师得到了住房优惠价

12. 某校四名学生关于期末考试情况有如下结论：

甲：没有人考试及格；

乙：张丽考试50分；

丙：有人考试不及格；

丁：考试的不都不及格。

上述断定中只有一人为真,下列哪项为真?

A. 甲断定为真,张丽考试没及格

B. 乙断定为真,张丽考试没及格

C. 丙断定为真,张丽考试没及格

D. 丁断定为真,张丽考试及格

E. 丁断定为真,张丽考试不是 50 分

13. 关于"考研",甲、乙、丙、丁四人有如下猜测:

甲:所有参加考试的同学都考上了研究生;

乙:张丽没考上研究生;

丙:肯定有人没考上研究生;

丁:不会所有的人都考不上研究生。

如果四人中只有一人猜测为假,则下列哪项为真?

A. 甲猜测错了,张丽没考上研究生

B. 乙猜测错了,张丽考上了研究生

C. 丙猜测错了,张丽考上了研究生

D. 丁猜测错了,张丽没考上研究生

E. 甲猜测错了,张丽考上了研究生

14. 某位领导在一次总结工作会议上说:"在我们单位 11 个车间中,有的车间完成了生产任务;有的车间没有完成生产任务;第二车间就没有完成生产任务。"领导讲的三句话中,有两句话不符合实际。

以下哪项正确表示了该单位生产任务实际完成情况?

A. 在 11 个车间中至少有一个车间没有完成生产任务

B. 在 11 个车间中除第二车间外还有别的车间没有完成生产任务

C. 在 11 个车间中没有一个车间没有完成生产任务

D. 在 11 个车间中只有一个车间没有完成生产任务

E. 在 11 个车间中只有第二车间完成了生产任务

15. 所有的三星级饭店都搜查过了,没有发现犯罪嫌疑人的踪迹。

如果上述断定为真，则在下面四个断定中：

（1）没有三星级饭店被收查过；

（2）有的三星级饭店被收查过；

（3）有的三星级饭店没有被收查过；

（4）犯罪嫌疑人躲藏的三星级饭店已被收查过。

可确定为假的是下列哪项？

A.（1）（2）（3）和（4）

B. 仅（1）（3）

C. 仅（2）（3）

D. 仅（1）（3）和（4）

E. 仅（1）（2）

16. 某校成立书法协会和电脑协会，限于名额，每个学生至多报名参加一个协会。鉴于（2）班已有同学参加了围棋协会，为了加强智力训练，该班学生全部参加了电脑协会。

如果上面事实成立，下面各项均可推出，除了：

A. 有的围棋协会会员是电脑协会会员

B. 所有的电脑协会会员不是书法协会会员

C.（2）班中有的同学既是电脑协会会员又是围棋协会会员

D. 有的围棋协会会员不是书法协会会员

E. 没有围棋协会会员是书法协会会员

17. 某山村小学有些接受希望工程捐助的学生不努力学习，这使该校的所有教师都感到十分痛心。

假设上述断定为真，则以下哪项关于这所小学的断定不能依此确定其真假？

（1）不能使所有接受希望工程捐助的学生都认真学习，使所有的教师感到痛心；

（2）有些未接受希望工程捐助的学生不努力学习，并不使有些教师感到痛心；

（3）有些接受希望工程捐助的学生不努力学习，并不使有些教师感到痛心。

A. 仅（1）

B. 仅（2）

C. 仅（3）

D. （1）（2）和（3）

E. （1）（2）和（3）都能确定其真假

18. 我想说的都是真话，但真话我未必都说。

如果上述断定为真，则以下各项都可能为真，除了：

A. 我有时也说假话

B. 我不是想啥说啥

C. 有时说某些善意的假话并不违背我的意愿

D. 我说的都是我想说的话

E. 我说的都是真话

19. 在一次歌唱竞赛中，每一名参赛选手都有评委投了优秀票。

如果上述断定为真，那以下哪项不可能为真？

（1）有的评委投了所有参赛选手优秀票。

（2）有的评委没有给任何参赛选手投优秀票。

（3）有的参赛选手没有得到一张优秀票。

A. 只有 1

B. 只有 2

C. 只有 3

D. 只有 1 和 2

E. 只有 1 和 3

20. 以下是关于某中学甲班同学参加夏令营的三个断定：

（1）甲班有学生参加了夏令营；

（2）甲班所有学生都没有参加夏令营；

（3）甲班的小华没有参加夏令营。

如果这三个断定中只有一项为真，则以下哪项一定为真？

A. 甲班同学并非都参加了夏令营

B. 甲班同学并非都没有参加夏令营

C. 甲班参加夏令营的学生超过半数

D. 甲班仅小华没有参加夏令营

E. 甲班仅小华参加了夏令营

第四节 复合命题

复合命题是通过联结词联结而形成的命题。由联结词所联结的命题叫做支命题。支命题可以是简单命题，也可以是复合命题。复合命题的真假是由支命题的真假来确定的。联结词在复合命题中有决定意义，通过联结词，复合命题与其支命题之间存在确定的逻辑关系，并可以依据联结词的性质区分复合命题的不同种类。

一、联言命题

联言命题是断定几种事物情况同时存在的复合命题。例如：

(1) 发展中国家既要保持政治上的独立性，又要保持经济上的开放性。

(2) 中国是一个发展中国家，不但人口众多，而且自然资源相对贫乏。

联言命题的标准形式是"p 并且 q"，其中 p、q 是命题变项，"并且"是逻辑常项，它表示复合命题和支命题 p、q 的逻辑关系，这种逻辑关系在命题逻辑中表现为真假关系。"并且"是一个逻辑常项，其逻辑意义是确定的，那么我们可以用一个特定的符号"∧"来表示它，这样，联言命题的一般形式又可表示为：p∧q。在日常语言中，联结词"并且"有多种表达形式，有时还被省略。

下面这些语句，表达了具有联结词"并且"的命题。

(1) 鲸鱼是水生动物，又是哺乳动物。

(2) 他既饱尝过苦，也备受过甜。

（3）不只金属能导电，还有其他元素能导电。

（4）鲁迅不仅是伟大的文学家，尤其是伟大的思想家。

（5）我们热爱和平，但是并不惧怕战争。

（6）他虽然很穷，但很快活。

（7）言者无罪，闻者足戒。

（8）知无不言，言无不尽。

（9）屡战屡败。

（10）富贵不能淫，贫贱不能移，威武不能屈。

联言命题是断定几种事物情况同时存在的复合命题。"存在"即为真；"不存在"即为假。因此，联言命题的特点是：支命题必须同真。根据联言命题的特点，联言命题真假情况是：只有当p、q都真时，"p并且q"才是真的；或者说只要联言支命题p、q中有一个是假的，那么"p并且q"就是假的。可以通过真值表来刻画联言命题和联言支命题之间的真假关系．

联言命题真值表：（表4）

表4

p	q	p∧q
T	T	T
T	F	F
F	T	F
F	F	F

虽然日常语言中的"并且"有更多的含义，但是，仅从逻辑角度说，或者仅从联言支命题的真假以及它们所表达的事物情况都存在这方面而言，它没有更多的含义。例如，从真值形式上说，"p并且q"与"q并且P"是等值的，但在日常思维中，联言支互换位置后，联言命题所表达的意思有时却很不一样，如"屡战屡败"与"屡败屡战"；另外，像"不但……而且……""虽然……但是……""宁可……也不……""……不过……"等句型，除了表达真假以外，还有更多的含义，但在逻辑上只有真

假含义，其他的含义就毫无意义了。逻辑之所以用真值关系来刻画命题，其优点是依据这种刻画能够清晰地判定这样一些问题：什么样的命题与已给出的命题是相矛盾的？什么样的命题与已给出的命题具有必然的推出关系？等等。这些问题对于充分理解推理和论证都是非常重要的。

二、选言命题

选言命题是断定几种事物情况至少有一种存在的复合命题。例如：

(1) 小张懂英语或者懂法语。

(2) 在选举时，选民或者投赞成票或者投反对票或者弃权。

选言命题的支命题称作选言支。根据选言支是否可以并存可分为相容选言命题和不相容选言命题。

1. 相容选言命题

相容选言命题是断定选言支至少有一种存在的选言命题。如上例 (1) 就是一个相容选言命题。相容选言命题标准形式是"p 或者 q"。其中常项"或者"，可用一个特定的符号"∨"表示。这样，相容选言命题的一般形式又可表示为："p∨q"。

下面这些语句，表达了具有联结词"或者"的命题：

(1) 某些干部所到之处，或迎吃送喝，或封锁交通。

(2) 明天我们可能去登山，也可能去游泳。

(3) 他的眼睛近视，也许是遗传，也许是不注意用眼卫生。

相容选言命题特点是：支命题至少有一个真亦可同真。根据相容选言命题的特点，相容选言命题真假情况是：只要 p、q 中有一个是真的，则"p 或者 q"就是真的，或者说，只有在 p、q 都是假的情况下，"p 或者 q"才是假的。可以通过如下的真值表来刻画相容选言命题和选言支命题之间的真假关系。

相容选言命题真值表：(表 5)

表 5

p	q	p∨q
T	T	T
T	F	T
F	T	T
F	F	F

2. 不相容选言命题

不相容选言命题是断定几种事物情况中有并且只有一种事物情况存在的选言命题。如上例（2）就是一个不相容选言命题。不相容选言命题的标准形式是："p 要么 q"。其中常项"要么"，可用一个特定的符号"∨"表示。这样，不相容选言命题的一般形式又可表示为："p ∨ q"。

下面这些语句，表达了具有联结词"要么"的命题：

（1）小张的学习成绩要么是及格要么是不及格。

（2）鱼，我所欲也，熊掌，亦我所欲也，二者不可兼得。

（3）不是东风压倒西风就是西风压倒东风。

（4）蜜蜂或者是蜂王，或者是雄蜂，或者是工蜂。

不相容选言命题特点是：支命题只能有一个真。根据不相容选言命题的特点，不相容选言命题真假情况是：当支命题有一个并且仅仅有一个为真时，它才真。或者说，当支命题同真或同假时，它才是假的。不相容选言命题的逻辑含义可用真值表来刻画。

不相容选言命题真值表：（表 6）

表 6

p	q	p∨q
T	T	F
T	F	T
F	T	T
F	F	F

在日常语言中，"p 要么 q"只表示不相容选言命题；"p 或者 q"有时表示相容选言命题，有时表示不相容选言命题，一个选言命题究竟是相容的还是不相容的，没有专用的形式识别标记，只能依据其中的各个选言支的关系而确定。

三、假言命题

假言命题是断定事物情况之间的条件关系的复合命题。条件关系分为三种：充分条件、必要条件、充分必要条件。因此，假言命题也分为三种：充分条件假言命题、必要条件假言命题、充分必要条件假言命题。

1. 充分条件假言命题

所谓充分条件，就是：设 p 和 q 分别为两个事物情况、如果有 p，就必然有 q，而没有 p，是否有 q 不能确定。这样，p 就是 q 的充分条件。例如，"摩擦"对于"生热"来说，就是一个充分条件。因为，只要"摩擦"就必然"生热"。而不"摩擦"，是否"生热"，不能确定，既可以"生热"，也可以不"生热"。换言之，有许多情况（其中也包括"摩擦"）可以导致"生热"，而仅仅"摩擦"就足够了。充分条件可概括为：有之必然，无之未必不然。反映充分条件关系的假言命题，称为充分条件假言命题。我们用"如果……那么……"来表示充分条件关系。充分条件假言命题的标准形式是：如果 p，那么 q。其中 p 为前件，q 为后件。我们用特定的符号"→"来表示常项"如果……，那么……"，这样充分条件假言命题的逻辑形式又可表示为：$p \rightarrow q$。

以下这些语句表达了具有如果……那么……这种联结词的命题：

（1）如果 4 是 2 的倍数，则 4 就是偶数。

（2）只要你说得对，我们就改正。

（3）倘若没有水，生命就会死亡。

（4）理论一旦被群众掌握了，就会变成物质力量。

（5）兼听则明，偏听则暗。

（6）玩火者必自焚。

充分条件假言命题反映的是：当前件为真时后件不能为假，因此，充分条件假言命题的特点是："前件真并且后件假"时为假。根据充分条件假言命题的特点，它的真假情况是：只有当前件真而后件假时，它为假，其余三种情况都为真。使用真值表方法，可以清晰地刻画充分条件假言命题与它的支命题之间真假关系。

充分条件假言命题真值表：（表7）

表7

p	q	p→q
T	T	T
T	F	T
F	T	T
F	F	F

2. 必要条件假言命题

所谓必要条件，就是：设 p 和 q 分别为两个事物情况，如果没有 P，就必然没有 q，而有 p，却未必有 q。这样 p 就是 q 的必要条件。例如，"认识错误"对于"改正错误"来说就是一个必要条件。因为，没有"认识错误"就必然谈不到"改正错误"；而有了"认识错误"是否就有"改正错误"不能确定。

反映必要条件关系的假言命题，称为必要条件假言命题。我们用"只有……才……"来表示必要条件关系。必要条件假言命题的标准形式是：只有 p，才 q。其中 p 为前件，q 为后件。我们用特定的符号"←"来表示常项"只有……才……"，这样必要条件假言命题的逻辑形式又可表示为：p←q。

以下这些语句表达了具有"只有……才……"这种联结词的命题：

（1）必须革除这些弊端，我们的事业才会有希望。

（2）除非通过考试，否则不能被录取。

（3）比赛将不能照常进行，除非天下雨。

（4）没有共产党就没有新中国。

（5）不入虎穴，焉得虎子。

必要条件假言命题反映的是：当前件为假时后件不能为真，因此，必要条件假言命题的特点是："前件假并且后件真"时为假。根据必要条件假言命题的特点，它的真假情况是：只有当前件假而后件真时，它为假，其余三种情况都为真。"只有 p，才 q"与它的支命题之间的真假关系可用真值表来刻画。

必要条件假言命题真值表：（表 8）

表 8

p	q	p←q
T	T	T
T	F	T
F	T	F
F	F	T

3. 充分必要条件假言命题

所谓充分必要条件，就是：设 p 和 q 分别为两个事物情况，如果有 p，必然有 q，如果没有 p，必然没有 q，这样，p 就是 q 的充分必要条件。例如，"一个数是偶数"与"该数能被 2 整除"来说，就是一个充分必要条件。反映充分必要条件关系的假言命题，称为充分必要条件假言命题。我们用"当且仅当……才……"来表示充分必要条件关系。充分必要条件假言命题的标准形式是：当且仅当 p 才 q。其中 p 为前件，q 为后件。我们用特定的符号"←→"来表示常项"当且仅当……才……"，这样充分必要条件假言命题的逻辑形式又可表示为：p←→q。充分必要条件假言命题是充分条件和必要条件假言命题的结合，因此，它的特点是：前件与后件等值为真。根据充分必要条件假言命题的特点，它的真假情况是：当前件与后件真假情况相同时为真，否则为假。"当且仅当 p 才 q"与它的支命题之间的真假关系可用真值表来刻画。

充分必要条件假言命题真值表：（表 9）

表 9

p	q	p←→q
T	T	T
T	F	F
F	T	F
F	F	T

4. 充分条件假言命题与必要条件假言命题的互换关系

充分条件假言命题与必要条件假言命题之间存在一种等值的互换关系。即一个充分条件假言命题可以变为一个等值的必要条件假言命题；一个必要条件假言命题可以变为一个等值的充分条件假言命题。

（1）充分变必要或必要变充分

充分条件假言命题"p→q"的前件与后件存在这样一种关系：当断定前件"p"是后件"q"的充分条件的同时，也就断定了后件"q"是前件"p"的必要条件。即"p→q"等值于"q←p"。同理，当断定前件"p"是后件"q"的必要条件的同时，也就断定了后件"q"是前件"p"的充分条件。即"p←q"等值于"q→p"。其变换方法是：首先前后件移位，然后变换连接词。

例如：

（1）一位领导对下属说："根据经验，如果一个单位要取得利润，那么必须在管理上下工夫。"领导的含义是：

A. 这个单位取得了可观的利润。

B. 这个单位在管理上工夫下的大。

C. 领导认为，只有在管理上下工夫，才能取得利润。

D. 这个单位没有取得可观的利润。

E. 如果在管理上下工夫，那么就能取得利润。

解析：

领导所说的话是一个充分条件假言命题，根据上述变换方法，应等值于一个必要条件假言命题，所以，正确选项是 C。

（2）对这个问题的认识，除非理解有误，否则不能影响企业的利益。

对上述这句话的正确理解是：

A. 对这个问题的认识，如果理解错了，那么一定会影响企业的利益。

B. 只有对这个问题的正确理解，才不能影响企业的利益。

C. 如果没有影响企业的利益，那么说明对这个问题的理解是正确的。

D. 如果影响了企业的利益，那么说明对这个问题没有正确理解。

E. 这家企业的利益没有受到影响。

解析：

题干所表达的是一个必要条件假言命题：只有理解错误，才能影响企业利益。根据上述变换方法应是一个充分条件假言命题，正确选项是 D。

（2）充分变充分或必要变必要

一个充分条件假言命题除了变换为等值的必要条件假言命题外，还可以变换为一个等值的充分条件假言命题，同样，一个必要条件假言命题除了变换为等值的充分条件假言命题外，还可以变换为一个等值的必要条件假言命题。例如，"p→q"变换为等值的充分条件假言命题是"q→p"。"p←q"变换为等值的必要条件假言命题是"q←p"。其方法是：连接词不变，前后件移位加"非"，即在前后件移位的同时加否定词。

下列公式都是等值的：

p→q＝q←p（充分变必要）

p→q＝q→p（充分变充分）

p←q＝q→p（必要变充分）

p←q＝q←p（必要变必要）

例如：

1. 如果我们在视觉上不能辨别艺术复制品和真品之间的差异，那么复制品就和真品的价值一样。

以下哪项成立，以上结论才会真？

A. 只有在视觉上辨别不出艺术复制品和真品之间的差异，复制品和真品的价值才一样。

B. 如果复制品和真品的价值一样，那么我们在视觉上不能辨别艺术复制品和真品之间的差异。

C. 如果复制品和真品的价值不一样，那么我们在视觉上就能辨别艺术复制品和真品之间的差异。

D. 如果复制品和真品的价值不一样，那么我们在视觉上能不能辨别艺术复制品和真品之间的差异也不能确定。

E. 除非复制品和真品的价值一样，才不能在视觉上辨别出艺术复制品和真品之间的差异。

解析：

题干是一个充分条件假言命题，根据上述充分变充分的方法，正确选项应是 C。

2. 如果所有的疾病都有确定的诱因，那么有些疾病是能预防的。上述命题的含义是：

A. 如果所有的疾病都是不能预防的，那么所有疾病没有确定的诱因。

B. 只有所有的疾病都没有确定的诱因，有些疾病才是不能预防的。

C. 只有有的疾病没有确定的诱因，有些疾病才是不能预防的。

D. 只有有的疾病能预防，有些疾病才有确定的诱因。

E. 除非有的疾病没有确定的诱因，否则不是所有疾病不是能预防的。

解析：

题干是一个充分条件假言命题，如果把它再变换为充分条件假言命题则是："如果所有的疾病都不是能预防的，那么有些疾病没有确定的诱因。"显然，预选答案中没有此项。如果把题干表达的充分条件假言命题变换为必要条件假言命题则是："只有有些疾病是能预防的，所有的疾病才都有确定的诱因。"把这个必要条件假言命题再变换为必要条件假言命题得："只有有些疾病没有确定的诱因，所有疾病才不能预防。"因此，正确选项是 E。

四、复合命题的负命题及其解题方法

1. 复合命题的负命题

负命题就是否定某个命题的命题，又叫命题的否定。否定词一般置于一个命题之首或者之后，其标准形式是"并非 p""并不是 p"。日常语言中也用"p 是假的"来表示。我们用一个特定的符号"～"来代表负命题中的逻辑常项"并非"，这样负命题的一般形式又可表示为：～p 或 p 一个负命题为真，当且仅当，被它否定的命题为假。见上述真值表。从表中可以看到，负命题与其被否定的命题之间的关系是矛盾关系。负命题也是一种复合命题，它的支命题既可以是简单命题，又可以是复合命题。

上面我们已经给出了直言命题的负命题及其等值命题，下面我们给出几种复合命题的负命题及其等值命题：

（1）"并非（p 并且 q）"等值于"非 p 或者非 q"

（2）"并非（p 或者 q）"等值于"非 p 并且非 q"

（3）"并非（p 要么 q）"等值于"（p 并且 q）或者（非 p 并且非 q）"

（4）"并非（如果 p 那么 q）"等值于"p 并且非 q"

（5）"并非（只有 p 才 q）"等值于"非 p 并且 q"

（6）"并非（当且仅当 p 才 q）"等值于"（p 并且非 q）或者（非 p 并且 q）"

上面的等值式可以简写成以下的符号形式：

(1) p∧q←→p∨q

(2) p∨q←→p∧q

(3) p∨q←→（p∧q）∨（p∧q）

(4) p→q←→p∧q

(5) p←q←→p∧q

(6) p↔q←→（p∧q）∨（p∧q）

2. 复合命题的负命题解题一般方法

（1）联言命题、选言命题的负命题化为等值关系命题的方法

"并非（P并且q）"、"并非（p或q）"分别是联言命题的负命题和选言命题的负命题。求作它们的等值关系命题是否也有一种简单方法呢？回答是肯定的。我们仍从它们的结构方面分析其中否定词与其支命题之间的关系。

从结构方面看，无论是联言命题还是选言命题的负命题，它们的否定词既否定了联结词又否定了支命题。对联结词"并且"的否定得"或"，对联结词"或"的否定得"并且"。可见。联言命题负命题等值关系命题是选言命题，而选言命题负命题等值关系命题是联言命题。对支命题否定就是分别对支命题加一个否定词"并非"（简称加"非"）。由于负命题中的否定词对其支命题和联结词所有部分的否定，故称此方法为"全否法"。运用"全否法"可将任何复杂的联言命题或选言命题的负命题化其等值关系命题。例如：

①一家商店，挂着一个牌子，上面写的是："该商店商品一律八折，货真价实。"有位顾客指着牌子说："骗人！"顾客的意思是：

A. 该商店商品价格高，货是假的。

B. 该商店商品虽然价格便宜，但货不好。

C. 该商店商品或者价格高，或者货是假货。

D. 该商店商品货好，但价格高。

E. 该商店商品价廉物美。

解析：

题干中"货真价实"是一个省略联结词"并且"的联言命题，即"货真并且价实"。根据全否法得："货不真（假货）或者价不实（价高）"。所以，正确选项是 C。

②在一次考试后，A 和 B 问老师考试成绩时，老师说："你们猜猜看"。A 说："我和 B 考试都及格了"；B 说："我考试及格或者 A 考试及格"。老师说"你们都猜错了"。

根据上述信息，下面哪项是老师的意思？

A. 或者 A 考试及格或者 B 考试及格。

B. A 考试及格但 B 考试不及格。

C. 如果 A 考试不及格，那么 B 考试及格。

D. 如果 A 考试及格，那么 B 考试也及格。

E. A 和 B 考试都不及格。

解析：

A 表达的是一个联言命题，B 表达的是一个选言命题。根据老师的话，A 和 B 都说错了。根据全否法 A 的负命题是：A 没及格或者 B 没及格；B 的负命题是：B 没及格并且 A 没及格。正确选项是 E。

（2）假言命题的负命题化为等值关系命题的方法

充分条件假言命题的负命题化为等值关系命题的方法

"并非（如果 P，那么 q）"、"并非（只有 P 才 q）"和并非（当且仅当 P 才 q）分别是充分条件、必要条件、充分必要条件假言命题的负命题。其中否定词"并非"与其被否定的支命题之间有什么特点呢？

先分析充分条件假言命题负命题的否定词与其支命题之间的关系。"并非（如果 P，那么 q）"的否定词"并非"否定了支命题"如果 P，那么 q"的两个部分，其一它否定了联结词"如果……则……"；其二它否定了它的后件 q，而前件 p 并没有否定。对联结词"如果……则……"的否定得："并且"；对后件"q"的否定得："非 q"即给后件"q"加"非"。显然，充分条件假言命题的负命题等值关系命题是一个联言命题，而联言命题的第一个联言支恰是充分条件假言命题的前件，第二个联言支是充分条件假言命题后件的否定。据此，把充分条件假言命题负命题化其等值关系的命题方法用"口诀"形式表示为：

"并非（如果 p 则 q）"等值于："前件不变并且后件加非"。

其中"并且"是指等值关系命题中的联结词，"前件不变"是把负命题中假言命题前件作为它的等值关系命题的第一个联言支。"后件加非"是指：把负命题中假言命题的后件的否定作为它的等值关系命题的后一个联言支。

运用"口诀法"可将任何复杂的充分条件假言命题的负命题化其等值关系命题。例如：

"并非如果上大学，那么就能成材。"下列哪项与上述命题的含义相同？

A. 不上大学就不能成材。

B. 并非不上大学或者不能成材。

C. 上大学就一定能成材。

D. 上大学也不能成材。

E. 并非如果成材就是上大学了。

解析：

根据"口诀法"，"并非如果上大学，那么就才能成材。"等值于"前件不变并且后件加非"。前件是"上大学"，它不变，把"上大学"作为第一个联言支；后件是"能成材"，它加非得"不能成材"并作为第二个联言支。即"并非如果上大学，那么就能成材"等值于联言命题："上大学也不能成材"。因此，正确选项是 D。

（3）必要条件假言命题的负命题化为等值关系命题的方法

根据充分条件假言命题负命题中否定词与其支命题之间条件关系的分析，必要条件假言命题负命题化为等值关系命题的"口诀"表示为：

"并非（只有 p 才 q）"等值于："前件加非并且后件不变"。

必要条件假言命题负命题等值关系命题与充分条件假言命题

负命题等值关系命题唯一区别在于等值关系命题中联言支前后顺序的差别。这种差别正是充分条件假言命题和必要条件假言命题各自特点决定。例如：

"并非只有买彩票才能发财"。

上述命题的含义是：

A. 不买彩票就不能发财。

B. 买彩票就能发财。

C. 如果买彩票，那么就能发财。

D. 买彩票也不一定能发财。

E. 不买彩票也能发财。

解析：

根据"口诀法"，"并非只有买彩票才能发财"等值于"前件加非并且后件不变"。它的前件是"买彩票"，加非得"不买彩票"；它的后件是"能发财"，不变，这样，"并非只有买彩票才能发财"等值于一个联言命题"不买彩票也能发财"。所以，正确选项是 E。

（4）充分必要假言命题的负命题化为等值关系命题的方法

充分必要条件假言命题是充分条件假言命题和必要条件假言命题的结合。因此，它的负命题的等值关系命题也是它们二者的结合。如用"口诀"表示则为：

"并非当且仅当 p 才 q"等值于"（前件不变并且后件加非）或（前件加非并且后件不变）。"

可见，充分必要条件假言命题负命题等值关系命题是一个选言命题。它的选言支分别是充分条件假言命题和必要条件假言命题负命题的等值关系命题。了解了这个特点，充分必要条件假言命题负命题的等值关系命题的"口诀"就不难理解了。例如：

小赵说："当且仅当小张不录取，小王才录取"我看这句话不妥。

以下除了哪项不是小赵表达的意思？

A."小张不录取小王也不录取"或者"小张录取小王没录取"。

B.“小张录取小王也录取”或者“小张不录取小王录取了”。

C.“小张不录取但小王录取了”或者“小张录取小王也录取”。

D.“小张录取但小王不录取”，或者“小王录取了”。

E.“小张不录取小王也不录取”或者“小张录取小王也录取”。

解析：

根据“口诀法”小赵的意思是“小张不录取小王也不录取”或者“小张录取小王也录取”。显然，A、B、C、D都没有表达小赵的意思，正确选项是 E。

“口诀法”理论依据来自三种不同命题前件与后件之间真假关系。如充分条件假言命题的负命题“并非（如果 p 那么 q）”，它的含义是指，“如果 p 那么 q”是假的。在什么条件下“如果 p 那么 q 是假的”？根据充分条件假言命题的真值表，只有在前件真并且后件假时它才假。因此，并非（如果 p 那么 q）与“前件真并且后件假”是等值的。“前件真”亦为“前件不变”，“后件假”亦为“后件加非”。同理，必要条件，充分必要条件假言命题，它们的负命题等值关系命题的“口诀法”也是建立在这种关系基础之上的。

五、表解题的解题方法

表解题是用真值表验证并回答命题间各种真假关系的一种类型试题。

表解题的关键是怎样列表。以－p→（－q∧p）为例，介绍列表的基本方法和步骤：

第一步：找出已知命题中的支命题即 p 和 q。先把它们列在表的左上方，同时列出它们的真假组合情况；

第二步：如果已知命题中出现－p 和－q 的形式，那么就把它们单独列出来，并列出它们的真假情况；

第三步：如果在已知命题中含有其他的复合命题，那么首先逐一列出来，最后列出自身。如（表10）

表 10

p	q	−p	−q	−q∧p	−p→（−q∧p）
T	T	F	F	F	T
T	F	F	T	T	T
F	T	T	F	F	F
F	F	T	T	F	F

掌握了列表的方法，就可运用真值表来解答有关试题。例如：

1. 列出下列三个命题的真值表，并根据真值表判定：

（1）A 与 B 是否矛盾；

（2）A 与 C 是否等值？

A：p←−q B：−p∧−q C：p∨q

列表：（表 11）

表 11

p	q	−p	−q	p←−q	−p∧−q	p∨q
T	T	F	F	T	F	T
T	F	F	T	T	F	T
F	T	T	F	T	F	T
F	F	T	T	F	T	F

由表可知，A 与 B 矛盾，A 与 C 等值。

2. 写出下列命题的等值命题，并用真值表加以验证：

"并非（他是教师或他不是党员）"

解析：

首先用符号表示命题的逻辑形式。用 p 表示："他是教师"，用 q 表示："他是党员"。其整个命题用符号表示为：−（p∨−q）。它的等值命题是−p∧q。列表：（表 12）

表 12

p	q	-p	-q	p∨-q	-（p∨-q）	-p∧q
T	T	F	F	T	F	F
T	F	F	T	T	F	F
F	T	T	F	F	T	T
F	F	T	T	T	F	F

根据真值表验证它们是等值的。

3. 根据下列条件，列出真值表，并根据真值表回答小王、小张、小李三人名次。

在一次知识竞赛中，小王、小张、小李争夺前三名。裁判 A 预测，只有小王第一，小李才第二；裁判 B 预测，小李不是第二。事实证明，两个人有且只有一个人预测为真。

解析：

根据题意，用符号表示裁判 A 和裁判 B 各自所表达的命题形式。用表示 p "小王第一"，用 q 表示"小李第二"。这样，裁判 A 所表达的命题形式是：pq；裁判 B 所表达的命题形式是：-q。列表：（表 13）

表 13

p	q	-q	p←-q
T	T	F	T
T	F	T	T
F	T	F	F
F	F	T	T

已知裁判 A 和裁判 B 中只有一个真，由表可知第一种情况表示的是 A 和 B 只有一个真，在这种情况下，p、q 同真，即"小王第一"，小李第二，小张自然是第三了。

4. 列出 AB 命题的真值表，并回答当 AB 恰有一个为假时，某大学是否录取小王？是否录取小张？

A：如果某大学录取小王，那么就不录取小张

B：某大学不录取小王

解析：

设 p：某大学录取小王，q：某大学录取小张。

A：$p \rightarrow -q$

B：$-p$

真值表：（表 14）

表 14

p	q	$-p$	$-q$	$p \rightarrow -q$
T	T	F	F	F
T	F	F	T	T
F	T	T	F	T
F	F	T	T	T

由表可知，第二种情况表明了 A、B 恰有一个为假，在这种情况下，p 为真，q 为假。即某大学录取了小王，没有录取小张。

六、模态命题

模态命题是断定事物情况的必然性或可能性的命题。

"必然"、"可能"在逻辑上称为模态词，因此，模态命题就是包含有模态词的命题。例如：

（1）正义的事业必然胜利。

（2）次要矛盾可能发展为主要矛盾。

例（1）包含有模态词"必然"，例（2）包含有模态词"可能"，因此，它们都是模态命题。模态词"必然"和"可能"不是反映命题的真值形式的联结词，它反映命题断定和推断的程度。前面介绍的简单命题和复合命题，均不含有模态词，我们是将其当作非模态命题来处理的，在这个意义下，我们说模态命题是既不同于简单命题又不同于复合命题的命题。

根据模态命题的定义，模态命题可分为必然模态命题和或然

模态命题。

1. 必然模态命题

含有"必然"模态词的命题是必然模态命题。例如：

（1）冬天过后必然是春天。

（2）部分在有穷域中必然小于整体。

（3）信息在传递过程中被损耗是必然的。

（4）等量加等量其和相等。

在上述命题中，模态词是加在一肯定命题之上的，因而可以将这些命题叫做必然肯定命题。必然肯定命题的一般逻辑形式是：必然 p。现代逻辑一般用"□"表示"必然"，这样，必然p，又可写作："□p"。模态词也可以加在一否定命题之上。例如：

（1）客观规律必然不依人的意志为转移。

（2）谎言不能长久骗人是必然的。

（3）前提真而结论假的推理必然不是有效的。

（4）认识必然不会停留在一个水平上。

必然否定命题的一般逻辑形式是：必然非 p。用符号表示则为"□～p"

2. 或然模态命题

含有"可能"模态词的命题是或然模态命题。例如：

（1）长期大量吸烟可能致癌。

（2）部分在无穷域中可能等于整体。

（3）飞碟可能是天外之物。

（4）3x 大于 5x 是可能的。

上述命题称作可能肯定命题。可能肯定命题的一般逻辑形式是：可能 p。现代逻辑一般用"◇"表示"可能"，这样，"可能p"又可写作"◇p"。

下述命题则可称作可能否定命题：

（1）火星上可能没有生命。

（2）生态平衡有可能不遭破坏。

（3）7x 可能不大于 5x。

（4）他可能不来了。

可能否定命题的一般逻辑形式是：可能不 p。用符号表示则为"◇～p"。与 A、E、I、O 四种直言命题之间的真假关系类似，具有同一素材的"必然 p""必然非 p""可能 p""可能非 p"之间，也具有一种对当关系，也可用模态方阵来表示：

3. 模态命题的负命题

对模态命题进行否定就构成了模态命题的负命题。模态命题的负命题及其等值命题表示如下：

并非 S 必然是 p＝S 可能不是 p

并非 S 必然不是 p＝S 可能是 p

并非 S 可能是 p＝S 必然不是 p

并非 S 可能不是 p＝S 必然是 p

上述等值关系可以缩写为：

不必然 p＝可能不 p

不必然不 p＝可能 p

不可能是 p＝必然不 p

不可能不 p＝必然 p

模态命题负命题怎样化为等值关系命题呢？我们仍用结构分析法，剖析模态命题负命题中否定词和支命题之间的关系。

模态命题负命题的否定词"不"否定了作为支命题的模态命题的两个部分，其一否定了模态词，其二否定了联结词，而主项，谓项不变。模态词有"必然"和"可能"两种，对"必然"的否定得"可能"；对"可能"否定得"必然"。即必然命题的负命题，它的等值关系命题是或然命题（可能命题）。或然命题的负命题，它的等值关系命题是必然命题。模态命题联结词有两种。即"是"和"不是"（在肯定命题中"是"往往被省略），对"是"的否定得"不是"，对"不是"否定得"是"。例如，求"明天不必然下雨"的等值关系命题。根据模态命题的负命题化其等值关系命题的方法，把"必然"变为"可能"，把省略联项

"是"变为"不是",而主项、谓项都不变,得:"明天可能不下雨"。

再看下面几个例子:

(1) 根据最新气象资料表明,原先预报的8月份沈阳地区的飓风不可能出现。

以下哪项最接近于上文气象资料所表明的含义?

A. 原先预报的8月份沈阳地区的飓风可能出现。

B. 原先预报的8月份沈阳地区的飓风不可能不出现。

C. 原先预报的8月份沈阳地区的飓风不一定出现。

D. 原先预报的8月份沈阳地区的飓风必然不出现。

E. 原先预报的8月份沈阳地区的飓风出现的可能性比不出现的可能性大。

解析:

题干中"不可能出现"等值于"必然不出现",因此,正确选项是D。

(2) 甲、乙、丙三人明天准备出去游玩,当和老师请假时,老师说:"明天学校可能另有其他活动安排"。那么明天是否还出去游玩呢?三人争论起来。

甲:老师说明天学校可能另有其他活动安排,并不排斥明天学校可能没有其他活动安排,我建议还是去吧。

乙:老师说明天学校可能另有其他活动安排,那就表明,明天学校有其他活动安排,明天我们还是不去为好。

丙:老师说明天学校可能另有其他活动安排,只表明,明天学校没有其他活动安排不具有必然性,去与不去由你们定。对老师说的话的理解三人中:

A. 甲和丙正确,乙不正确。

B. 甲正确,乙和丙不正确。

C. 乙正确,甲和丙不正确。

D. 丙正确,甲和乙不正确。

E. 乙和丙正确,甲不正确。

解析：

甲的理解是：可能 p 与可能非 p 不排斥，即可以同真，根据模态命题对当关系下反对关系可知，二者不能同假，但可同真，所以甲的理解正确；乙的理解是：从可能 p 推出 p，显然是错误的；丙的理解是：不必然非 p，即可能 p，因此丙的理解正确。正确选项是 A。

例：

（3）美国前总统林肯曾说过"最高明的骗子不可能所有时刻欺骗所有的人"。

以下哪项最能说明林肯的含义？

A. 最高明的骗子必然有的时刻欺骗有的人。

B. 什么时候骗子也欺骗不了所有的人。

C. 最高明的骗子可能所有时刻不能欺骗所有的人。

D. 必然有的时刻有的人不被骗子欺骗。

E. 被骗子欺骗不是必然的。

解析：

题干中"不可能所有时刻欺骗所有的人"即含有模态词"可能"又含有量词"所有"，也就是说，否定词"不"即否定了模态命题又否定了直言命题。因此，对这样的命题处理方法是：根据模态命题的负命题化其等值关系命题的方法解决模态命题；根据直言命题的负命题化其等值关系命题的方法解决直言命题。具体方法是：把"可能"变为"必然"，把"所有"（命题中无论出现几次量词或模态词都逐一变换）变为"有些"，把其中肯定的连接词变为否定，其结果是"必然有的时刻不欺骗有的人"即："必然有的时刻有的人不被欺骗"。正确选项是 D。

4. 模态命题与直言命题的关系

模态命题和直言命题之间有密切联系。首先模态命题的对当关系和直言命题的对当关系是一致的。

模态方阵：

由此可见：

（1）□P 与□－P 不同真但可同假，即：□P 真，则□－P 假；□－P 真，则□P 假。□P 假，则□－P 真假不定；□－P 假，则□P 真假不定。

（2）◇P 与◇－P 不同假但可同真，即：◇P 假，则◇－P 真；◇－P 假，则◇P 真；◇P 真，则◇－P 真假不定；◇－P 真，则◇P 真假不定。

（3）□P 与◇P、□－P 与◇－P 是差等关系（即可同真又可同假），即：□P 真，则◇P 真，□－P 真，则◇－P 真；□P 假，则◇P 真假不定，□－P 假，则◇－P 真假不定。◇P 真，□P 真假不定，◇－P 真，□－P 真假不定；◇P 假，□P 假，◇－P 假，□－P 假。

（4）□P 与◇－P、□－P 与◇P 是矛盾关系（既不能同真也不能同假），即：□P 真，则◇－P 假，□P 假，则◇－P 真；□－P 真，则◇P 假，□－P 假，则◇P 真；◇P 真，则□－P 假，◇P 假，则□－P 真，◇－P 真，则□P 假，◇－P 假，则□P 真。

其次，它们的关系还表现在下面的推理图式中：

（1）必然 p→p　　　　　（2）p→可能 p

（3）必然非 p→非 p　　　　（4）非 p→可能非 p

箭头方向表示推出方向，p 表示直言命题。箭头所表示的方向是不可逆的。它表明，必然 p 能推出 p，而 p 却不能推出必然 p。同理，p 能推出可能 p，反之不成立。

例如，明天必然下雪可推出明天下雪，但明天下雪却不能推出明天必然下雪。同理，明天下雪可推出明天可能下雪，但明天可能下雪却不能推出明天下雪。在思维中，人们经常用到"可能"这样的模态词，只要事物、情况不是百分之百的肯定，就不能使用"必然"这样的模态词，而只能使用"可能"模态词。例如：

一份犯罪调研报告揭示，某市近三年来的严重刑事犯罪案件 60％皆为已记录在案的 350 名惯犯所为。报告同时揭示，严重刑事案件的半数以上作案者同时是吸毒者。如果上述断定都是真的，并且同时考虑事实上一个惯犯可能多起作案，那么，下述哪项断定一定是真的？

A. 350 名惯犯中可能没有吸毒者。

B. 350 名惯犯中一定有吸毒者。

C. 350 名惯犯中大多数是吸毒者。

D. 吸毒者大多数在 350 名惯犯中。

E. 吸毒是造成严重刑事犯罪的主要原因。

解析：

根据题干所给的条件，我们必须明确：350 名惯犯中是否一定有吸毒者，换句话说，350 名惯犯中有没有可能没有吸毒者，或者可能有吸毒者。只要是有可能，就不能使用"必然"、"一定"这类的用语，也只能使用"可能"模态词。不妨假设，严重刑事犯罪案件共有 1 000 起，其中 600 起是 350 名惯犯所为，剩下的 400 起案件为 400 名其他的初次作案者所为，这样，初次作案者的人数占了整个罪犯人数的一半以上；假定 400 名初次作案者都是吸毒者，那么，就可以满足题干的条件"半数以上的严重刑事犯罪案件的作案者同时是吸毒者"，而 350 名惯犯就可以没有一个吸毒者。当然，这只是一种可能性，但这种可能性毕竟是存在的，所以，正确选项是 A。

练习题

一、基础部分练习

（一）填空题

1. 当 "$p \rightarrow q$" 为假时，"$p \lor q$" 为_____。

2. 当 "$p \leftrightarrow q$" 为真时，"$p \rightarrow q$" 为_____ "$p \leftarrow q$" 为_____。

3. "只有刻苦学习，才能取得好成绩"转换为等值的充分条件假言命题是_____，转换为等值的联言命题的负命题是_____。

4. "如果一个性质命题的谓项不是周延的，那么它的联项一定是肯定的"转换为等值的必要条件假言命题是_____，转换为等值的选言命题是_____。

5. 与"并非有些 S 是 P"相等值的命题是_____，相反对的命题是_____。

6. 与"并非所有 S 都不是 P"差等关系的命题是_____。

7. "并非今天必然下雨"的等值命题是_____。

8. "他可能来"这个命题的负命题是_____，与负命题等值的命题是_____。

9. "他既不聪明又不勤奋是不对的"与这个命题相等值的选言命题是_____，相等值的充分条件假言命题是_____。

10. 根据模态命题对当关系，由"S 可能不是 P"假可推知_____和_____真。

11. 在模态命题对当关系中，必然 SEP 与可能 SEP 属于_____关系。

12. 当 $-P \wedge -q$ 为真时，$-p \vee q$ 为_____；$p \vee q$ 为_____。

13. 若 $-p \vee q$ 为真，$-q$ 真，则 p 取值为_____。

14. 设 $-p \rightarrow -q$ 与 q 取值为真，则 p 取值为_____。

15. 若 $-p \wedge -q$ 为真，$-p \vee -q$ 取值为_____，$-p \vee q$ 取值为_____。

16. 当 $p \leftarrow -q$ 为真时，与其等值的选言的命题为_____，与其相矛盾的联言命题为_____。

17. 与 $p \wedge -q$ 相矛盾的充分条件假言命题为_____。

18. 若 $-p \rightarrow q$ 取值为真，P 取值为假，则 $-q$ 取值为_____。

19. 若 $-r \leftarrow p \wedge q$ 取 2 值为真，r 取值为真，则 $-p \vee -q$ 取值为_____。

20. 若要使"只有 p 才非 q"与"非 p 并且 q"均真，则 p 与 q 的取值情况是：p 为_____ q 为_____。

（二）单项选择题（选出一个正确答案，并把它的标号写在括号里）

1. "p∧q" 与 "p∨q" 均假，则（ ）为真。

   （1）p∧q   （2）p∧−q

   （3）−p∧q   （4）−p∧−q

2. p→q 与 p∧−q 具有（ ）关系。

   （1）可同真，可同假   （2）不同真，不同假

   （3）可同真，不同假   （4）可同假，不同真

3. 当 p 真时，则（ ）为真。

   （1）必然 p   （2）必然非 p

   （3）可能 p   （4）可能非 p

4. 与 "可能 p" 具有等值关系命题是（ ）。

   （1）必然不 p   （2）不必然 p

   （3）不可能不 p   （4）不必然不 p

5. "他可能没有完成作业" 的等值命题是（ ）。

   （1）他可能完成作业

   （2）他不必然没有完成作业

   （3）他不必然完成作业

   （4）并非他可能没有完成作业

6. 已知 p→−q，−p←q，−p∧−q 均假，那么（ ）。

   （1）p 真 q 假   （2）p 假 q 真

   （3）p 真 q 真   （4）p 假 q 假

7. 如果二角对顶，则 "二角相等" 可变换为等值于它的命题（ ）。

   （1）如果二角不对顶，则二角不相等

   （2）只有二角相等，二角才对顶

   （3）如果二角不相等，则二角对顶

   （4）只有二角对顶，二角才相等

8. 与 "p→−q" 具有等值关系的命题是（ ）。

   （1）−q→p   （2）q←p

(3) q→－p   (4) －q←－p

9. 若－p→－q 为假，则下列命题为假的有（   ）。

    (1) －p→－q   (2) －p←q

    (3) －p∧－q   (4) －p←→q

10. 若－p∨q 为假，侧（   ）取值为假。

    (1) p→q   (2) p→－q

    (3) p←－q   (4) p∧q

11. "－（－p←→q)"等值命题是（   ）。

    (1) （p∧－q）∨（－p∧－q）

    (2) （－p∨q）∧（－p∨－q）

    (3) （－p∧－q）∨（p∧q）

    (4) －（－p→q）∧－（p←q）

12. 与"必然有 S 是 P"的负命题相等值的命题是（   ）。

    (1) 可能有 S 是 P   (2) 可能所有 S 不是 P

    (3) 可能有 S 不是 P   (4) 不可能有 S 是 P

（三）双项选择题（选出两个正确答案，并把它的标号写在括号里）

1. 下列命题与"这次考试可能会及格"为矛盾关系命题有（   ）（   ）。

    (1) 这次考试可能不会及格

    (2) 这次考试不可能会及格

    (3) 这次考试不必然会及格

    (4) 这次考试不可能不及格

    (5) 这次考试必然不及格

2. 下列命题与"明天他必然不去上海"相等值的命题有（   ）（   ）。

    (1) 明天他必然去上海

    (2) 明天他不可能不去上海

    (3) 明天他不可能去上海

    (4) 明天他不必然去上海

（5）并非他明天不必然不去上海

3. "并非必然所有 S 都是 P"等于说（　　）（　　）。

（1）不可能所 S 都是 P

（2）可能有些 S 不是 P

（3）必然有的 S 不是 P

（4）可能有的 S 是 P

（5）有的 S 不是 P 是可能的

4. 与"$p \leftarrow -q$"相等值的命题有（　　）（　　）。

（1）$-q \rightarrow -p$　　　（2）$q \leftarrow -p$　　　（3）$-p \wedge -q$

（4）$-p \rightarrow q$　　　（5）$-p \leftarrow -q$

5. 已知，"$-p \leftarrow q$"为假，则（　　）（　　）为真。

（1）$q \leftarrow -p$　　　（2）$-p \wedge -q$　　　（3）$-p \vee q$

（4）$-p \wedge q$　　　（5）$-p \leftarrow \rightarrow q$

6. 已知，"$p \wedge q$"为真，则（　　）（　　）为假。

（1）$p \rightarrow q$　　　（2）$p \vee q$　　　（3）$p \leftarrow q$

（4）$-p \leftarrow q$　　　（5）$p \leftarrow \rightarrow q$

7. 当"$-p \vee -q$"与"$-p \leftarrow q$"同假时，其支命题真假情况是（　　）（　　）。

（1）p、q 同假　　　（2）p、q 同真　　　（3）$-p$、$-q$ 同真

（4）$-p$、$-q$ 同假　　　（5）$-p$ 真、q 假

8. 当 $p \leftarrow \rightarrow q$ 为真时，则其支命题真假情况是（　　）（　　）。

（1）$-p$、q 同真　　　（2）p、q 同假　　　（3）p 真 $-q$ 假

（4）p 假 q 真　　　（5）$-p$ 假 $-q$ 真

（四）表解题

1. 试用真值表法判定下列各组命题的关系：

（1）A：$-p \rightarrow q$　B：$p \vee q$

（2）A：小刘不去北京或小王去北京　B：小刘去北京而小王没去北京。

2. 写出与下列命题具有矛盾关系的联言命题（B）和具有等值关系的选言命题（C），并用真值表加以验证（A）如果李华参加考试则王明不参加考试。

3. 列出 A，B 两个命题真值表，并回答 A，B 恰有一个为假时，小张小王谁去上海？

A：如果小张去上海，则小王不去上海。

B：小张没去上海。

4. 根据下列条件，列出真值表，并据表回答甲、乙、丙三人的名次。

甲、乙、丙三人争夺象棋比赛前三名。小林预测（A）："只有甲第一，丙才第二"，

小刘预测（B）："丙不是第二"。事实证明两人中有且只有一人预测为真。

5. 写出与下列命题相等值的命题（B），并用真值表加以验证。

（A）并非（如果有些 S 是 P，那么所有 S 都是 P）。

6. 用真值表回答，当下面 A、B、C 三个命题二真一假时，能断言哪一句为真或为假，不能断言哪一句为真或为假。

A：要么小王出国，要么小孙出国

B：要么小王出国，要么小孙不出国

C：小王和小孙至少一人不出国

7. 列出下列 A、B 两个命题真值表，并据表回答 A 是否是 B 的充分条件。

A：$p \rightarrow -q$　B：$-p \leftrightarrow -q$

8. 用真值表方法解答：是否有一方案可同时满足甲、乙、丙三位领导的要求？

甲、乙、丙三位领导对是否选派小丁与小马去疗养发表如下意见甲：如果小丁去，那么小马也去。

乙：只有小丁去，小马才去。

丙：或者小丁去，或者小马去

9. 用真值表回答，当下面 A、B、C 三命题不同真时，可否断言小王是否当选班长，可否断言小刘是否当选学习委员？

A：小王不当选班长或小刘当选学习委员

B：小刘当选学习委员

C：小王当选班长或小刘当选学习委员会

二、应用部分练习

1. 如果考前不做好充分准备，那么肯定考不好。

以下哪项成立，则以上结论才会真？

A. 只有考试及格的人考前准备工作才做得好

B. 如果考前准备工作做得好，那么一定能考好

C. 如果没及格，那么准备工作肯定没做好

D. 考试及格的人考前的准备工作都做得不错

E. 只有考前准备工作没做好考试才没及格

2. 只有党员才能被选为学生会主席。

上述命题是基于以下哪个前提作出的？

A. 不是党员也能当选学生会主席

B. 如果他不是党员肯定没资格当选学生会主席

C. 不是学生会主席就不可能是党员

D. 他曾经是学生会干部，但他拒绝当学生会主席

E. 小王各方面表现都不错，但他没当上学生会主席，老师解释说，如果你是党员，你就能当选学生会主席

3. 除非多运动，否则不能有好的身体。

以下各项都准确表达了上述命题含义，除了：

A. 多运动是身体好不可缺少的条件

B. 只有多运动才能有好的身体

C. 如果身体健康，说明你是经常运动的

D. 多运动是身体好的唯一条件

E. 如果不经常运动，那么你的身体就不好

4. "婚前财产公证，只要当事人对此有正确的理解就不会对新婚夫妇的感情产生不利影响。"

以下哪项如果成立，则以上的结论才会真？

A. 婚前财产公证，如果当事人对此没有正确的理解，那么新婚夫妇的感情肯定会产生影响

B. 只有当事人对此有正确的理解，新婚夫妇的感情才能不会产生不利影响

C. 如果新婚夫妇的感情没有产生不利影响，那么当事人对婚前财产公证有正确的理解

D. 如果新婚夫妇的感情产生了不利影响，那么当事人对婚前财产公证没有正确的理解

E. 只有新婚夫妇的感情产生了不利影响，当事人对婚前财产公证才没有正确的理解

5. 科学家警告说："如果我们不从现在起重视环境保护，那么人类终有一天将无法在这个地球上生活。"

以下哪项与科学家的警告是一致的？

A. 有那么一天，人类将无法在这个地球上生活

B. 从现在起重视环境保护，人类就可以在这个地球上继续生活

C. 只有从现在起重视环境保护，人类才不至于在这个地球上无法生活

D. 环境污染的严重性，必须引起我们高度重视

E. 我们要加强环境污染的治理，使城市更美起来

6. 不入虎穴，焉得虎子。

如果上述断定是真的，则以下哪项必定是真的。

（1）除非入虎穴，否则不得虎子。

（2）若已得虎子，已入虎穴。

（3）若未得虎子，则必定入虎穴。

A. 只有（1）

B. 只有（2）

C. 只有（3）

D. 只有（1）和（2）

E. 只有（1）和（3）

7. "并非只有明星和大腕做广告才有较高的收视率。"

以下哪项最符合上述断定？

A. 不用明星做广告也不用大腕做广告也能有较高的收视率

B. 明星和大腕做广告收视率就是高

C. 不用明星做广告或不用大腕做广告，收视率也不低

D. 不用明星和大腕做广告，收视率很难保证

E. 明星和大腕做广告费用太高

8. 如果不影响孩子的学习和身心健康，那么也不让孩子看电视，我看不妥。

如果上述断定为真，那么下述哪项断定必定为真？

A. 不影响孩子的学习和身心健康也不让孩子看电视

B. 不影响孩子的学习和身心健康，就该让孩子看电视

C. 只有不让孩子看电视，才不影响孩子的学习和身心健康

D. 我认为，只有让孩子看电视，才影响孩子的学习和身心健康，也不对

E. 如果影响孩子的学习和身心健康，那么就不该让孩子看电视

9. "只有制定专利计划，才有专利意识。"是不对的。以下哪项说明了上述命题的含义？

A. 没制定专利计划，不一定没有专利意识

B. 既不制定专利计划也没有专利意识

C. 不制定专利计划也有专利意识

D. 如果有专利意识，那么就得制定专利计划

E. 制定了专利计划，就有专利意识

10. 小王对小张说："并非如果明天不刮风也不下雨，那么你就别来看我。"结果，第二天小张来看他，并且天下着小雨。小王说小张把他的意思理解错了，小王的意思是：

A. 刮风和下雨，你就来

B. 刮风或下雨，你也来

C. 刮风和下雨，你就别来

D. 不刮风也不下雨，你就来

E. 刮风和下雨，来不来由你自己定

11. 在一次预测考试成绩时，小王对小张说："你和小李考试都及格了。"小张说："你说得不对。"小张的意思是：

A. 小张和小李考试都不及格

B. 小张考试及格但小李考试不及格

C. 如果小张考试不及格，那么小李考试及格

D. 如果小张考试及格，那么小李考试就不及格

E. 或者小张考试及格或者小李考试及格

12. 大会主席宣布："此案没有异议，大家都赞同，通过。"如果以上不是事实，下面哪项必为事实？

A. 大家都不赞同方案

B. 有少数人不赞同方案

C. 有些人赞同，有些人反对

D. 至少有人是赞同方案的

E. 至少有人是反对方案的

13. 在一次考试后，班长想从老师那里打听成绩。班长说："老师，这次考试不太难，我估计我们班同学的成绩都在 70 分以上吧。"老师说："你的前半句话不错，后半句话不对。"

根据老师的意思，下面那项必为事实？

A. 多数同学的成绩在 70 分以上，有少数同学的成绩在 60 分以下

B. 有些同学的成绩在 70 分以上，有些同学的成绩在 70 分以下

C. 研究生的课程 70 分才算及格，肯定有的同学成绩不及格

D. 这次考试太难，多数同学的成绩不理想

E. 这次考试太容易，全班同学的考试成绩都在 80 分以上

14. 小王并非既懂英语又懂法语。

如果上述断定为真，则下列哪项必定为真？

A. 小王懂英语但不懂法语

B. 小王懂法语但不懂英语

C. 小王既不懂英语又不懂法语

D. 如果小王懂英语，他一定不懂法语

E. 如果小王不懂法语，那么他一定懂英语

15. 对所有产品都进行了检查，没有发现假冒伪劣产品。

如果上述断定为假，则以下哪项为真？

(1) 有的产品尚未经检查，但发现了假冒伪劣产品。

(2) 或者有的产品尚未经过检查，或者发现了假冒伪劣产品。

(3) 如果对所有产品进行了检查，则可发现假冒伪劣产品。

A. 只有 (1)   B. 只有 (2)   C. 只有 (3)

D. 只有 (1) 和 (2)   E. 只有 (2) 和 (3)

16. "保你过辅导班"承诺：如果参加了"保你过辅导班"，MBA 联考你一定能考 200 分以上。

以下哪项如果为真，最能对保你过辅导班的承诺进行质疑？

(1) 小丽参加了"保你过辅导班"，但 MBA 联考只考了 190 分。

(2) 小娜没参加"保你过辅导班"，MBA 联考考了 240 分。

(3) 小丫没参加"保你过辅导班"，MBA 联考只考了 120 分。

A. 仅 (1)   B. 仅 (2)   C. 仅 (3)

D. 仅 (1) 和 (2)   E. (1) (2) 和 (3)

17. 啤酒的口感要好，生产工艺精和水源质量好缺一不可。

以下各项都符合题干的断定，除了：

A. 一种啤酒口感不好，说明它或者生产工艺不精，或者水源质量不好

B. 一种啤酒只有生产工艺精和水源质量好才能有好的口感

C. 一种啤酒口感很好，说明它的生产工艺精和水源质量好

D. 一种啤酒除非生产工艺精和水源质量好，否则不会有好的口感

E. 一种生产工艺精而且水源质量好的啤酒不一定口感就好

18. 有人认为，勤奋＋才能是许多成功人士的成功经验。小王说："勤奋＋才能也不必然成功。"小王的意思是：

A. 勤奋＋才能不可能不成功

B. 勤奋＋才能不必然不成功

C. 勤奋＋才能可能成功

D. 勤奋＋才能可能不成功

E. 勤奋＋才能是成功的必然之路

19. 吸烟能导致肺癌，经调查，在肺癌患者中有 70％的人有吸烟史，于是有人说，不是所有吸烟的人必然得肺癌。

如果以上断定为真，下列哪项不能是假的？

A. 有些吸烟的人可能得肺癌

B. 所有吸烟的人不必然得肺癌

C. 可能有些吸烟的人不得肺癌

D. 有些吸烟的人不必然不得肺癌

E. 可能所有吸烟的人都得肺癌

20. 电视广告铺天盖地，有人认为，广告就会吹，真假难分。因此，有些电视台播放的广告不必然都是真的。

如果上述断定的是真的，下列哪项必定是真的？

A. 有些电视台播放的广告可能都是真的

B. 有些电视台播放的广告有的不可能不是真的

C. 有些电视台播放的广告有的可能是假的

D. 有些电视台播放的广告不必然不都是真的

E. 电视台播放的广告哪能不是真的呢？

21. 你可以随时愚弄某些人。

假若以上属实，以下哪项必然为真？

（1）张三和李四随时都可能被你愚弄。

（2）你随时都想愚弄人。

（3）你随时都可能愚弄人。

（4）你只能在某些时候愚弄人。

（5）你每时每刻都在愚弄人。

A. 只有（3）

B. 只有（2）

C. 只有（1）和（4）

D. 只有（2）、（3）和（5）

E. 只有（1）、（4）和（5）

22. 甲、乙二人关于谁能否考上大学有如下对话：

甲：我明年一定能考上大学。

乙：你这话不对。

甲：你认为我明年不可能考上大学？

乙：你这话也不对。

甲：你的话是不合逻辑的。

乙：你的话才不合逻辑呢。

如果以上断定属实，下列哪项断定为真？

A. 甲、乙断定都不符合逻辑

B. 甲断定符合逻辑，乙断定不符合逻辑

C. 甲断定不符合逻辑，乙断定符合逻辑

D. 甲、乙断定都符合逻辑

E. 无法确定

23. 本杰明："除非所有的疾病都必然有确定的诱因，否则有些疾病可能难以预防。"富兰克林："我不同意你的看法。"

以下哪项断定，能准确表达富兰克林的看法？

A. 有些疾病可能没有确定的诱因，但有些疾病可能加以预防

B. 所有的疾病都可能没有确定的诱因，但有些疾病可能加以预防

C. 有些疾病可能没有确定的诱因，但所有疾病都必然可以预防

D. 有些疾病必然没有确定的诱因，但所有的疾病都可能加以预防

E. 有些疾病可能没有确定的诱因是不对的

24. 不必然任何经济发展都会导致生态恶化，但不可能有不阻碍经济发展的生态恶化。

以下哪项与上述断定含义最为接近？

A. 任何经济发展都不必然导致生态恶化，但任何生态恶化

都必然阻碍经济发展

B. 有的经济发展可能不导致生态恶化，但任何生态恶化都必然不阻碍经济发展

C. 任何经济发展都可能不导致生态恶化，但有的生态恶化必然阻碍经济发展

D. 有的经济发展可能不导致生态恶化，但任何生态恶化都可能阻碍经济发展

E. 有的经济发展不必然导致生态恶化，但任何生态恶化都不可能不阻碍经济发展

25. 不可能所有的失误都能避免。

以下哪项最接近于上述断定的含义？

A. 所有的失误必然都不能避免

B. 所有的失误可能都不能避免

C. 有的失误必然不能避免

D. 有的失误可能不能避免

E. 有的失误可能避免

26. 一把钥匙能打开天下所有的锁，这样万能钥匙是不可能存在的。

以下哪项最符合题干的断定？

A. 任何钥匙都必然有它打不开的锁

B. 至少有一把钥匙必然打不开天下所有的锁

C. 至少有一把锁天下所有的钥匙都必然打不开

D. 任何钥匙都可能有它打不开的锁

E. 至少有一把钥匙可能打不开天下所有的锁

27. 不可能宏达公司和亚鹏公司都没有中标。

以下哪项最为准确地表达了上述断定的意思？

A. 宏达公司和亚鹏公司可能都中标

B. 宏达公司和亚鹏公司至少有一个可能中标

D. 宏达公司和亚鹏公司至少有一个必然中标

E. 如果宏达公司中标，那么亚鹏公司不可能中标

第四章　演绎推理

第一节　推理的概述

一、推理及其结构

推理是从一个或者一些已知的命题得出新命题的思维形式。例如：

（1）所有知识分子都是劳动者。所以，有些劳动者是知识分子。

（2）所有商品都是为交换而生产的劳动产品，有些住房是商品，所以，有些住房是为交换而生产的劳动产品。

（3）如果所有的鸟都会飞并且鸵鸟是鸟，则鸵鸟会飞。所以，如果鸵鸟不会飞并且鸵鸟确实是鸟，则并非所有鸟都会飞。

（4）硫酸中含有氧元素，硝酸中含有氧元素，碳酸中含有氧元素，……所以，一切酸中都含有氧元素。

推理分为前提和结论两部分。前提是推理所依据的命题，结论是推理所得到的命题。

在上面各推理中，"所以"前部分的命题是前提，后部分命题是结论。前提对结论提供证据支持。前提对结论的证据支持关系表明：前提的真在多大程度上保证了结论的真。通常用"证据支持度"这个概念来刻画前提对结论的证据支持关系。一个推理的证据支持度是 100％，是指：如果前提真，则结论不可能假；

一个推理的证据支持度小于100％，是指：如果前提真，则结论不必一定真。在日常语言中，可以根据一些语言标记去识别推理的前提和结论。例如：在"因为""由于""假设""只要""鉴于""由………可以推出""正如………所表明"等词之后或占据省略号位置的句子是前提，而在"因此""所以""那么""于是""由此可见""这表明""这证明"等词语之后的是结论。由于构成推理的各句子之间存在意义关联，有时候人们可以省略某些语言标记，而仅靠句子之间的意义关联去区分前提和结论。例如，"他是一位孤寡老人，我们应该照顾好他。"这个句子所表达的并不是并列关系，而是由意义关联所表达的推理关系，其中第一句是前提，第二句是结论。

二、推理的种类

根据推理中前提和结论的思维进程不同，可以把推理分为三类：演绎推理、归纳推理和类比推理。

演绎推理是从一般到个别的推理；

归纳推理是从个别到一般的推理；

类比推理是从个别（或一般）到个别（或一般）的推理。

根据推理中前提和结论之间是否有蕴涵关系，可以把推理分为必然性推理和或然性推理。

必然性推理前提蕴涵结论，即如果前提真，那么结论一定真。演绎推理是必然性推理。必然性推理能提供100％证据支持度。或然性推理前提不蕴涵结论，即如果前提真，那么结论仅仅可能真。

归纳推理和类比推理是或然性推理。或然性推理只能提供某种小于100％证据支持度。上面的例子中，（1）（2）（3）都是演绎推理，（4）是归纳推理。

三、推理形式的有效性

一个推理是对的、正确的、成立的、合乎逻辑的，等等，都是指该推理是有效的。一个推理是错的、不正确的、不成立的、不合乎逻辑的，等等，都是指该推理是无效的。那么，什么是推理的有效和无效呢？

推理，既前提和结论在内容和意义上的联系，又反映前提和结论在形式结论上的联系。推理的有效或无效，不是就推理的内容和意义而言，而是就推理的形式结构而言的。因此，推理的有效性，也成为形式有效性。一个推理是形式有效的，当且仅当它的前提和结论之间具有这样的关系，即前提真而结论假是不可能的。显然，推理的有效性是在假设前提真，则结论不可能假这个意义上讨论前提和结论的联系方式，暂时不考虑前提和结论在事实上的真假问题，因而，组成推理的命题在事实上的真假并不能决定推理是否有效。当然，推理的结论如果是假的，则能确定：推理是无效的，或者推理的前提至少有一个是假的。

由此可见，为了在推理中得出真实结论，必须满足两个条件：前提真实和推理形式有效。前提真实，推理形式有效的推理，称为正确推理。对于正确的推理来说，结论的真实性是由前提合乎逻辑地推出的，结论与前提存在必然的联系。对于错误推理来说，其结论可能真，也可能假，即使结论真，也只是一种偶然，与前提并无必然的联系。

第二节　以直言命题为前提的推理

一、直接推理

直接推理是以一个直言命题为前提推出结论的推理。直接推理的前提和结论都是直言命题。

下面我们主要讨论命题变形的直接推理。

命题变形直接推理，就是通过改变前提的形式从而推出结论的直接推理。命题变形直接推理主要有换质法、换位法、换质位法。

1. 换质法

换质法是通过改变前提命题的质而得到一个新命题的直接推理。

换质法的规则是：

第一，只能改变前提命题的联项，即肯定改为否定，否定改为肯定。其余不变，即前提命题主、谓项位置不变，量项不变。

第二，用前提命题谓项的矛盾概念来作结论的谓项。

根据以上的要求，A、E、I、O的换质推理如下：

（1）所有商品都是劳动产品，所以，所有商品都不是非劳动产品。

（2）所有神学都不是科学，所以，所有神学都是非科学。

（3）有些语句表达命题，所以，有些语句不是不表达命题。

（4）有的大学生不是党员，所以，有的大学生是非党员。它们的推理形式分别是：

SAP→SE$\overline{P}$

SEP→SA$\overline{P}$

SIP→SO$\overline{P}$

SOP→SI$\overline{P}$

2. 换位法

换位法是通过调换前提中命题主、谓项的位置而得到一个新命题的直接推理。

换位法的规则是：

第一，只能调换前提命题主、谓项的位置，联项不变。

第二，前提中不周延的项，到结论中不得周延。

根据以上的要求，A、E、I、O的换位推理如下：

（1）所有住宅都是建筑物，所以，有些建筑物是住宅。

（2）所有马克思主义者都不是唯心主义者，所以，所有唯心主义者都不是马克思主义者。

（3）有些亚洲的国家是发达国家，所以，有些发达国家是亚洲的国家。

它们的推理形式分别是：

SAP→PIS

SEP→PES

SIP→PIS

O 命题不能换位。因为，O 命题的主项是不周延的，如果换位，前提中 O 命题的主项作为结论中否定命题的谓项就是周延了，这样，就违反了"前提中不周延的项，到结论中不得周延"的规则。例如，不能由"有些人不是个人主义者"，通过换位得："有些个人主义者不是人"。

3. 换质位法

换质位法是换质、换位的结合应用，直至不能换为止。在换质过程中，要遵守换质法规则，在换位过程中，要遵守换位法规则。由于 I 命题换质后是 O 命题，而 O 命题不能换位，所以，I 命题不能换质位。

根据以上的要求，A、E、O 的换质位推理形式分别如下：

SAP→SE $\overline{P}$ →$\overline{P}$ES→$\overline{P}$A $\overline{S}$ →$\overline{S}$I $\overline{P}$ →$\overline{S}$OP

SEP→SA $\overline{P}$ →$\overline{P}$IS→$\overline{P}$OS

SOP→SI $\overline{P}$ →$\overline{P}$IS→$\overline{P}$OS

二、三段论

三段论是由亚里士多德建立的。它是根据类的包含和排斥关系进行逻辑推演的，是传统逻辑体系中最完善、最严密的部分。

1. 三段论的定义及其结构

三段论是由两个包含着一个共同词项的直言命题推出一个新的直言命题的演绎推理。

例如：

所有的生物都有新陈代谢的过程，

所有的植物都是生物，

所以，所有的植物都有新陈代谢的过程。

这个三段论的两个前提都包含词项"生物"，结论"所有的植物都有新陈代谢的过程"是由这两个包含着共同词项的前提推出的新的直言命题。

从词项方面考虑，任何一个三段论都是由三个不同的词项组成。结论的主项称为小项，用"S"表示，如上例中的"植物"。结论的谓项称为大项，用"P"表示，如上例中的"有新陈代谢的过程"。只有在前提中出现而在结论中不再出现的词项是中项，用"M"表示，如上例中的"生物"。

从命题方面考虑，三段论由三个不同的命题组成。其中，两个直言命题是前提，一个是结论。包含大项"P"的前提是大前提，如上例中的"所有的生物都有新陈代谢的过程"；包含小项"S"的前提是小前提，如上例中的"所有的植物都是生物"。这样，上例直言三段论的结构可表示如下：

M A P

S A M

∴ S A P

2. 判定三段论式有效性的方法

在传统逻辑中，判定三段论式有效性的一般方法是三段论的规则。三段论规则是从三段论的格式结构中总结概括出来的，其中的核心概念是"周延性"。以下讨论的三段论的 7 条基本规则是三段论有效的充分必要条件，是判定三段论有效性的标准。

（1）一个正确的直言三段论有且只有三个词项

在一个正确的直言三段论中，有且只有三个不同的词项，如果少于三个词项，那就不会构成三段论。如果多于三个词项，那么大项、小项就会因为缺少共同中项而不能必然地联系起来。违反这一规则，通常出现的逻辑错误，称为"四词项"错误。

例如：辩证法是马克思主义的灵魂，黑格尔方法是辩证法，所以，黑格尔方法是马克思主义的灵魂。这个三段论是无效的。因为作为中项"M"的"辩证法"实际上是两种含义，表达的是两个不同的概念。大前提中的"辩证法"是唯物主义的辩证法，小前提中的"辩证法"是唯心主义的辩证，因而犯了四词项的逻辑错误。

（2）中项至少周延一次

由于中项是联系大项、小项的媒介，这就要求中项在前提中至少有一次断定了它的全部外延，才可与大项或小项发生某种确定的联系；反之，如果中项在两个前提中都不周延，那就可能发生大项与中项的一部分外延发生关系，而小项则与中项另一部分外延发生关系，这样，大项、小项自身的关系便无法确定。例如：

金属是导电的，

铁是导电的，

所以，铁是金属。

这个三段论就是无效的，因为中项"导电的"在大、小前提中都不周延。

（3）前提中不周延的词项，在结论中也不得周延。

一个有效的直言三段论，结论中大项或小项被断定的范围都不得超出前提中的大项或小项被断定的范围，否则就会犯"大项或小项不当周延"的逻辑错误。例如：

①小王是大学生，小王是团员，所以，团员都是大学生。

②数学系的学生都学习数学，中文系的学生不是数学系的学生，所以，中文系的学生不学习数学。

这两个三段论都是无效的。它们违反了"前提中不周延的词项，在结论中也不得周延"的规则。例①中的小项"团员"为肯定命题的谓项，是不周延的，但到结论中却成了全称命题的主项，周延了，犯了"小项不当周延"的逻辑错误；例②的大项"学习数学"在前提中为肯定命题的谓项，不周延，但是在结论中却成了否定命题的谓项，周延了，犯了"大项不当周延"的逻辑错误。

（4）两个否定前提推不出必然结论

如果两个前提都否定，则大项与小项的全部外延或部分外延与中项的外延相排斥，这样，大项与小项的关系就无法确定，两者既可以是不相容关系，又可以是相容关系，因而无法得出有效的结论。

（5）如果前提中有一否定，则结论否定；如果结论否定，则前提中有一否定。

假如两个前提中有一否定，那么不是大前提否定，就是小前提否定。如果大前提否定，那么大项与中项被断定的外延不相容，而小项与中项被断定的外延相容，则小项通过中项与大项发生关系的那部分外延，即与中项相容的那部分外延必然与大项被断定的外延不相容，因而结论是否定的。同理，如果小前提否定，则结论是否定的。因而不论何种情况，结论都是否定。

（6）两个特称前提不能得出必然结论

如果两个前提都是特称的，可以有以下三种情况：

第一，两前提都是特称肯定命题。由于两个前提都是特称肯定，前提中的词项没有一个是周延的，不能满足中项至少周延一次的规则，所以，不能得出必然结论。

第二，两个前提都是特称否定命题，根据规则4不能得出必然结论。

第三，两个前提中一个是特称肯定，一个是特称否定。这时，前提中只有一个周延的项，即特称否定命题的谓项。按照中项至少周延一次的规则，这个周延的项应是中项。根据前提中有一前提是否定的，结论也应否定的要求，结论是否定的，而否定结论的谓项即大项 P 是周延的，但它在前提中不周延，这样便会犯"大项不当周延"的逻辑错误；而为了避免这种错误，就要把前提中唯一周延的词项确定为大项，但这样一来，中项又会一次都不周延，还是不能得出结论。

（7）前提中有一命题特称，结论也应特称

如果前提中有一命题特称，无非是以下四种情况，即两个前提的组合分别是 AI、AO、EI、EO。由于 EO 明显违反规则4，无效。现在看其他三种情况：

AI 组合，即一个前提全称肯定，一个前提特称肯定。在这种情况下，前提中只有一个词项（即前提 A 的主项）是周延的，按照规则 2，这个唯一周延的词项只能是中项，因而大项与小项均不周延，前提中不周延的词项到结论中不得周延，故结论只能为特称肯定。

AO 组合，即一个前提全称肯定，一个前提特称否定。在这种情况下，前提中有两个词项是周延的（即前提 A 的主项和前提 O 的谓项），由于前提中有一前提否定，按规则 4，结论也应否定，否定结论的谓项即大项是周延的，所以前提中的两个周延的词项一个要确定为中项，一个要确定为大项，故而小项必不周延，而前提中不周延的词项到结论中亦不得周延，故结论必为特称。

EI 组合，即一个前提全称否定，一个前提特称肯定。在这种情况下，前提中有两个词项是周延的（即 E 前提的主项与谓项），按规则 2 与规则 4，这两个周延的词项一个应确定为中项，一个应确定为大项，故、小项不周延，结论必为特称。

3. 三段论的格和式

在三段论中，中项可以处于不同的位置，于是根据中项在两个前提中所占据的不同位置，三段论可以分为四个格，分别称为第一格、第二格、第三格、第四格。其形式如下：

由于三段论的两个前提和结论都是直言命题，因此，四种直言命题都可分别作为大前提、小前提和结论，这样就构成了三段论的不同形式，即三段论的式。如，第一格的大、小前提和结论分别是 A，就得到第一格的 AAA 式。三段论共有四个格，其组合的数目是：$4 \times 4 \times 4 \times 4 = 256$ 个式。在这 256 个式中只有少量是有效的，大部分都是无效的。

此外，对于直言三段论的格，我们也要建立一些判定其正确与否的有关规则。直言三段论格的有关规则是导出规则，它们可以由直言三段论的规则加以证明。遵守直言三段论规则是三段论有效的充分必要条件，而遵守直言三段论格的规则只是三段论有效的必要条件。各格的特殊规则如下：

第一格的规则：

（1）大前提必须全称。

（2）小前提必须肯定。

证明小前提必须肯定：

假设小前提否定，根据"前提中有一否定结论也应否定"的规则，结论是否定的，否定结论的谓项"P"是周延的，根据在"前提中不周延的词项在结论中也不得周延"的规则，"P"在大前提中也必须周延。由于"P"在第一格的大前提中处于谓项的位置，要使之周延，就应是否定命题的谓项，即大前提也应是否定的，这样一来，就会两个前提都否定，而两个否定前提是得不出必然结论，故小前提不能否定，必须肯定。

证明大前提必须全称：

假设大前提是特称，则大前提的主项"M"是不周延的，这样就要求小前提中的"M"必需周延，由于小前提中的"M"是谓项，已证小前提必须是肯定的，所以，小前提中的"M"也不周延，这样就要犯"中项两次都不周延"的逻辑错误。因此，大前提不能是特称的必须是全称。

第二格的规则：

（1）大前提必须全称。

（2）两个前提中必须有一否定。

第三格的规则：

（1）小前提必须肯定。

（2）结论必须特称。

第四格的规则：

（1）如果大前提肯定，那么小前提必须全称。

（2）如果前提中有一否定，那么大前提必须全称。

（3）如果小前提肯定，那么结论必须特称。

（4）任何一个前提都不得是特称否定。

（5）结论不能是全称肯定。

4. 三段论省略式

每个三段论都由三个命题组成，在论证过程中，往往不把这三个命题都陈述出来，经常省略掉一个前提或者省略结论。省略三段论不是一种特殊形式的三段论，而是语言表达方面的灵活应用。

省略三段论分省略大前提、省略小前提、省略结论三种情形。

例如：

我们总有一天会胜利，因为我们代表进步。这是省略了大前提"代表进步的人总有一天会胜利"。补充这个大前提，就成为第一格的 AAA 式。

以下是一个省略小前提的三段论：

一切正义的事业必定要胜利，所以，我们的事业一定胜利。这个三段论省略的小前提是"我们的事业是正义的事业"。补充这个小前提也成为第一格的 AAA 式。

省略结论的三段论也是常见的，例如：我们的事业是正义的事业，正义的事业是任何力量也攻不破的。这个推理省略了结论"我们的事业是任何力量也攻不破的"。补充这个结论也是第一格的 AAA 式。

在日常思维中，三段论的省略有时是出于修辞上的要求，以便达到表达简明有力的效果；有时则是出于论辩取胜的需要，将不一定可靠或易于受到攻击的前提故意隐藏起来。因此，补足被省略的三段论，不仅可以帮助我们全面完整地了解三段论，更重要的是可以暴露出由于省略而掩盖的错误。

补充省略三段论的程序和方法是：

第一，确定结论是否被省略。在结论前，通常冠以"因此"、"所以"这样的联词。

第二，如果结论没有被省略，那么根据结论就可以确定大、小项。我们知道，包含大项的是大前提，包含小项的是小前提。如果大项没有在省略式的前提中出现则说明省略的是大前提，把结论的谓项（大项）与中项连接，得到大前提。如果小项没有在省略式的前提中出现，则说明省略的是小前提，把结论的主项（小项）与中项连接，得到小前提。

第三，检查补充后的前提是否真实，推理过程是否正确。

例如：

（1）有些歌星不受人们尊重，因此，有些获奖的人不受人们尊重。

为使上述推理正确，必须补充以下哪项作为前提？

A. 有些歌星未获过奖。

B. 所有获奖的都是歌星。

C. 有些歌星获过奖。

D. 有些获奖的是歌星。

E. 所有歌星都获过奖。

解析：

通过对结论的分析可知，"获奖的人"是小项，"受人们尊重"是大项。前提"有些歌星不受人们尊重"含有大项，省略了小前提。由于中项"歌星"在大前提中是不周延的，根据规则，中项至少周延一次，因此，小前提中的"歌星"必须周延。正确选项是 E。

（2）小李：小张是电影明星，所以，她能评为最佳演员。

小王：小张经常为片酬问题而毁约，她不是人们最喜爱的人，可见小张不能评为最佳演员。

小王的论证使用了以下哪项作为前提？

①不遵守诺言的人是不被人们所喜欢的。

②最佳演员是人们最喜爱的人。

③有些不遵守诺言的人是演员。

A. 仅（1）

B. 仅（2）

C. 仅（3）

D. 仅（2）和（3）

E. （1）（2）

解析：

小王的论证包含了两个推理：其一是："小张经常为片酬问题而毁约，她不是人们最喜爱的人"。这是一个省略大前提的三段论推理，补充（1）不遵守诺言的人是不被人们所喜欢的，构成一个有效的三段论。其二是："她不是人们最喜爱的人，可见小张不能评为最佳演员"。这也是一个省略大前提的三段论推理，补充（2）最佳演员是人们最喜爱的人，构成一个有效三段论。所以，正确选项是 E。

（3）有些教员也有了私人汽车，所有大款都有私人汽车，因此，有些教员也是大款。

以下哪个推理结构与上述最为相似？

A. 有些有神论者是佛教徒，所有基督教徒都不是佛教徒，因此，有些有神论者不是基督教徒。

B. 某些大学教师喜欢钓鱼，小王是大学教师，因此，小王喜欢钓鱼。

C. 有些南方人爱吃辣椒，所有南方人都喜欢吃面食，可见，有些习惯吃面食的人爱吃辣椒。

D. 有些进口货是假货，所有国内组装的 APR 空调的半成品都是进口货，因此，有些 APR 空调机半成品是假货。

E. 有些自然物品具有审美价值，所有艺术品都有审美价值，因此，有些自然物品也是艺术品。

解析：

题干的结构是第二格 A I I 式：所有 P 是 M，有些 S 是 M

所以，有些 S 是 P 与题干相似结构是 E。

练习题

一、基础练习

（一）单项选择题

1. 有的哺乳动物是有尾巴的，因为"老虎是有尾巴的"，是一有效三段论省略式，其省略的命题可以是（　　）。
   （1）有的哺乳动物不是老虎
   （2）有的有尾巴的是哺乳动物
   （3）有的哺乳动物没有尾巴
   （4）所有老虎都是哺乳动物

2. 以"并非有些 P 不是 M"和"S 不都是 M"为前提进行三段论推理，推出的正确结论是（　　）。
   （1）有的 S 是 P　　　　　　（2）所有 S 都是 P
   （3）有的 S 不是 P　　　　　（4）所有 S 都不是 P

3. 有一个正确三段论，它的大前提是肯定的，大项在前提和结论中都周延，小项在前提和结论中都不周延。这个三段论是（　　）。
   （1）第一格 AAA 式　　　　（2）第二格 AOO 式
   （3）第三格 AII 式　　　　（4）第一格 EAE 式

4. 有一个正确三段论，它的大前提是肯定的，大、小项在前提和结论中都周延，这个三段是（　　）。
   （1）第一格 AEE 式　　　　（2）第四格 AEE 式
   （3）第三格 AII 式　　　　（4）第一格 EIO 式

5. 三段论第二格如果违反"大前提是全称"规则，就要犯（　　）错误。
   （1）中项两次不周延　　　　（2）小项扩大
   （3）大项扩大　　　　　　　（4）两个特称

6. 三段论第三格如果违反"小前提必须是肯定"规则，就要犯（　　）错误。

(1) 中项不周延　　　　(2) 小项扩大

(3) 两个特称　　　　　(4) 两个否定前提

7. 根据三段论规则，可以推出 SIP 结论的前提有（　　）。

(1) PAM∧SIM　　　　(2) MAP∧SAM

(3) MEP∧MAS　　　　(4) PAM∧SAM

8. 并非所有科学家都不是自学成材的，而没有一个科学家不是勤奋的人。所以，勤奋的人都是自学成材的。这个推理是（　　）。

(1) 犯中项不周延错误　　(2) 犯大项扩大错误

(3) 犯小项扩大错误　　　(4) 正确的

9. 结论是否定的三段论，其大前提不能是（　　）。

(1) A 命题　　　　　(2) E 命题

(3) I 命题　　　　　(4) O 命题

10. 如一有效三段论的小前提是否定的，则大前提是（　　）。

(1) PIM　　　　　　(2) PEM

(3) MAP　　　　　　(4) PAM

（二）双项选择题（选出两个正确答案并把它们的标号写在括号里）

1. 根据三段论规则，可知（　　）（　　）。

(1) 结论是特称的，两个前提中必有一个是特称的

(2) 结论是特称的，两个前提可能都是全称

(3) 结论是全称的，两个前提有一个是全称

(4) 结论否定，两个前提都是否定的

(5) 结论肯定，两个前提都是肯定的

2. 下列各式作为三段论第三格推理形式，有效的是（　　）（　　）。

(1) AII　　　　(2) EIO　　　　(3) IAA

(4) OAE　　　　(5) EII

3. "PIM，SEM，∴SOP" 这个三段论推理的错误是

（　　）（　　）。

(1) 违反第一格规则，犯"小前提否定"错误

(2) 违反三段论一般规则，"犯中项不周延"错误

(3) 违反三段论一般规则，犯"大项扩大"错误

(4) 违反第二格规则，犯"大前提特称"错误

(5) 违反第一格规则，犯"大前提特称"错误

4. 当一个三段论的结论错误，则这个三段论（　　）（　　）。

(1) 前提一定虚假

(2) 前提不一定虚假

(3) 推理形式一定错误

(4) 推理形式不一定错误

(5) 前提虚假并且推理形式错误

5. 当一个三段论推理形式有效而结论虚假，它的两个前提必定（　　）（　　）。

(1) 都是真的

(2) 都是假的

(3) 至少有一个是假的

(4) 至多有一个是假的

(5) 大前提虚假或小前提虚假

6. 以"所有 A 是 B，所有 B 是 C"为前提进行三段论推理，推出正确结论是（　　）（　　）。

(1) 所有 C 是 A　　(2) 有些 C 是 A　　(3) 所有 A 是 C

(4) 有些 A 不是 C (5) 所有 C 不是 A

7. 以"A"和"O"两个命题为前提，可组成三段论的有效式为（　　）（　　）。

(1) 第一格 AOO 式

(2) 第二格 AOO 式

(3) 第二格 OAO 式

(4) 第三格 OAO 式

(5) 第四格 AOO 式

8. 若一有效三段论的结论为 A 命题，则它的中项
（　　）（　　）。

(1) 可以两次周延

(2) 可以两次都不周延

(3) 不能两次周延

(4) 不能一次周延，一次不周延

(5) 可以一次周延，一次不周延

9. 一个有效三段论结论是假的，则大小前提不可能是
（　　）（　　）。

(1) 不都真　　　(2) 都假　　　(3) 都真

(4) 都不假　　　(5) 一真一假

10. 若一有效三段论小前提是 O 命题，则大前提是
（　　）（　　）。

(1) 所有 P 都不是 M

(2) 所有 P 都是 M

(3) 有些 P 是 M

(4) 所有 M 都是 P

(5) 并非有 P 不是 M

11. 若一有效三段论小前提是 E 命题，则大前提不能是
（　　）（　　）。

(1) 所有 M 是 P

(2) 没有 M 是 P

(3) 没有 P 不是 M

(4) 所有 P 是 M

(5) 并非有 P 不是 M

12. 设"所有 A 是 B，所有 B 是 C"是有效三段论的两个前
提，则此三段论（　　）（　　）。

(1) 必然是第一格

(2) 不是第二格，也不是第三格

(3) 必然是第四格

（4）既非第一格又非第四格

（5）不是第一格就是第四格

（三）分析下列三段论是否正确？如正确写出推理形式，若不正确说明原因。

（1）优秀律师都精通法律，李律师精通法律，所以，李律师是优秀律师。

（2）中子是一种基本粒子，中子不带电，所以，有些基本粒子不带电。

（3）有些雇员是知识分子，有些雇员工作有成效，因此，有些知识分子工作有成效。

（4）《红高粱》是优秀影片，因为它是获奖片。

（5）并非有的商品没有价值，并非有的商品不是劳动产品，所以，并非有的劳动产品没有价值。

（6）归纳推理是或然性推理，归纳推理由个别向一般过渡的推理，所以，个别向一般过渡的推理是或然性推理。

（7）有的科学家是劳模，有的劳模是有重大发明创造的，所以，有的科学家是有重大发明创造的。

（8）运动能锻炼身体，政治运动是运动，所以，政治运动能锻炼身体。

（9）这个罪犯不是走私犯，因为这个罪犯不是惯犯，而有些惯犯是走私犯。

（10）并非所有唯物主义者都是马克思主义者，而没有一个有神论者是马克思主义者。因此，没有一个有神论者是唯物主义者。

（11）语言是没有阶级性的，语言是社会现象，所以，有的社会现象是没有阶级性的。

（12）患感冒的人都有病，小王没有感冒，所以，小王没有病。

（13）改革中所碰到的困难是前进中的困难，因而都是可以克服的困难。

（14）有些先进人物是新闻人物。因为新闻人物是具有报道价值的人物，有些先进人物具有报道价值。

（15）没有文化的军队是愚蠢的军队，而愚蠢的军队是不能战胜敌人的。

（16）全称命题的主项没有不周延的，这个项周延，所以，这个项是全称命题的主项。

（17）我不出国，何需学外语呢？

（18）我们必须坚持真理，所以，我们旗帜要鲜明。

（19）真理都是符合实际的认识，符合实际的认识都是经过实践检验的认识，所以，经过实践检验的认识都是真理。

（20）甲班同学都是共青团员，甲班有些同学是三好学生，所以，甲班有些三好学生是共青团员。

（四）用三段论知识分析下列各题：

1. 已知一个正确三段论的结论为 SAP，写出这个三段推理的结构式，并指出它是第几格什么式。

2. 已知概念 A 与概念 B 全异，又已知有 C 是 A 为真，能否必然推出"有 C 不是 B"？能否必然推出"有 B 不是 C"？为什么？

3. 如果一个有效三段论的大前提是 O 命题，试问它是第几格，什么式？请分别以 S、M、P 为小项、中项、大项，写出它的逻辑形式。

4. 如果一个有效三段论的大前提是 I 命题，试问它可以组成哪几格正确三段论？并写出它的逻辑形式。

5. 有一个正确三段论，大前提为 E 命题，小前提为 I 命题，则结论是什么命题？都能为哪一格正确式？

6. 以"并非有的 A 不是 B，并非有的 B 不是 C"为前提进行三段论推理，都能推出哪些结论？请写出推理形式。

7. 如果一个正确三段论，大项在前提中周延，而在结论中不周延，那么它是哪一格什么式？

8. 有一个正确三段论，大项在前提中不周延，小项在结论中周延，请写出它的格和式。

9. 有一个正确三段论，它的大前提是肯定的，大项在结论中周延，小项在前提中不周延，写出它的格和式。

（五）证明题

1. 证明三段论第一格的大前提不能是特称的。

2. 证明三段论第一格小前提谓项不能是周延的。

3. 证明三段论第二格结论是否定的。

4. 证明三段论第二格大前提不能是特称的。

5. 证明三段论第三格结论主项不能是周延的。

6. 证明三段论第三格小前提不能是否定的。

7. 证明三段论第四格结论若是否定的，则大前提必须是全称的。

8. 证明三段论第四格的结论若是肯定的，则结论就不能是全称的。

9. 证明三段论第四格大、小前提都不能是 O 命题。

10. 证明一有效三段论小前提是否定的，则大前提不能是特称的。

11. 证明三段论的结论如果是全称，中项在前提中不能周延两次。

12. 证明三段论结论是否定的，其大前提不能是特称肯定命题。

13. 证明三段论小前提否定的，其大前提只能是全称肯定命题。

14. 证明中项周延两次的有效三段论，其结论不能为全称命题。

15. 证明正确三段论的三个项不能分别周延两次。

16. 证明三段论两个前提中有一个是特称的，则结论是特称的。

17. 有一个正确三段论，它的大前提是特称的，大项在结论中周延，小项在前提中不周延，证明它的格与式。

二、应用部分练习

1. 并非所有能治病的药都是植物。因为，植物不都不是中草药，中草药能治病。

试分析，以下哪个推理的结构与上述推理相似？

A. 并非所有历史学家都不是文学家。因为，郭沫若是历史学家，郭沫若又是文学家。

B. 所有公民都要奉公守法，各级领导干部也是公民，因此，各级领导干部也要奉公守法。

C. 没有文化的军队是愚蠢的军队，我们的军队不是愚蠢军队，可见我们的军队不是没有文化的军队。

D. 并非素质高的人不犯贪污罪。因为，犯贪污罪的都是国家公务员，公务员素质一般来说都是较高的人。

E. 并非所有前提真实的推理都是正确推理。因为，有些正确推理是必然性推理，而必然性推理都是前提真实的推理。

2. 改革开放是受到人民拥护的，所以，改革开放是符合人民根本利益的。

为使上述推理正确，必须补充以下哪项作为前提？

A. 凡是符合人民根本利益的都是受到人民拥护的

B. 有些符合人民根本利益的是受到人民拥护的

C. 凡是受到人民拥护的都是符合人民根本利益的

D. 有些受到人民拥护的是符合人民根本利益的

E. 有些符合人民根本利益的并未受到人民拥护

3. 人民公仆都是为人民服务的，所以，官僚主义者都不是人民公仆。

为使上述推理正确，必须补充以下哪项作为前提？

A. 有些官僚主义者不是为人民服务的

B. 为人民服务的都是人民公仆

C. 所有官僚主义者都不是为人民服务的

D. 所有人民公仆都不是官僚主义者

E. 有些人民公仆是为人民服务的

4. 有些企业是个体企业，所以，有些纳税人是个体企业。为使上述推理正确，必须补充以下哪项作为前提？

A. 有些企业是纳税人

B. 有些纳税人是企业

C. 所有企业都是纳税人

D. 所有纳税人都是企业

E. 有些纳税人不是企业

5. 没有脊索动物是导管动物，所有的翼龙都是导管动物，所以，没有翼龙属于类人猿家族。

下哪项陈述是上述推理所必须假设的？

A. 所有类人猿都是导管动物

B 所有类人猿都是脊索动物

C. 没有类人猿是脊索动物

D. 没有脊索动物是翼龙

E. 没有类人猿是导管动

6. 所有物质实体都是可见的，而任何可见的东西都没有神秘感。因此，精神世界不是物质实体。

以下哪项最可能是上述论证所假设的？

A. 精神世界是不可见的

B. 有神秘感的东西都是不可见的

C. 可见的东西都是物质实体

D. 精神世界有时也是可见的

E. 精神世界具有神秘感

7. 大山中学所有骑自行车上学的学生都回家吃午饭，因此，有些家在郊区的大山中学的学生不骑自行车上学。

为使上述论证成立，以下哪项关于大山中学的断定是必须假设的？

A. 骑自行车上学的学生家都不在郊区

B. 回家吃午饭的学生都骑自行车上学

C. 家在郊区的学生都不回家吃午饭

D. 有些家在郊区的学生不回家吃午饭

E. 有些不回家吃午饭的学生家不在郊区

8. 全校举行篮球赛,所有哲学系运动员都穿红色运动服,所有中文系运动员都穿蓝色运动服。没有既穿红色运动服又穿蓝色运动服的人。张丽穿红色运动服。

基于以上事实,下列哪个命题为真?

A. 张丽是中文系运动员

B. 张丽哲学系运动员

C. 张丽不是哲学系运动员

D. 张丽不是中文系运动员

E. 张丽既不是中文系运动员也不是哲学系运动员

9. 有些博士毕业后当上了管理干部,在一次教学讨论会上,所有教授都同意增加学时,所有管理干部都反对增加学时。

如果上述断定是真的,以下哪项必定是真的?

A. 所有博士都是教授

B. 有些博士不是教授

C. 有些教授是管理干部

D. 并非所有教授都是博士

E. 某些管理干部是教授

10. 所有中文系毕业生都能做秘书工作,有些中文系毕业生被录用为公务员,做秘书工作的都入了社会保险。

如果上述断定是真的,以下哪项必定是真的?

A. 所有公务员都是秘书

B. 没有秘书不是公务员

C. 有些公务员入了社会保险

D. 有些入了社会保险的不是公务员

E. 所有公务员都入了社会保险

11. 某单位大多数年轻人都有三年以上实际工作经验,所有有本科文凭的人都想考研,而所有有三年以上实际工作经验的人都不想考研。

如果上述断定是真的，以下哪项必定是真的？

（1）有的年轻人没有本科文凭。

（2）所有的年轻人都不想考研。

（3）有的年轻人不想考研。

（4）所有有本科文凭的人都没有三年以上实际工作经验。

A. 仅（1）、（2）

B. 仅（3）、（4）

C. 仅（1）、（3）、（4）

D. 仅（1）、（2）、（3）

E. （1）、（2）、（3）、（4）

12. 所有校学生会委员都参加了大学生电影评论协会，张珊、李斯和王武都是校学生会委员。大学生电影评论协会不吸收大学一年级学生参加。

如果上述断定为真，则以下哪项一定为真？

（1）张珊、李斯和王武都不是大学一年级学生。

（2）所有校学生会委员都不是大学一年级学生。

（3）有些大学生电影评论协会的成员不是校学生会委员。

A. 只有（1）　　B. 只有（2）　　C. 只有（3）

D. 只有（1）和（2）E. （1）、（2）和（3）

13. 去年4月，股市出现了强劲反弹，某证券部通过对该部股民持仓品种的调查发现，大多数经验丰富的股民都买了小盘绩优股，而所有年轻股民都选择了大盘蓝筹股，而所有买了小盘绩优股的股民都没买大盘蓝筹股。

如果上述情况为真，则以下哪项关于该证券部股民的调查结果也必定为真。

（1）有些年轻的股民是经验丰富的股民。

（2）有些经验丰富的股民没买大盘蓝筹股。

（3）年轻的股民都没买小盘绩优股。

A. 只有（2）；B. 只有（1）和（2）；C. 只有（2）和（3）；D. 只有（1）和（3）；E. （1）和（2）、（3）

14. 除了吃川菜，张涛不吃其他菜肴，所有林村人都爱吃川菜。川菜的特色为麻辣香，其中有大量的干鲜、辣椒、花椒、大蒜、姜、葱、香菜等调料。大部分吃川菜的人都喜好一边吃川菜，一边喝四川特有的盖碗茶。

如果上述断定为真，则以下哪项一定为真？

A. 所有林村人都爱吃麻辣香的食物

B. 所有林村人都喝四川出产的茶

C. 大部分林村人喝盖碗茶

D. 张涛喝盖碗茶

E. 张涛是四川人

15. 高校 2007 年秋季入学的学生中有些是免费师范生。所有的免费师范生都是家境贫寒的。凡家境贫寒的学生都参加了勤工助学活动。

如果以上陈述为真，则以下各项必然为真，除了：

A. 有些参加勤工助学活动的学生不是免费师范生

B. 2007 年秋季入学的学生有人家境贫寒

C. 凡没参加勤工助学活动的学生都不是免费师范生

D. 有参加勤工助学活动的学生是 2007 年秋季入学的

E. 有些免费师范生参加了勤工助学活动

第三节　以复合命题为前提的推理

一、联言推理

联言推理是前提或结论为联言命题的推理。

联言推理有分解式和组合式两种。其推理依据是联言命题的特点。

分解式推理是前提为联言命题的联言推理。它的推理形式是：

p 并且 q　　　　　　　p 并且 q

――――――― 或者：―――――――

　所以，p　　　　　　　所以，q

上述推理形式也可用符号表示如下：

p∧q　　　　　　　　　p∧q

――――――― 或者：―――――――

　所以，p　　　　　　　　所以，q

分解式推理的特点是根据需要可以把联言命题的支命题分解，任取其中的一个命题。

组合式推理是结论为联言命题的联言推理。它的推理形式是：

p

q

―――――――――――

所以，p 并且 q

上述推理形式也可用符号表示如下：

P

q

―――――――――――

所以，p∧q

组合式推理的特点是根据需要可以把支命题任意组合成任何形式的联言命题。例如：p∧q∧r 可推出（p∧q）∧r，也可推出 p∧（q∧r）。

二、选言推理

选言推理是前提中有一个是选言命题的推理。有相容选言推理和不相容选言推理两种。

1. 相容选言推理

相容选言推理是前提中有一个是相容选言命题的选言推理。其推理依据是相容选言命题的特点：支命题至少有一个真并且可以同真。因此决定了相容选言推理只有一种正确形式，即否定肯定式：

　　p 或者 q

　　非 p

　　────────────

　　所以，q。

上述推理形式也可用符号表示如下：

（p∨q）∧－p→q

（p∨q）∧－q→p

相容选言推理规则：

第一，否定一部分选言支，就要肯定另一部分选言支；

第二，肯定一部分选言支，不能否定另一部分选言支。例如：

一个三段论错误或是由于前提虚假，或是由于推理形式不正确，这个三段论错误是由于推理形式不正确，所以，这个三段论错误不是由于前提虚假。

这个推理就是一个相容选言推理，是无效式。它违反了"肯定一部分选言支，不能否定另一部分选言支"规则。

在进行相容选言推理时，必须注意不能通过肯定某一个选言支，而否定其余的选言支。其原因是，在相容选言命题中各个选言支是可以同真的，其中的一个选言支真，并不排斥其他的选言支也可以为真。

2. 不相容选言推理

不相容选言推理是前提中有一个是不相容选言命题的选言推理。其推理依据是不相容选言命题特点：选言支只能有一个真。因此它决定了不相容选言推理的两种正确形式，即肯定否定式和否定肯定式。

肯定否定式的推理形式是：

要么 p 要么 q　　　　　　要么 p 要么 q

　　p　　　　　或者：　　　　　　q

────────────　　　　　　────────────

所以，非 q。　　　　　　　所以，非 p。

否定肯定式推理形式是：

| 要么 p 要么 q | | 要么 p 要么 q |
| 非 p | 或者： | 非 q |

所以，q。　　　　　　　　　　　所以，p。

不相容选言推理的推理规则是：

第一，肯定一部分选言支，就要否定另一部分选言支；

第二，否定一部分选言支，就要肯定另一部分选言支。

相容选言推理和不相容选言推理的区别是：不相容选言推理有肯定否定式，即肯定其中的一个选言支就可以否定另一个选言支；相容选言推理则不能通过肯定其中的一个选言支而否定另外的选言支，即它的肯定否定式是一个无效的推理式。

三、假言推理

假言推理是前提中有一个假言命题的推理。它的推理依据是假言命题前后件之间的关系。假言推理分为充分条件假言推理、必要条件假言推理和充分必要条件假言推理。

1. 充分条件假言推理

充分条件假言推理是前提中有一个是充分条件假言命题的假言推理。充分条件假言命题前后件关系是：前件 P 是后件 q 的充分条件，后件 q 就是前件 P 的必要条件，即有 p 必有 q，无 P 可以有 q，也可以无 q；无 q 必无 P，有 q 可以有 p，也可以无 q。由此，充分条件假言推理只有两种正确式，即肯定前件式和否定后件式。

肯定前件式的推理形式是：

如果 p，那么 q；

　　p

所以，q。

其符号式为：（p→q）∧p→q

否定后件式的推理形式是：

如果 p，那么 q；

　　　　非 q

―――――――――――

所以，非 p。

其符号式为：（p→q）∧－q→－p

充分条件假言推理规则是：

第一，肯定前件就要肯定后件，但否定前件不能否定后件；

第二,否定后件就要否定前件,但肯定后件不能肯定前件。例如：

（1）如果物体受到摩擦，那么物体就会发热，此物体受到了摩擦，所以，此物体会发热。

（2）如果物体受到摩擦，那么物体就会发热，此物体没有发热，所以，此物体没有受到摩擦。

（3）如果物体受到摩擦，那么物体就会发热，此物体没有受到摩擦，所以，此物体不会发热。

（4）如果物体受到摩擦，那么物体就会发热，此物体发热了，所以，此物体受到了摩擦。

（1）和（2）都是正确推理。（3）和（4）都是错误推理。（3）违反了"否定前件不能否定后件"规则。（4）违反了"肯定后件不能肯定前件"规则。

2. 必要条件假言推理

必要条件假言推理是前提中有一个必要条件假言命题的假言推理。必要条件假言命题前后件关系是：p 是 q 的必要条件，q 就是 P 充分条件，即无 p 必无 q，有 P 可以有 q，也可以无 q；有 q 必有 p，无 q 可以有 p，也可以无 p。因此，必要条件假言推理只有两种正确形式，否定前件式和肯定后件式。

否定前件式推理形式是：

只有 p 才 q，

非 p

―――――――――――

所以，非 q。

其符号式为：（p←q）∧ −p→−q

肯定后件式推理形式是：

只有 p 才 q，

        q

————————————

   所以，p。

其符号式为：（p←q）∧ q→p

必要条件假言推理规则是：

第一，否定前件就要否定后件，但肯定前件不能肯定后件；

第二，肯定后件就要肯定前件，但否定后件不能否定前件。例如：

（1）只有努力学习，才能取得好成绩，他不努力学习，所以，他不能取得好成绩。

（2）只有努力学习，才能取得好成绩，他取得了好成绩，所以，他努力学习。

（3）只有努力学习，才能取得好成绩，他努力学习，所以，他取得了好成绩。

（4）只有努力学习，才能取得好成绩，他没有取得好成绩，所以，他不努力学习。

（1）和（2）都是正确推理。（3）和（4）都是错误推理。（3）违反了"肯定前件不能肯定后件"规则。（4）违反了"否定后件不能否定前件"规则。

3. 充分必要条件假言推理

充分必要条件假言推理是前提中有一个是充分必要条件假言命题的推理。它是充分条件和必要条件假言推理的综合。因此，它有四种正确形式，即肯定前件式、否定前件式、肯定后件式、否定后件式。它们的推理形式分别是：

肯定前件式：

p 当且仅当 q

p

_____

所以，q。

其符号式为：（p←—→q）∧ p→q

否定前件式：

p 当且仅当 q

非 p

_____

　所以，非 q。

其符号式为：（p←—→q）∧ −p→q

肯定后件式：

p 当且仅当 q

q

_____

所以，p。

其符号式为：（p←—→q）∧ q→p

否定后件式：

p 当且仅当 q

非 q

_____

　所以，非 p。

其符号式为：（p←—→q）∧ −q→p

四、假言连锁推理

由两个乃至更多的假言命题可以构成假言连锁推理。只介绍常见的充分条件假言连锁推理。

充分条件假言连锁推理是这样构成的：p 是 q 的充分条件，q 是 r 的充分条件，那么，p 就是 r 的充分条件。这种推理的形式结构是：

如果 p，那么 q；

如果 q，那么 r；

———————————————

所以，如果 p，那么 r。

其符号形式为：$((p\rightarrow q) \wedge (q\rightarrow r)) \rightarrow (p\rightarrow r)$ 例如：

如果加速改革步伐，那么就能加快生产力的发展；如果生产力发展加快，那么人民生活水平就能提高；所以，如果加速改革步伐，那么人民生活水平就能提高。

上述推理形式称作肯定式，其否定式为：

如果 p，那么 q；

如果 q，那么 r；

———————————————

所以，如果非 r，那么非 p。

其符号形式为：$(p\rightarrow q) \wedge (q\rightarrow r) \rightarrow (r\rightarrow p)$ 例如：

如果小王考试不及格，那么小赵考试及格；如果小赵考试及格，那么小张考试不及格；所以，如果小张考试及格，那么小王考试及格。

五、归谬式推理

归谬式推理是说，如果从一个命题出发能够推出自相矛盾的结论，则这个命题为假。其形式是：

如果 p 则 q；

如果 p 则非 q；

———————————————

所以，非 p。

或者：

如果非 p 则 q；

如果非 p 则非 q；

———————————————

所以，p。

例如:

如果张三作案,那么李四一定是主犯;如果张三没作案,那么王五参与作案。如果李四不是主犯,那么王五没有参与作案。由此可推出以下哪项?

A. 张三没作案

B. 李四一定是主犯

C. 李四不一定是主犯

D. 王五参与作案

E. 张三作案

解析:

首先把题干中第一句话"如果张三作案,那么李四一定是主犯"变为:"如果李四不是主犯,那么张三没作案";再与题干中的第二句话"如果张三没作案,那么王五参与作案"进行推理得:"如果李四不是主犯,那么王五参与作案";这样与第三句话:"如果李四不是主犯,那么王五没有参与作案"构成归谬式推理,即:

如果李四不是主犯,那么王五参与作案,

如果李四不是主犯,那么王五没有参与作案,

所以,李四是主犯。

正确选项是 B。

六、两难推理

两难推理是以假言命题和选言命题为前提所构成的推理。两难推理有三个前提,其中两个是假言命题,另一个是有两个选言支的选言命题。它也称假言选言推理。这种推理常被用于论辩中,其特点是:论辩的一方从对方的观点出发提出两种可能,再由这两种可能引申出两种结论,使对方不论选择其中的哪一种,其结果都会使自己进退维谷陷入左右为难的境地。

两难推理分为构成式推理和破坏式推理两类。

1. 简单构成式

两难推理的简单构成式的两个假言前提的前件不同,而后件

相同，选言前提的选言支分别是两个假言前提的那两个不同的前件，结论是两个假言前提的那个相同的后件。其公式是：

如果 p，那么 q，

如果 r，那么 q，

p 或者 r，

————————————

所以，q。

简单构成式中"简单"是指结论是一个直言命题，"构成"是指选言命题的选言支肯定了两个假言前提的前件，即"构成"就是充分条件假言推理的肯定前件式。简单构成式特点是：假言前提前件不同而后件相同。例如：

如果他态度诚恳，那么他能认识自己的错误；

如果他头脑清醒，他也能认识自己的错误；

或者他态度诚恳，或者他头脑清醒；

所以，他能认识自己错误。

2. 复杂构成式

两难推理的复杂构成式的两个假言前提的前件和后件都不相同，选言前提的两个选言支分别肯定了两个假言前提的那两个不同的前件，结论是两个假言前提的那个不相同的后件，因此，结论是一个选言命题。其公式是：

如果 p，那么 q，

如果 r，那么 s，

p 或者 r，

————————————

所以，q 或者 s。

复杂构成式中"复杂"是指结论是一个选言命题。复杂构成式实际上也是充分条件假言推理肯定前件式的一种形式。例如：

如果他态度诚恳，那么他能认识自己的错误；

如果他执迷不悟，那么他越陷越深；

或者他态度诚恳，或者他执迷不悟；

所以，他能认识自己错误或者他越陷越深。

3. 简单破坏式

两难推理的简单破坏式的两个假言前提的前件相同，而后件不同，选言前提的选言支分别否定了两个假言前提的那两个不同的后件，结论是两个假言前提的那个相同的前件。其公式是：

如果 p，那么 q，

如果 p，那么 r，

非 q 或者非 r，

—————————————————

所以，非 p。

简单破坏式的结论也是一个直言命题，"破坏"是指选言前提的选言支否定了两个假言前提的后件，即"破坏"就是充分条件假言推理的否定后件式。简单破坏式特点是：假言前提前件相同而后件不同。例如：如果夏洛克履行契约，那么他就必须割下安东尼奥的一磅肉；如果夏洛克履行契约，那么他就不能让安东尼奥流一滴血；不割安东尼奥的一磅肉或者让安东尼奥流血；所以，夏洛克不履行契约。

4. 复杂破坏式

两难推理的复杂破坏式的两个假言前提的前件和后件都不相同，选言前提的两个选言支分别否定了两个假言前提的那两个不同的后件，结论是两个假言前提的那个不相同的前件，因此，结论也是一个选言命题。其公式是：

如果 p，那么 q，

如果 r，那么 s，

非 q 或者非 s，

—————————————————

所以，非 P 或者非 r。

复杂破坏式实际上也是充分条件假言推理否定后件式的一种形式。例如：

如果是自然老死，那就应有衰老致死的痕迹；

如果是暴力致死，那就应有暴力致死的创伤；

他无衰老致死的痕迹，或者他无暴力致死的创伤；

所以，他不是自然老死，或者不是暴力致死。

例如：

1. 媒体上最近充斥着关于某名人的八卦新闻，这使该名人陷入一种尴尬的境地：如果她不出面做澄清和反驳，那些谣传就会被大众信以为真；如果她出面做澄清和反驳，这反而会引起更多人关注，使那些八卦新闻传播的更快更广。这也许就是当名人不得不付出的代价吧。如果题干中的陈述为真，则下面哪一项必定为真？

A. 该名人实际上无法阻止那些八卦新闻对她个人声誉的损害。

B. 一位名人的声誉不会受媒体上八卦新闻的影响。

C. 在面对八卦新闻时，该名人所能采取的最好策略就是澄清真相。

D. 该名人的一些朋友出面夸奖她，反而会起反效果。

2. A 国的反政府武装绑架了 23 名在 A 国做援助工作的 H 国公民作为人质，要求政府释放被关押的该武装组织的成员。如果 A 国政府不答应反政府武装的要求，该组织会杀害人质；如果人质惨遭杀害，将使多数援助 A 国的国家望而却步。如果 A 国政府答应反政府武装的要求。该组织将以此为成功案例，不断复制绑架事件。

以下哪项结论可以从上面的陈述中推出？

A. H 国政府反对用武力解救人质。

B. 如果多数援助 A 国的国家继续派遣人员去 A 国，绑架事件还将发生。

C. 多数国家的政府会提醒自己的国民，不要前往危险的 A 国。

D. 反政府武装还会制造绑架事件。

E. 要么不发生绑架事件，要么不再派出人员赴 A 国做援助工作。

3. 威尼斯面临的问题具有典型意义。一方面，为了解决市民的就业，增加城市的经济实力，必须保留和发展它的传统工业，这是旅游业所不能替代的经济发展的基础；另一方面，为了保护其独特的生态环境，必须杜绝工业污染，但是，发展工业将不可避免地导致工业污染。

以下哪项能作为结论从上述论断中推出？

（1）威尼斯将不可避免地面临经济发展的停滞和生态环境的破坏。

（2）如果有一天威尼斯的生态环境受到了破坏，这一定是它为发展经济所付出的代价。

（3）威尼斯将不可避免地面临经济发展的停滞或者生态环境的破坏。

（4）如果威尼斯没有面临经济发展的停滞，将一定会面临生态环境的破坏。

A.（1）、(2)、(3) 和 (4)；　　B. 仅 (1) 和 (4)；

C. 仅 (1)、(2) 和 (4)；　　D. 仅 (1)、(3) 和 (4)；

E. 仅 (3)、(4)。

4. 经济学家：任何有效率的国家都能创造财富。这种国家只有在财富平均分配时才能保持政治稳定。财富平均分配又会使冒险活动消失，而这些冒险活动正是经济有效运转必不可少的前提条件。

基于以上陈述，可适当推出下列哪一项？

A. 没有国家既能无限期的保持经济上的高效率，又能保持政治上的稳定。

B. 没有国家能无限期的在政治不稳定同时，经济上变得富裕。

C. 经济效益是一个国家创造财富的不可缺少的前提。

D. 任何国家只要财富平均分配，就能保持政治稳定。

E. 经济效益增长促进了冒险，冒险又导致经济效益的进一步增长。

练习题

一、基础练习

（一）填空题

1. 已知有效推理的结论为"－s"，其前提之一为"－p∨q∨－r∨s"，则另一前提应是_____。

2. 在"〔－A（   ）B〕→B"的空括号内填入逻辑常项符号_____，可构成有效推理。

3. 以－p∨－q再增补前提_____可推出结论－p。

4. 以－p∨q∨r为前提进行选言推理，如果另一前提是P，那么结论为_____。

5. 以"（p∨q）→r"为前提进行假言推理，如果另一个前提是"p"，则结论是_____。

6. 以（p∧r）←－q为前提进行假言推理，如果结论为q，那么另一个前提是_____，_____，_____，_____。

7. "（p∨q）→r"和"－r"为前提进行假言推理，可推出结论是_____，_____，_____，_____。

8. 以"（p→r）∧（q→s）"为两难推理的两个前提进行两难推理，如果结论是"－p∨－q"，则另一个前提应是_____。

9. 已知有效推理的结论是"r"，其前提之一是"只有r才p或q"则另一前提是_____或者_____或者_____。

10. 以"（p∧q）→r"为前提进行假言推理，如果结论"r"，则另一个前提是_____。

（二）单项选择题（选出一个正确答案，并把标号写在括号里）

1. 在"〔－p（   ）－q∧q→p〕"的括号内填入联接词（   ）可使其成为有效推理形式。

　　(1) ∧　　　　(2) ∨　　　　(3) ∨　　　　(4) →

2. "SIP与SOP至少有一个真，已知SOP假，所以，SIP

真。"这个推理的逻辑形式是（　　）。

(1) (p∧q) →q   (2) (p∨q) ∧−p→q

(3) (p∨q) ∧−p→q   (4) (p→q) ∧−q→−q

3. 以"p∧q→r"和−r为前提进行假言推理，则推出结论是（　　）。

(1) −p∧−q   (2) p∧q

(3) −p∨−q   (4) p∨q

4. 以"（q∨−r）←（p∨s）"和"p"为前提进行假言推理，则得出结论是（　　）。

(1) q∨r   (2) q   (3) −q∨−r (4) q∨−r

5. 以"p∨−q←r"为前提进行假言推理，如果得出结论−r，则另一前提是（　　）。

(1) −p∧−q   (2) p∧q

(3) p∨q   (4) −p∧q

6. "−p→r"和"q→−s"为假言前提，进行复杂破坏式的两难推理，其正确结论是（　　）。

(1) −p∨−q   (2) p∧−q

(3) p∨−q   (4) −p∧−q

7. 以"除非你来我才去"为前提进行假言推理，推出正确结论是（　　）。

(1) 你不来   (2) 我去

(3) 我不去   (4) 你不一定来

8. 下列复合命题推理无效的是（　　）。

(1) (p∧q∧r) →p∧r

(2) (p∨−q∨−r) ∧−p→ (−q∨−r)

(3) (−p∨q∨r) ∧−p→ (−q∨−r)

(4) (p∨q∨r) ∧p→ (−q∧−r)

9. 以"（p→q）∨（r→s）"和"（r→s）"为前提进行选言推理其结论是（　　）。

(1) p→q   (2) −p→−q

(3) —（p∧q） (4) —q

10. 以"不可能（p 并且 q）"为前提进行模态推理，其结论为（　　）。

　　(1) 可能（非 p 且非 q） (2) 必然（p 且非 q）

　　(3) 必然（非 p 或非 q） (4) 必然（如果 p 则 q）

（三）双项选择题（选择两个正确答案，并把标号写在括号里）

1. 下列推理有效的是（　　）（　　）。

　　(1) —p←→—q，—p，∴—q

　　(2) p∨q→—r，r，∴—p∨—q

　　(3) 只有 p 才（q 并且 r），非 p，所以，非 q 或非 r

　　(4) p∧q→r，—p∨—q，∴r

　　(5) p→—q，—p，∴q。

2. 下列复合命题推理无效的是（　　）（　　）。

　　(1) p∧—q∧—r→p∧—r

　　(2) （p∨—q∨r）∧（p∨—q）→—r

　　(3) （—p∨q∨r）∧—p→—q∨—r

　　(4) （p∨q→—r）∧p→—r

　　(5) （—p∨q∨r）∧—r→p∨q

3. 以"p∨q∨r"为一前提，再加上前提（　　）（　　）可必然推出 r。

　　(1) p∧—q (2) —（p∨q）

　　(3) q (4) —p∧—q

　　(5) p∨—q

4. 以"p∧q←r"为前提，再加上前提（　　）或（　　）可推出—r。

　　(1) p∨q (2) —q

　　(3) —p∨—q (4) p∧q

　　(5) p

5. 下列推理属于假言推理的有效式是（　　）（　　）。

(1) 〔（−p→q）∧−p〕→q

(2) 〔（p→−q）∧q〕→p

(3) 〔（p←→q）∧p〕→−q

(4) 〔（p∧−q→−r）∧r〕→−p∨q

(5) 〔（p∨q←r）∧r〕→−p∨−q

6. 以"p∧q←（r∧s）"再加上前提（　　）（　　）必然推出 −s。

(1) p∨q 　　　　　　　　(2) p∧q

(3) p∧−q 　　　　　　　(4) −p∧q

(5) p

7. 下列推理无效的有（　　）（　　）。

(1) 〔（−p∨q）∧p〕→q

(2) 〔（−p←q）∧−p〕→p

(3) 〔（p∨q∨r）∧p〕→−q∨−r

(4) （p∧q∧r）→p∧r

(5) 〔（p∨q∨−r）∧r〕→p∨q

8. 由"如果小王是三好生，那么他学习好并且身体好"从 这个前提出发，再增补下列前提和结论分别构成五个推 理其中正确的是（　　）（　　）。

(1) 小王不是三好生，所以他学习不好或身体不好

(2) 小王是三好生，所以他学习好

(3) 小王学习好并且身体好，所以他是三好生

(4) 小王学习不好或身体不好，所以小王不是三好生

(5) 小王学习好或身体好，所以他是三好生

9. 以"p→r，q→s"和"−r∨−s"为前提进行两难推理， 其正确结论是（　　）（　　）。

(1) −（p∨q） 　　　　　(2) −p∧−q

(3) −p∨−q 　　　　　　(4) −（p∧q）

(5) p∧−q

10. 根据模态逻辑方阵进行模态推理，由可能（SEP 或

SIP）可推出正确结论（　　　）（　　　）。

（1）不必然（非 SEP 又非 SIP）

（2）必然（SEP 或 SIP）

（3）不可能（非 SEP 又非 SIP）

（4）不必然不是（SEP 或 SIP）

（5）可能不是（SEP 或 SIP）

（四）运用推理知识分析下列各题。

1. 有这样一个推理，其中一个前提是由 p、q、r、s 四个支命题构成的选言命题，另一个前提是 p，其结论是非 q、非 r、非 s。请分析在什么条件下这个推理正确？在什么条件下这个推理不正确？

2. 以"小王去北京学习或小张去北京学习或小赵去北京学习"为前提，如果再分别加上下面两个前提，能否推出必然结论？为什么？

（1）小王去北京学习

（2）小赵没去北京学习

3. 甲、乙二人干同一件事，结果两人干得不一样，甲对乙说："或者你错了，或者我错了。"后来甲承认自己错了。乙满有把握地说："既然你错了，那么我就对了。"请分析，乙的说法合乎逻辑吗？为什么？

4. 已知"某商店没有改善服务态度"，问该店是否重视顾客意见，甲乙二人回答是否正确？为什么？

甲说："这个商店的确没有重视顾客意见，因为如果不重视顾客意见，就不会改善服务态度。"

乙说："对，这个商店的确没有重视顾客意见，因为只有重视顾客意见，才能改善服务态度。"

5. 已知：A、B、C、D 有下列关系，请推出 A 与 B，B 与 D，A 与 D 外延关系，写出推导过程，并将 A、B、C、D 的外延关系画在一个欧拉图中。

（1）如果 A 不真包含于 B，那么 C 与 D 不全异；

（2）只有 B 与 D 全异，B 才不真包含于 D；

（3）B 与 D 相容但 C 与 D 不相容。

6. 已知概念 A、B、C、D 有下列外延关系：

（1）如果 A 与 B 不交叉，那么 C 与 D 不全同；

（2）只有 B 与 D 全异，B 才不真包含于 D；

（3）B 与 D 相容，C 与 D 全同。

请推出 A 与 B，B 与 D 外延关系，并用欧拉图表示 A、B、C、D 四个概念在外延上可能有的关系。

7. 已知下列三个条件，请推出 A，B，C，D，E 五个概念的外延关系，并将它们表示在一个欧拉图中。

（1）如果 A 不真包含 B，则 D 与 E 不全同；

（2）如果 B 不真包含 C，则 D 与 E 不全同；

（3）C、D、E 三概念全同。

二、应用部分练习

1. 甲和乙至少有一人是罪犯。如果甲是罪犯，那么丙一定知道。如果乙是罪犯，那么丁是同谋。事实上，丙根本不知道甲是罪犯。

如果上述断定是真的，以下哪项是真的？

A. 甲和乙是罪犯

B. 乙和丁是罪犯

C. 甲和丙是罪犯

D. 丙和乙是罪犯

E. 甲和丁是罪犯

2. 如果缺乏刻苦精神，就不可能有较大成绩。小王有很强的刻苦精神，因此，他一定能成功。

下述哪一项为真，则上文推论可靠？

A. 小王刻苦精神异乎寻常

B. 不刻苦，成功只是水中之月

C. 刻苦精神是成功的唯一的要素

D. 成功者的刻苦精神是成功的前提

E. 成功者都有一番刻苦经历

3. "如果小张和小赵不去北京,那么小李去上海。"以此为前提,再加上下列的哪个条件,就可以推出"小张去北京"的结论?

A. 小李去上海,小赵不去北京

B. 小李不去上海,小赵去北京

C. 小赵不去北京

D 小赵不去北京,小李不去上海

E. 小李不去上海

4. 蔡智恒在其成名作《第一次亲密接触》的开头写道:"如果我有一千万,我就能买一座房子。"

假定上述命题均为真,则以下哪个必定为真?

A. 蔡智恒没有一千万,但他仍然买了一座房子

B. 蔡智恒有两千万,但他仍然不能买一座房子

C. 蔡智恒已经有足够能力买一座房子,所以,他有了一千万或更多的钱

D. 蔡智恒还没有能力买一座房子,所以他肯定没有一千万

E. 这只是小说的戏言,请勿当真

5. 小张承诺:如果天不下雨,我一定去听音乐会。

以下哪项如果为真,说明小张没有兑现承诺?

(1) 天没下雨,小张没去听音乐会。

(2) 天下雨,小张去听了音乐会。

(3) 天下雨,小张没去听音乐会。

A. 仅 (1)   B. 仅 (2)

C. 仅 (3)   D. 仅 (1) 和 (2)

E. (1),(2) 和 (3)

6. 文化体现在一个人如何对待自己,对待他人,对待自己所处的自然环境。在一个文化环境厚实的社会里,人懂得尊重自己——他不苟且,不苟且才有品味;人懂得尊重别人——他不霸道,不霸道才有道德;人懂得尊重自然——他不掠夺,不掠夺才

有永续的生命。

下面哪一项不能从上面这句话中推出？

A. 如果一个人苟且，则他无品味

B. 如果一个人霸道，则他无道德

C. 如果人类掠夺自然，则不会有永续的生命

D 如果一个人无道德，则他霸道并且苟且

7. 在一种网络游戏中，如果一位玩家在 A 地拥有一家旅馆，他就必须同时拥有 A 地和 B 地。如果他在 C 花园拥有一家旅馆，他就必须拥有 C 花园以及 A 地和 B 地两者之一。如果他拥有 B 地，他还拥有 C 花园。

假如该玩家不拥有 B 地，可以推出下面哪一个结论？

A. 该玩家在 A 地拥有一家旅馆

B. 该玩家在 C 花园拥有一家旅馆

C. 该玩家拥有 C 花园和 A 地

D. 该玩家在 A 地不拥有旅馆

8. 域控制器存储了域内的账户，密码和属于这个域的计算机三项信息。当计算机接入网络时，域控制器首先要鉴别这台计算机是否属于这个域，用户使用的登录账户是否存在，密码是否正确。如果三项信息均正确，则允许登陆；如果以上信息有一项不正确，那么域控制器就会拒绝这个用户从这台计算机登陆。小张的登录账号是正确的，但是域控制器拒绝小张的计算机登陆。

基于以上陈述能得出以下哪项结论？

A. 小张输入的密码是错误的

B. 小张的计算机不属于这个域

C. 如果小张的计算机属于这个域，那么他输入的密码是错误的

D. 只有小张输入的密码是正确的，它的计算机才属于这个域

E. 如果小张输入的密码是正确的，那么它的计算机属于这个域

9. 一位编辑正在考虑报纸理论版稿件的取舍问题。有 E、F、G、J、K 六篇论文可供选择。考虑到文章的内容、报纸的版面等因素。

（1）如果采用论文 E，那么不能用论文 F 但要用论文 K

（2）只有不用论文 J，才能用论文 G 或论文 H

（3）如果不用论文 G，那也不用论文 K

（4）论文 E 是向名人约的稿件，不能不用

以上各项如果为真，下面那一项一定是真的？

A. 采用论文 E，但不用论文 H

B. G 和 H 两篇文章都用

C. 不用论文 J，但用论文 K

D. G 和 J 两篇文章都不用

10. 只有小赵陪伴小王，小王才去散步。如果小赵不去商店，那么小张也不去商店。

如果以上断定是事实，那么以下哪项是上述断定的推论？

A. 小王没去散步，则小张在逛商店

B. 小赵在散步，则小王也在散步

C. 小张没去商店，则小王在散步

D. 小张在逛商店，则小王没去散步

E. 小赵在逛商店，则小张也在逛商店

11. 对迟到现象，某单位领导有个承诺：如果全体员工都能在保证书上签字，那么，只要有一个人迟到，全体员工谁也不能得到奖金。结果，还是有人迟到，但张丽却得到了奖金。

如果以上断定是事实，那么以下哪项是上述断定的推论？

A. 张丽走后门得到了奖金

B. 迟到的人不是张丽

C. 大多数人都没有迟到

D. 全体员工没人在保证书上签字

E. 有人没在保证书上签字

12. 如果小王考试及格了，那么小张、小赵、和小李肯定也

及格了。

如果上述断定是真的，那么以下哪项也是真的？

A. 如果小王考试没及格，那么小张、小赵、和小李三人中至少有一人没及格。

B. 如果小王考试没及格，那么小张、小赵、和小李三人都没及格。

C. 如果小张、小赵、和小李考试都及格了，那么小王的成绩肯定及格了。

D. 如果小赵的成绩没有及格，那么小张和小李不会都考及格。

E. 如果小张的成绩没有及格，那么小王和小赵不会都考及格。

13. 如果你不下水，那么你就不可能学会游泳。除非你学会游泳，否则，不安全。

如果上述断定为真，下列哪项一定真。

A. 为了安全，你不能学游泳

B. 为了安全，你不能下水

C. 如果不安全，那么你不能学游泳

D. 如果下水，那么你就不安全

E. 如果不下水，那么你就不可能安全

14. 如果你能坚持爬山，那么你就不会未老先衰。除非你坚持爬山，否则就会莫名烦恼。

如果上述断定为真，下列哪项一定真？

A. 如果你不会未老先衰，那么就会莫名烦恼

B. 你如果未老先衰，那么你不一定莫名烦恼

C. 如果你莫名烦恼，那么不会未老先衰

D. 如果你不会莫名烦恼，那么会未老先衰

E. 你如果未老先衰，那么一定莫名烦

15. 已知：只要甲和乙都是肇事者，丙就不是肇事者；除非丁不是肇事者，否则乙是肇事者；甲和丙都是肇事者。

如果上述断定都是真的,以下哪项也一定是真的?

A. 乙和丁都是肇事者

B. 并非或者乙是肇事者或者丁是肇事者

C. 乙是肇事者但丁不是肇事者

D. 乙不是肇事者但丁是肇事者

E. 不能确定到底谁是肇事者

16. 要是 GDP 增长率大于 3%,则城市居民和农民的人均收入就一定都增长了。

假设上述推论是正确的,那么以下哪项也一定是正确的?

A. 城市居民和农民的人均收入都增长了,那么 GDP 增长率一定大于 3%

B. 如果 GDP 增长率不大于 3%,则城市居民和农民的人均收入不会都增长

C. 如果 GDP 增长率小于或等于 3%,则城市居民的人均收入一定减少了

D. 即使城市居民和农民的人均收入都减少了,GDP 增长率也可能大于 3%

E. 城市居民的人均收入增长了,而农民的人均收入却减少了,那么 GDP 增长率一定小于或等于 3%

17. 万通集团规定,它的下属连锁分店,年营额超过 800 万元的,雇员会获得年超额奖。年终统计显示,该集团所属 10 个连锁分店,其中 7 个年营业额超过 800 万元,其余的不足 500 万元。万通集团又规定,只有营业额超过 500 万元的,雇员才能获得敬业奖。

如果上述断定是真的,那么以下哪项关于该集团的断定也一定是真的?

(1) 得敬业奖的雇员,一定得年超额奖。

(2) 得年超额奖的雇员,一定得敬业奖。

(3) 万通集团的大多数雇员都得了年超额奖。

A. 仅 (1)　　　　　　　　B. 仅 (2)

C. 仅（1）和（2）　　　　　　D. （1）（2）和（3）

E. 推不出

18. 为参加大学生辩论赛，某高校在 P、Q、R 和 S 四名候选人中选拔辩手。

以下条件必须满足：

（1）P 必须入选。

（2）如果 P 和 Q 都入选，那么 R 要被淘汰。

（3）R 和 S 不能都淘汰。

（4）只有 P 被淘汰，S 才入选。

由上述断定可推出被淘汰的候选人是：

A. S 和 R　　　　　　　　　　B. S 和 Q

C. R 和 Q　　　　　　　　　　D. S、R 和 Q

E. 以上结论都不能从题干的条件推出。

19. 孔子说："己所不欲，勿施于人。"

下面哪一个选项不是上面这句话的逻辑推论？

A. 只有己所欲，才能施于人

B. 若己所欲，则施于人

C. 除非己所欲，否则不施于人

D. 凡施于人的都应该是己所欲的

E. 或者"己所欲"，或者"勿施于人"

20. 研究表明，在大学教室中，有 90% 的重度失眠者经常工作到凌晨 2 点. 张宏是一名大学教师，而且经常工作到凌晨 2 点，所以，张宏很可能是一位重度失眠者。

以下哪项陈述最准确地指明了上文推理中的错误？

A. 它依赖一个未确证的假设：经常工作到凌晨 2 点的大学教师有 90% 是重度失眠者

B. 它没有考虑到这种情况：张宏有可能属于那些 10% 经常工作到凌晨 2 点而没有患重度失眠症的人

C. 它没有考虑到这种情况：除了经常工作到凌晨 2 点以外，还有其他导致大学教师重度失眠症的原因

D. 它依赖一个未确证的假设：经常工作到凌晨 2 点是人们患重度失眠症的唯一原因

21. "男女"和"阴阳"似乎指的是同一种区分标准，但实际上，"男人和女人"区分人的性别特征，"阴柔和阳刚"区分人的行为特征。按照"男女"的性别特征，正常人分为两个不重叠的部分；按照"阴阳"的行为特征，正常人分为两个重叠部分。

以下各项都符合题干的含义，除了：

A. 人的性别特征不能决定人的行为特征

B. 女人的行为，不一定是有阴柔的特征

C. 男人的行为，不一定是有阳刚的特征

D. 同一个人的行为，可以既有阴柔又有阳刚的特征

E. 一个人的同一个行为，可以既有阴柔又有阳刚的特征

22. 违法必究，但几乎看不到违反道德的行为受到惩罚，如果这成为一种常规，那么，民众就会失去道德约束。道德失控对社会稳定的威胁并不亚于法律失控。因此，为了维护社会的稳定，任何违反道德的行为都不能不受惩治。

以下哪项是对上述论证的评价最为恰当？

A. 上述论证是成立的

B. 上述论证有漏洞，它忽略了：由否定"违反道德的行为都不受惩治"，推不出"违反道德的行为都要受惩治"

C. 上述论证有漏洞，它忽略了：有违法必究，推不出缺德必究

D. 上述论证有漏洞，它夸大了违反道德行为的社会危害性

E. 上述论证有漏洞，它忽略了：有些违法行为并未受到追究

23. 总经理：我主张小王和小孙两人中至少提拔一人。

董事长：我不同意。

以下哪项，最为准确地表述了董事长实际上同意的意思？

A. 小王和小孙两人都得提拔

B. 小王和小孙两人都不提拔

C. 小王和小孙两人中至多提拔一人

D. 如果提拔小王，则不提拔小孙

E. 如果不提拔小王，则提拔小孙

24. 人的脑细胞总数愈 300 亿个，参与人的正常智力活动的仅是其中的一小部分。要有效地开发青少年的智力，有两个必要条件，第一，必须使他们勤于思考，这样才能激活更多的脑细胞；第二，必须使他们摄入足够的脑细胞生长所需要的营养素，这样才能促进脑细胞的正常分裂。"125 健脑素"具有青少年大脑发育所需要的各种营养素。据在全国范围内对服用该营养品的约 10 万名青少年的调查显示，"125 健脑素"对促进青少年的大脑健康发育并继而有利于开发他们的智力，具有无可争议的作用。

如果上述断定是真的，则以下有关一群小学生的推断中，哪项成立？

（1）张泉勤于思考并服用了足量的"125 健脑素"，因此，他的智力一定得到了有效的开发。

（2）李露的智力得到了有效的开发但未服用"125 健脑素"，因此，他一定勤于思考。

（3）王琼勤于思考，但智力并未得到有效的开发，因此，他一定没有摄入足够的脑细胞生长所需要的营养素。

A. 仅（1）。　　　　　　B. 仅（2）。

C. 仅（3）。　　　　　　D. 仅（2）和（3）。

E. （1）、（2）和（3）。

25. 第 12 届国际逻辑学、方法论和科学哲学大会在西班牙举行，哈克教授、马斯教授和雷格教授中至少有一人参加了这次大会。已知：

（1）报名参加大会的人必须提交一篇英文学术论文，经专家审查后才会发出邀请函。

（2）如果哈克教授参加这次大会，那么马斯教授一定参加。

（3）雷格教授向大会提交了一篇德文的学术论文。

根据以上情况，以下哪项一定为真？

A. 哈克教授参加了这次大会

B. 马斯教授参加了这次大会

C. 雷格教授参加了这次大会

D. 哈克教授和马斯教授都参加了这次大会

E. 马斯和雷格教授都参加了这次大会

26. 一个电路中有六个开关：S、T、W、X、Y、Z。使用这些开关必须满足下面条件：

(1) 如果 W 接通，则 X 也要接通；

(2) 只有断开 S，才能断开 T；

(3) T 和 X 不能同时接通，也不能同时断开；

(4) 如果 Y 和 Z 同时接通，则 W 也必须接通；

(5) S 和 Z 同时接通。

根据上述条件，哪个开关还必须接通？

A. W   B. X   C. T   D. Y   E. T 和 Y

27. 小张对小王说："下午只要是晴天，我就到你家聊天。"小王说："下午只有下雨，我才外出。"下午下起了雨，小张来到了小王家，小王说小张食言，雨天不应来；小张说小王说话不算数，下雨你也没外出呀。

对于两人的争论，下面哪项说法是合适的？

A. 两人对"下雨"这个概念的理解不同。

B. 小张的推论不合逻辑，小王的说法正确。

C. 小王的推论不合逻辑，小张的说法正确。

D. 小张和小王的推论都不合逻辑。

E. 小张和小王的争论是没有意义的。

28. ××市的发展前景不容乐观，它的发展依赖于工业，工业为居民提供工作岗位和工资，而它的自然环境则取决于消除工业污染，工业污染危及到该市的空气、水和建筑。不幸的是，该市的工业不可避免的产生污染。

如果以上所说都是真的，则它们最有力的支持下面哪项陈述？

　　A.××的生活质量只取决于它的经济增长和自然生存环境。

　　B.××市一定会遇到经济发展停滞或自然环境恶化的问题。

　　C.近年来××的经济环境已经恶化。

　　D.××市空气、水和建筑物的污染主要是化工企业造成的。

　　E.××市的污染将不可避免。

　　29. 如果小张喜欢表演，则他报考戏剧学院；如果他不喜欢表演，则他可以成为戏剧理论家。如果他不报考戏剧学院，则不能成为戏剧理论家。

　　由此可推出小张将：

　　A. 不喜欢表演　　　　　　B. 成为戏剧理论家

　　C. 不报考戏剧学院　　　　D. 报考戏剧学院

　　E. 不能成为戏剧理论家

　　30. 一个花匠正在配制插花。可供配制的花共有苍兰、玫瑰、百合、牡丹、海棠和秋菊 6 个品种，一件合格的插花必须至少由两种花组成，并同时满足以下条件：如果有苍兰或海棠，则不能有秋菊；如果有牡丹，则必须有秋菊；如果有玫瑰，则必须有海棠。

　　以下各项所列的两种花都可以单独或与其他花搭配，组成一件合格的插花，除了：

　　A. 苍兰和玫瑰　　　　　　B. 苍兰和海棠

　　C. 玫瑰和百合　　　　　　D 玫瑰和牡丹

　　E. 百合和秋菊

第五章　归纳推理和类比推理

第一节　归纳推理

一、归纳推理的界定

推理提供前提对结论的证据支持关系：如果一个推理的证据支持度是 100％，即前提真而结论不可能假，那么，这种证据支持关系就称为演绎的关系，即为演绎推理；如果一个推理的证据支持度小于 100％，即前提真而结论却不一定真（可能假），那么，这种证据支持关系就称为归纳的关系，即为归纳推理。

在推理的严格意义上讨论前提与结论之间所具有的归纳关系没有多大价值，因为前提真结论也未必真。但是，从日常思维的角度来探讨这种关系却有很大的价值。在日常思维中，正因为前提与结论之间是否具有演绎的关系这一点常常是不清楚的，因而才需要做出某种推论。简单地说，人们不可避免地要在可能性思维空间中做出种种推论，这种推论的结论虽然不一定可靠，但又不是一定不可靠的，因为断定前提总是为断定结论提供了某种根据和理由，即提供了证据。在这种看法的基础上，我们把"归纳推理"理解为：从个别知识的前提推出一般性知识为结论的思维形式。

研究归纳推理和归纳方法的系统理论称为归纳逻辑。在归纳逻辑中，归纳既可以指归纳推理，也可以指归纳方法，二者的区分不是很严格的。传统归纳逻辑研究的归纳推理主要指的是完全归纳推理和不完全归纳推理，所研究的归纳方法主要指的是收集和整理经验材料的方法和探求因果联系的方法。现代归纳逻辑又称概率逻辑，它运用数学概率论的工具和公理化、形式化的手段，探索有限的经验事实对一定范围内的一般原理的证据支持度，把传统归纳逻辑对归纳的定性研究转变为定量研究。现代归纳逻辑研究的归纳推理主要指的是概率推理和统计推理，所研究的归纳方法主要指的是求概率的方法和统计方法。我们研究的归纳推理属于传统的归纳逻辑。就是由已知为真的命题作前提引出与它有归纳关系的命题作结论的推理。例如：

树木有年轮，从它的年轮知道树木生长的年数。动物也有年轮，易于引人注意的是龟鳖的年轮，从龟鳖背甲上的环数多少，就可以知道它的年龄。牛马也有年轮，它们的年轮在牙齿上，从它们的牙齿就可以知道牛马的年龄。最近，日本科学家发现人的年轮在脑中。这些事实说明，很可能所有生物都有记录自己寿命长短的年轮。

以上的例子属于枚举归纳推理，它表明：归纳推理的前提必须是已知为真的命题，否则，它就不能为结论提供某种根据和理由；其次，归纳推理的前提虽然是真实的，但结论却不必然真，有可能假。因此，归纳推理的结论是或然的。在上述例子中，尽管树木、牛马等生物有年轮是真实可靠的，但它不能保证"所有生物有年轮"这一命题的真实性，因而得出"可能所有生物都有年轮"的结论。

二、归纳推理和演绎推理的联系和区别

归纳推理和演绎推理有联系也有区别。二者的区别主要有以下几点：

首先，二者对前提的要求不同。演绎推理不要求前提必须真实；归纳推理则要求前提必须是真实的。

其次，二者所体现的思维进程的方向不同，甚至完全相反。

演绎推理所体现的思维进程通常是由一般到个别；归纳推理所体现的思维进程则主要是由个别到一般。再次，二者结论所断定的知识范围不同。演绎推理的结论所断定的内容没有超出前提所断定的知识范围；归纳推理的结论所断定的内容往往超出了前提所断定的知识范围。最后，二者前提与结论之间的联系不同。演绎推理的前提与结论之间的联系是必然的；归纳推理的前提与结论之间的联系是或然的。

演绎推理和归纳推理之间的联系主要有两方面：

其一，演绎推理的大前提是表述一般性知识的命题，这样的命题只有通过归纳才能得到，所以，演绎推理离不开归纳。

其二，归纳推理也离不开演绎。归纳推理的前提是表述个别性知识的命题，要获得这些表达个别性知识的命题，人们就需要使用观察、实验等方法收集经验材料，同时还要采用比较、归类、分析、综合等方法。在分析演绎时，离不开一定的理论做指导，常常是理论先于观察。

三、完全归纳推理和不完全归纳推理

传统归纳逻辑根据前提所考察的对象范围的不同，把归纳推理分为完全归纳推理和不完全归纳推理。现代归纳逻辑把凡是前提与结论之间具有归纳关系的推理都称为归纳推理。

1. 完全归纳推理

完全归纳推理是根据某类事物的每一对象都有某种属性，推出该类事物的所有对象都有某种属性的推理。

例如，德国数学家高斯少年时，数学老师在课堂上出了一道题：$1+2+3+4+\cdots\cdots+97+98+99+100=?$

学生们一个数一个数地加起来，计算很费时。年仅 10 岁的高斯却非常迅速地说出了答案 5050，老师对他惊人的计算速度感到惊奇，就问他是怎样计算的。他说，第一项和倒数第一项，第二项和倒数第二项，第三项和倒数第三项……这样推下去，它们的和都是 101；

$1+100=101$

$2+99=101$

$3+98=101$

$4+97=101$

……

$50+51=101$

这样从 1 到 100 之间，共有 50 对 101，其结果便是：$50 \times 101=5050$。高斯这个计算方法非常简易快捷，其实他运用的就是完全归纳推理。他归纳了这道题中 50 组个别现象中的共同属性，从而推出这个准确可靠的结论。

完全归纳推理的逻辑形式可以表示如下：

S_1 是 P

S_2 是 P

S_3 是 P

……

S_n 是 P

S_1、S_2，……S_n 是 S 类的全部对象

所以，所有 S 都是 P。

完全归纳推理的特点是：前提所考察的是一类对象的全部，结论断定的范围没有超出前提的断定范围，因而，前提与结论之间的归纳强度为 100%，结论是真实可靠的。

满足完全归纳推理的条件是：

其一，前提中的每一个表达个别情况的命题必须都是真实可靠的。

其二，前提必须毫无遗漏地考察一类事物的全部对象。

完全归纳推理的局限是：它的结论要在考察了一类事物的全部对象后才能得出，这样，当所要考察的对象的数量很大甚至于无限大时，就无法使用这种推理了。这时，需要使用另一种归纳推理，即不完全归纳推理。

2. 不完全归纳推理

不完全归纳推理具体分为枚举归纳推理和科学归纳推理。

（1）枚举归纳推理

枚举归纳推理又称简单枚举法，它是根据某种属性在部分同类对象中的重复而没有遇到反例，从而推出该类对象的全部都有某种属性的归纳推理。例如：

假如有一袋大豆，把这袋大豆仔细搅拌之后，从中取出一撮子，发现每一粒都是优质的，没有发现非优质的大豆，这时就可以说得到了某种合理的根据，来推断这一袋大豆全部优质的。

枚举归纳推理的逻辑形式可以表示如下：

S_1 是 P

S_2 是 P

S_3 是 P

......

S_n 是 P

S_1、S_2，......S_n 是 S 类的部分对象，且不存在 S_i（$i=1$，2，......n）不是 P。

所以，所有 S 都是 P。

枚举归纳推理的结论不是充分可靠的，即使前提真，结论也有可能假。因为在剩余的大豆中，也许有质量差的。在取样中没有发现质量差的，不等于袋子中不存在质量差的。但是，在我们没有对剩余的大豆质量进行实际调查之前，对前提的断定成为断定结论的理由。

为提高枚举归纳推理结论的可靠性，需要注意两点：

第一，前提中被考察的对象数量越多，范围越广，结论的可靠程度就越高；

第二，注意考察可以能出现的反例。因为在前提中只要发现一个反面事例，结论就会被推翻。在运用枚举归纳推理时，如果不注意这两条要求，往往会犯"以偏概全"或"轻率概括"的逻辑错误。

（2）科学归纳推理

科学归纳推理又称科学归纳法，它是以科学理论的分析为主要根据，依据对某类事物中部分对象与某种属性之间所具有的因果关系的分析，推出该类事物的全部对象都有某种属性的归纳推理。例如：

人们在实践中发现，金、银、钢、铁等金属受热后体积膨胀。经过分析研究，得知体积膨胀的原因是由于金属受热后分子之间的凝聚力减弱，分子之间的距离增大。由此，推出凡是金属受热后体积都膨胀的结论。

科学归纳推理的逻辑形式可表示如下：

S_1 是 P

S_2 是 P

S_3 是 P

……

S_n 是 P

S_1、S_2，……S_n 是 S 类的部分对象，且 S 与 P 之间有因果联系。

所以，所有 S 都是 P。

科学归纳推理与枚举归纳推理都属于不完全归纳推理，它们的前提都只是考察了一类事物的部分对象，其结论都是对一类事物的全部对象的断定。由于它们的结论所断定的范围都超出了前提所断定的范围，因而前提和结论的联系都不是必然的。二者的区别主要有以下三点：

第一，推理的根据不同。枚举归纳的根据是某种属性在某类部分对象中的不断重复而没有遇到反例；科学归纳则以分析对象与其属性之间的因果联系为主要根据。

第二，结论的可靠程度不同。虽然二者的前提与结论之间的联系都是或然的，但是，由于科学归纳以对象与其属性之间的因果联系为根据，所以，其结论的可靠程度比枚举归纳要大得多。

第三，对前提数量的要求不同。对于枚举归纳来说，前提中所考察的对象数量越多，结论就越可靠；但是，对于科学归纳来说，前提中考察对象数量的多少不起重要的作用。正如恩格斯所说，10万部蒸汽机并不比一部蒸汽机能更多地证明热能转化为机械运动。这说明了在科学归纳中对典型事例进行分析的重要性，所谓"麻雀虽小，五脏俱全"。

第二节 探求因果联系的逻辑方法

一、因果联系的特点

探求现象间的因果联系是科学归纳推理的基础，因为科学归纳推理是根据对现象的因果联系的分析而做出推论的。在传统逻辑中，探求因果联系的方法又称"穆勒五法"，包括求同法、求异法、求同求异法、共变法和剩余法。因果联系是现象间普遍具有的联系之一。如果一种现象的存在必然引起另一种现象的发生，那么这两种现象之间就具有因果联系。其中，引起一种现象产生的现象是原因；被一种现象所引起的现象是结果。

因果联系具有以下几个特点：

第一，因果联系有相继性。由于原因与结果有引起和被引起的关系，所以原因总是在前，结果总是在后，二者在时间上是前后相继的。但是，并不是所有在时间上先后相继的两个现象之间都具有因果关系。如闪电在雷鸣之前，但闪电并不是雷鸣的原因。

第二，因果联系有确定性。从质的方面说，在同样的条件下，相同的原因会产生相同的结果。如在通常的大气压下，温度降到摄氏零度以下水就会结冰；从量的方面说，原因发生了一定量的变化，结果也会发生相应的变化。如在通常的大气压下，随着温度的升高，水就会变热。

第三，因果联系的共存性，原因和结果总是在时空上相互接近的，并且总是共同变化的：原因的变化引起结果的相应变化，结果的改变总是由原因的变化所引起。但因果之间的共存性也容易使人们倒因为果，或倒果为因，犯"倒置因果"的错误。例如，微生物入侵是造成有机物腐败的原因，而有人误认为有机物腐败才导致微生物入侵，这是倒因为果。又如，在19世纪的英国，勤劳的农民至少有两头牛，而好吃懒惰的人通常没有牛。于是，某改革家建议给每位没有牛的农民两头牛，以便他们勤劳起来。这是倒果为因。

第四，因果联系有多样性。因果联系有一因一果、多因一果等多种表现形式。一因一果就是只有某一个特定的原因，才能产生某一个结果。比如，日食现象只有月球运行在地球和太阳之间并且三者成一直线时才会发生。多因一果又有两种情况：其一，由多种原因共同起作用才能引起某种结果的多因一果。比如，小麦丰收是由充足的阳光、科学的种植、适当的水分等多重因素共同起作用的结果。日常思维中的必要条件关系，即"有之未必然，无之必不然"指的就是这种因果联系；其二，由多种原因单独起作用就能引起某种结果的多因一果。如摩擦、燃烧、电解等多种因素都可以单独引起热现象。日常思维中的充分条件关系，即"有之则必然，无之未必不然"指的就是这种因果联系。此外，还有一因多果、多因多果等情。探求因果联系的逻辑方法是以一因一果为基本依据的，它们是一些简单而又具有一般意义的方法。

二、求同法

求同法，也称契合法。求同法的内容是：被研究的现象在不同场合出现，而在各个场合中只有一个情况是共同的，那么，这个唯一共同的情况就与该现象有因果联系。

例如，一位叫本生的科学家发明了本生灯，这种灯燃烧时温度很高，火焰无色。本生把食盐放到火焰中，原来无色的火焰变成了亮黄色。是什么物质使无色的火焰变黄了？本生又把苏打

（碳酸钠）和芒硝（硫酸钠）分别放到本生灯上去烧，结果火焰也变黄了。本生初步得出结论：钠是火焰变黄的原因。

本生在寻求火焰变黄的原因时运用了求同法。把食盐、苏打和芒硝分别放到本生灯上去烧，在这些不同的实验场合中，许多情况是不同的，食盐、苏打、芒硝的化学组成不同，其他方面的性质也不同，但是它们有一个共同点——都含有钠元素。因此本生得出初步的结论：钠是火焰变黄的原因。

求同法可以用下列图式表示：

场合	相关情况	被研究现象
（1）	A、B、C	a
（2）	A、D、E	a
（3）	A、G、F	a

……

所以，A 与 a 之间有因果联系。

其中，a 表示被研究的现象，A 表示不同场合中唯一相同的情况，B、C、D、E、F、G 表示不同场合中各不相同的情况。

求同法的特点是异中求同，即通过排除现象间不同的因素、寻找共同的因素来确定现象间的因果联系。求同法是探求现象之间因果联系的初步方法，它的结论是或然的。应用求同法要注意以下两点：

其一，注意考察各种场合中是否存在其他隐含的相同因素。比如，积雪和棉花有许多不同之处，但都有保温的效果。二者表面的相同点是颜色相同，内在的相同点是疏松多孔，能存储空气。显然，颜色相同并不是保温的原因，疏松多孔才是保温的原因。又如，一天晚上某人看了两小时书，并且喝了几杯浓茶，结果整夜没睡好觉；第二天晚上，他又看了两小时书，抽了许多烟，结果又失眠了；第三天晚上，他又读了两小时书，喝了大量咖啡，结果是再次失眠。按求同法，连着三个晚上失眠的原因似乎是"看两小时书"。这个结论显然是不对的。事实上，茶、烟、咖啡中的兴奋性成分才是真正的原因。因此，使用求同法，不能仅凭表面相同的情况匆忙地下结论，要善于挖掘内在的相同点。

其二，前提中进行比较的场合越多，结论的可靠性就越大。前提中比较的场合至少有两种，如果只有一种，就不可能有异，也就谈不上异中求同了。比较的场合越多，越可能避免把只是在部分场合中偶然相同的情况当做不同场合中唯一的相同情况，从而提高结论的可靠性。许多封建迷信，如把日食、月食、彗星的出现，看做是人间动乱和灾难发生的原因，就是只凭极少数场合中事变的偶然巧合，便断定两个现象之间有因果联系这种谬误的典型。

加强一个用求同法得出的结论的方法就是要指出在被讨论的现象出现的不同场合中某个相同的因素是唯一的；或者指出在所比较的两种现象之间不存在其他相同的因素（即没有他因）。

削弱一个用求同法得出结论的方法就是要指出在被讨论的现象出现的不同场合中某个相同的因素不是唯一的；或者指出在所比较的两种现象之间存在其他相同的因素（即有他因）。例如：

1. 一种海洋蜗牛产生的毒素含有多种蛋白，将其中一种注入老鼠体内后，可以使只有两星期大的或更小的老鼠进入睡眠状态，而使大一点的老鼠到处寻找藏身之处。当老鼠受到突然的严重威胁时，非常小的那些老鼠的反应是完全静止不动，而大一些的会逃跑。

以上陈述的事实支持下列哪一项假设？

A. 老鼠对突然出现的严重威胁做出反应，是由于受到体内产生的一种化学物质的刺激，这种化学物质和注射入老鼠体内的蛋白质相似。

B. 蜗牛毒素中含有的注入老鼠体内的那种蛋白质的常见主要功能是通过促使蜗牛完全不动来保护它。

C. 注入老鼠体内的蛋白质，如果向成年的老鼠体内注射更大的剂量，也能使成年老鼠进入睡眠状态。

D. 幼鼠遇到突发性的严重威胁情况的可能性和大老鼠差不多。

E. 幼鼠还没有发育成熟以致不能正确处理它们最常见的刺激。

这就是用求同法做出的论证。在不同的情况下（注射蛋白和受到威胁）观察同一类对象（大小老鼠），发现有一种情况是相似的（大小老鼠的反应是相似的），由此推断调节这种反应的内在因素也是相似的。A 暗示：因为老鼠受到威胁时体内产生的物质，跟被注射的物质相似，所以导致了相似的反应。

2. 光线的照射，有助于缓解冬季忧郁症。研究人员曾对九名患者进行研究，他们均因冬季白天变短而患上了冬季抑郁症。研究人员让患者在清早和傍晚各接受三小时伴有花香的强光照射。一周之内，七名患者完全摆脱了抑郁。另外两人也表现出了显著的好转。由于光照会诱使身体误以为夏季已经来临，这样便治好了冬季抑郁症。

以下哪项如果为真，最能削弱上述论证的结论？

A. 研究人员在强光照射时有意使用花香伴随，对于改善患上冬季抑郁症的患者的适应性有不小的作用。

B. 九名患者中最先痊愈的三位均为女性。而对男性患者治疗的效果较为迟缓。

C. 该实验均在北半球的温带气候中，无法区分南北半球的实验差异，但也无法预先排除。

D. 强光照射对于皮肤的损害已经得到专门研究的证实，其中夏季比起冬季的危害性更大。

E. 每天六小时的非工作状态，改变了患者原来的生活环境，改善了他们的心态，这是对抑郁症患者的一种主要影响。解析：

研究人员得出结论的方法就是求同法。选项 A 只是部分地重复了求同法的结论，并没有削弱它；选项 B、C、D 与该结论不相干；选项 E 表明，在先行现象或伴随现象中，除"伴随花香的光照照射"这一个共同情况外，还有"每天六小时的非工作状态"这一共同情况，即有他因。正是这种他因改变了患者原来的生活环境，改善了他们的心态（这种心态是导致忧郁的主要原因）。因此，光线照射的增加与冬季忧郁症缓解这两者之间的联系，只是一种表面的非实质性联系。这就有力地削弱了题干的结论。所以，正确答案是 E。

三、求异法

求异法又称差异法。它通过比较被研究现象出现和不出现的两个场合，如果两个场合中的其他情况完全相同，只有一个情况在被研究现象出现的场合中存在，在被研究现象不出现的场合中不存在，那么这个唯一不同的情况与被研究现象之间就有因果联系。

例如，某食品研究中心把两块同样的鲜牛肉同时放上大肠杆菌和沙门氏菌，其中一块经过辐照后长时间内仍然保持新鲜，而另一块没有经过辐照的牛肉很快就腐烂了。由此推断，利用辐照的放射线杀死细菌是使牛肉保鲜的原因。

求异法可用图式表示如下：

场合	相关情况	被研究现象
Ⅰ	A，B，C	a
Ⅱ	—，B，C	—

所以，A 与 a 之间有因果联系。

求异法的特点是同中求异，它主要是一种实验方法，而不是观察方法。因为自然现象复杂多样，很难在非人工条件下找到求异法所需要的两个场合，但在实验中却容易做到这一点。正因为求异法以实验为基础，所以，求异法比求同法所得到的结论的可靠程度要高。应用求异法要注意以下两点：

其一，前提中比较两个不同场合所出现的不同情况，必须是唯一的，而且确实不同。如果所比较的两个不同场合中出现的不同情况不是唯一的，那么一定还有另外的差异隐藏着。这样，被研究现象的真正原因（或结果）就可能被忽视；如果所比较的两个不同场合中出现的"不同情况"实际上是相同的，那么求异法就失去了根据。例如，法国医生普舍为证明细菌能在有机液中自然发生，做了与巴斯德曲颈瓶试验相似的试验。普舍在试验时没有注意使实验器具和材料在试验前严格地不受微生物的污染，其结果是：从表面看试验前后的两个场合似乎只有一个情况不同，即试验前有机液中没有细菌，试验后有机液中有细菌，实际上试验前后两个场合的情况完全相同，即试验前有机液已被细菌污染，所得到的结论失去了根据。

其二，要注意两个不同场合唯一不同的情况，是被研究现象的部分原因（或结果），还是全部的原因（或结果）。如果两个不同场合唯一不同的情况只是引起被研究现象的部分原因（或结果），那么，应当继续探求其他的原因或结果，以便把握因果联系的整体性。例如，物质燃烧是两种原因综合作用的结果，即充足的氧气和保持在物质燃点以上的温度。这个综合原因的部分原因消失时，物质燃烧的现象也会随之消失。这说明充足的氧或燃点以上的温度都不能单独引起燃烧现象。

加强一个用求异法做出的论证的方法：指出在被讨论的现象出现的不同场合中差异因素是唯一的，或者所比较的两种现象之间不存在其他差异因素（没有他因）。

削弱一个用求异法做出的论证的方法：指出在被讨论的现象出现的不同场合中差异因素不是唯一的，或者所比较的两种现象之间存在其他差异因素（有他因）。例如：

1. 在一项实验中，实验对象的一半作为实验组，食用了大量的味精。而作为对照组的另一半没有吃这种味精。结果，实验组的认知能力比对照组差得多。这一不利结果是由于这种味精的一种主要成分——谷氨酸造成的。

以下哪项如果为真，则最有助于证明味精中某些成分造成这一实验结论？

A. 大多数味精消费者不像实验中的人那样食用大量的味精。

B. 上述结论中所提到的谷氨酸在所有蛋白质中都有，为了保证营养必须摄入一定量这种谷氨酸。

C. 实验组中人们所食用的味精数量是在政府食品条例规定的安全用量之内的。

D. 两组实验对象是在实验前按其认知能力均等划分的。

E. 第二次实验时，只给一组食用大量味精作为实验组，而不设不食用味精的对照组。

解析：

本例中的试验运用的是求异法。要保证求异法结论正确，必须保证其他情况相同，即两种现象之间不存在其他差异因素（没有他因）。D 保证了这一点，所以，正确选项是 D。

2. 硕鼠通常不患血癌。在一项实验中发现，给 300 只硕鼠同等量的辐射后，将它们平均分为两组，第一组可以不受限制地吃食物，第二组限量吃食物。结果第一组 75 只硕鼠患血癌，第二组只有 3 只患血癌。因此，通过限制硕鼠的进食量，可以控制由实验辐射导致的硕鼠血癌的发生。

以下哪项如果为真，最能削弱上述实验结论？

A. 硕鼠与其他动物一样，有时原因不明就患有血癌。

B. 第一组硕鼠的食物易于使其患血癌，而第二组的食物不易使其患血癌。

C. 第一组硕鼠体质较弱，第二组硕鼠体质较强。

D. 对其他种类的实验动物，实验辐射很少导致患血癌。

E. 不管是否控制进食量，暴露于实验辐射的硕鼠都可能患有血癌。

解析：

此题是根据求异法得出"通过限制硕鼠的进食量，可以控制由实验辐射导致的硕鼠血癌的发生"的结论。B 项指出了有其他因素的存在，所以答案是 B 项。

3. 母鼠对它所生的鼠崽立即显示出母性行为。而一只刚生产后的从未接触鼠崽的母鼠，在一个封闭的地方开始接触一只非己所生的鼠崽，七天后，这只母鼠显示出明显的母性行为。如果破坏这只母鼠的嗅觉，或者摘除鼠崽产生气味的腺体，上述七天的时间将大大缩短。

上述断定最能推出以下哪项结论？

A. 不同母鼠所生的鼠崽发出不同的气味。

B. 鼠崽的气体是母鼠母性气味的重要诱因。

C. 非己所生的鼠崽的气味是母鼠对其产生母性行为的障碍的原因。

D. 公鼠对鼠崽的气味没有反应。

E. 母鼠的嗅觉是老鼠繁衍的障碍。

解析：

通过求异法得出结论：如果破坏这只母鼠的嗅觉，或者摘除鼠崽产生气味的腺体，上述七天的时间将大大缩短。选项 C 表明：非己所生的鼠崽的气味是母鼠对其产生母性行为的障碍的原因。所以，正确答案是选项 C。

四、求同求异并用法

求同求异并用法又称契合差异并用法。它根据被研究现象出现的若干场合（正面场合）中只有一种情况相同，而在被研究现象不出现的若干场合（负面场合）中都没有这一情况，进而推断该情况与被研究现象有因果联系。

例如，人们在农业生产实践中发现，种植黄豆、蚕豆、豌豆等豆类植物可以增加土壤中的含氮量，但种植水稻、小麦、玉米等非豆类植物却没有这种现象。经研究发现，这些豆类植物的根上有发达的根瘤，而其他非豆类植物则没有。由此推断豆类植物的根瘤能使土壤中的含氮量增加。

求同求异并用法可用如下公式表示：

场合	相关情况	被研究现象	
Ⅰ	A，B，C	a	
Ⅱ	A，C，D	a	正面场合
Ⅲ	A、E、F	a	
…	……	…	
Ⅰ	一、B、H	一	
Ⅱ	一、D、I	一	负面场合
Ⅲ	一、F、K	一	
…	………		

所以，A 与 a 之间有因果联系。

求同求异并用法大体上有三个步骤：

第一，正面求同，即比较 a 出现的各个正面场合，发现只有一个相同的情况 A，从而推断 A 与 a 有因果联系。

第二，负面求同，即比较 a 不出现的各负面场合，其中 A 都不出现，从而推断 A 不存在与 a 不存在有因果联系。

第三，把正面求同与负面求同的结论相比较，运用求异法，进一步确认 A 与 a 有因果联系。

第一步和第二步用的是求同法，第三步用的是求异法，所以称之为求同求异并用法。

求同求异并用法的特点是两次求同一次求异，这与求同法与求异法的相继使用是有区别的。它是吸收了求同法和求异法的某些特点而形成的一种独立的方法。

在相继应用求同法和求异法时，先用求同法确定因果联系，后用求异法加以检查。例如，如果现象 a 在 ABC、ADE、AFG 这些情况下出现，那么根据求同法，就得出 A 和 a 有因果联系。要想检查这个结论，就必须在其中的一个场合（例如 ABC）或几个场合里去掉 A。如果去掉情况 A，现象 a 也随之消失，运用求异法可以得知 A 与 a 有因果联系。如果去掉情况 A，现象 a 并不随之消失，那么可以知道求同法所得的结论是错误的。在相继运用求同法和求异法时，要求相对应的正面场合与负面场合，除了有无 A 情况这一点差别外，其他情况完全相同。

求同求异并用法则不同，在求同求异并用法中，由正面场合得到的结论，并不是以消除假设为原因的那一情况 A 未加以检查，而是选择被研究现象 a 不出现的一组负面场合来加以检查。正面场合与负面场合之间，除了有无 A 情况这一差别外，其他情况也可以不同。

应用求同求异并用法时，应当注意以下两点：

第一，正面场合与负面场合愈多，结论的可靠程度就愈高。因为考察的场合愈多，就愈能排除偶然的凑巧情形，这样就不大容易把一个不相干的因素与被研究现象联系起来。

第二，对于负面的各个场合，应选择与正面场合使较为相似的来进行比较。因为负面场合无限多，它们对于探求被研究现象的因果联系并不都是有意义的。负面场合的情况与正面场合的情况愈相似，结论的可靠程度就愈高。

五、共变法

共变法是根据被研究现象出现并发生变化的若干场合中，只有一个情况与被研究现象一起发生变化，由此推断该现象与被研究现象有因果联系。

共变法的根据不只是两种现象发生共变，重要的是原因与结果在数量上要有相关性。这种相关性可以是正的，也可以是负的。

正相关性是指，原因在数量上的增加会引起结果在数量上的增加。例如，蔗糖在水中的溶解性随温度的不同而不同。在摄氏 20 度时，100 克水中最多能溶解蔗糖 203 克。在摄氏 30 度时，100 克水中最多能溶解蔗糖 219.5 克。所以，蔗糖在水中的溶解性的加大与温度增高有关。

负相关是指，原因在数量上的增加会引起结果在数量上的减少。例如，某肿瘤研究所在我国肝癌发病率较高的启东县进行研究时发现，肝癌发病率与粮食和人体血液中的硒含量有明显的负相关，即高硒地区肝癌的发病率低，低硒地区肝癌的发病率高。由此推断微量元素硒的缺少与某些地区肝癌的发生有关。

共变法可用如下图式表示：

场合	相关情况	被研究现象
Ⅰ	A_1，B，C	a_1
Ⅱ	A_2，B，C	a_2
Ⅲ	A_3，B，C	a_3
…	……	…

所以，A 与 a 之间有因果联系。

应用共变法要注意以下几点：

第一，与被研究现象发生共变的情况是否是唯一的。如果与 a 发生共变的情况不是唯一的，还有其他情况在发生共变，运用共变法时就可能出错。例如，在研究温度的变化与气体体积的变化之间的关系时，如果气体所受的压强也在变化，那么通过共变法所得到的结论就会出现误差。

第二，在考察 a 与 A 的共变关系时，要注意保持其他条件不变。例如，一种物质的溶解性与温度有关，也与溶剂有关。碘在水中的溶解性很小，但在酒精中溶解性却很大。因此，在观察一种物质的溶解性与温度的相关变化时，不能改变溶剂。否则，物质的溶解性与温度的相关变化就不准确了。

第三，现象之间的共变是有限度的，超过这个限度就会失掉原来的共变关系。例如水在摄氏 4 度以上至摄氏 100 度之间，是热胀冷缩，而在摄氏 0 度至摄氏 4 度之间，是热缩冷胀。除去冰点和沸点之外，摄氏 4 度是水热胀冷缩的限度。掌握这个限度对于认识因果联系变化的规律性是非常重要的。

共变法与求异法的区别是明显的。二者的联系是：当两个具有共变关系的现象变化到极限时，就达到求异法要求的条件。例如，在有空气的玻璃罩内通电敲铃，随着抽取空气量的变化，铃声会越来越小。这是共变法的应用。当把玻璃罩中的空气抽净时，尽管能看到敲铃，却不能听到声音，这就是求异法的应用。例如：

在有空气的玻璃罩内通电敲铃，随着抽出空气的量的变化，铃声越来越小。若把空气全抽出，则完全听不到铃声。可见，空气多少是发出声音大小的原因，空气的有无是能否听到铃声的原因。

以下哪项使用的方法与题干最为类似？

A. 敲锣有声，吹箫有声，说话有声。这些发声现象都伴有物体上空气的振动，因而可以断定物体上空气的振动是发声的原因。

B. 把一群鸡分为两组：一组喂精白米，鸡得一种病，脚无力，不能行走，症状与人得的脚气病相似；另一组用带壳稻米喂，鸡不得这种病。由此推测：精白米中没有带壳稻米中的某种东西是造成脚气病的原因。进一步研究发现，这种东西就是维生素 B1。

C. 丹麦渔民们乘两只渔船钓鳗鱼。A 船所收获很好，而 B 船上的渔民收获很小。这一情况使 B 船上的渔民大惑不解。鱼竿、鱼饵以及其他捕鱼条件完全一样，而 B 船的捕鱼量却少了四分之三，原因何在？这时，B 船上的一个渔民注意到，A 船上的渔民都不吸烟，而 B 船上吸烟的渔民手上满是烟味，装鱼饵时把鱼饵也弄上了烟味了，于是，吸烟的渔民用肥皂洗了手，鳗鱼很快开始上钩。

D. 在 50 年代，我国森林的覆盖率为 19％，60 年代为 11％，70 年代为 6％，80 年代不到 4％。随着森林覆盖率的逐年减少，植被大量损失，削弱了土地对雨水的拦蓄作用，一下暴雨，水卷泥沙滚滚而下，使洪涝灾害逐年严重。可见，森林资源的破坏是酿成洪灾的原因。

E. 每种化学元素都有自己特定的光谱。1868 年简孙和罗克耶尔研究太阳光谱时发现，太阳光谱中有一条红线，一条青绿线，一条蓝线和一条黄线。红线、青绿线、蓝线是氢的光谱，而红线表明什么呢？当时已知的元素中，没有一种元素的光谱里有这样的黄线。于是，他们推测，这条黄线是某种未知的天体物质的光谱，他们把这种新发现的物质叫做氦。

解析：

题干中使用了寻求因果联系的方法之一——共变法，即某一现象发生变化，另一现象就随之发生相应的变化，则前一现象（可能）是后一现象的原因。比较各选项可以发现，只有 D 中使用了这一方法。所以，正确答案是 D。

六、剩余法

剩余法是指，已知一复合情况是另一复合现象的原因，又知复合情况的某一部分是复合现象的某一部分的原因，由此推断复合情况的剩余部分与复合现象的剩余部分有因果联系。

例如，美国密歇根州立大学的里斯博士在一次实验中，把苜蓿切细，埋在番茄苗两边，收到惊人的增产效果，每公顷用 170 公斤苜蓿，可使番茄增产 10 吨。里斯想：单靠苜蓿里的营养元素氮、磷、钾等，要达到这样惊人的增产效果是不可能的，苜蓿里一定有刺激番茄增产的其他营养元素。经过研究，他从苜蓿中分离出三十烷醇，正是它刺激番茄大量增产。

剩余法可用以下图式表示：

复合情况（A，B，C，D）与被研究现象（a、b、c、d）有因果联系：

A 与 a 有因果联系

B 与 b 有因果联系

C 有因果联系

所以，D 与 d 有因果联系。

剩余法的特点是从余果求余因。由于它需要先确定复合情况的某一部分与被研究的复合现象的某一部分之间的因果联系，所以，它不是探求因果联系的初始方法，必须与其他探求因果联系的方法配合运用。

在应用剩余法时要注意以下两点：

第一，必须确定复合情况的一部分（A，B，C）是复合现象的一部分（a，b，c）的原因，而复合情况的剩余部分（D）不可能是复合现象（a，b，c）的原因，否则，就不能断定复合现象（d）与复合情况（D）一定有因果联系。

第二，复合情况的剩余部分可能也是一个复合现象，还需要作进一步的研究。例如，居里夫妇在测量沥青铀矿样品的含铀量时发现，某些样品的放射性甚至比纯铀的放射性还大，于是，应用剩余法推断这些铀矿石中有未知的放射性元素存在。后来，他们从铜矿石中分离出极少量的黑色粉末，居里夫人把这个新发现的放射性元素命名为钋。可是，继续的研究发现，钋只是使铀矿样品具有较强放射性的部分原因，于是，他们又提炼出一些比钋的放射性还强的元素，这就是镭。英国化学家拉塞姆发现了氩元素之后，又相继发现了氖、氪、氙、氡等惰性气体，也是在这方面应用剩余法的典型。

第三节　类比推理

一、类比推理的界定

类比推理是一种以比较为基础的推理方法，它根据两个或两类对象在某些属性上的相同或相似，推出它们在其他属性上也相同或相似。例如：

外科医生在给病人做手术时可以看 X 光片，律师在为被告辩护时可以查看辩护书，建筑师在盖房子时可以对照设计图，教师备课可以看各种参考书，为什么不允许学生在考试时看教科书及其他相关资料？

二、类比推理的逻辑形式

类比推理的逻辑形式如下：

A 对象具有属性 a、b、c、d，

B 对象也具有属性 a、b、c，

所以，B 对象也有属性 d。

以上公式中的对象 A 和对象 B，可以是两个不同的个体，如地球和火星；可以是两个不同的类，如动物和植物；也可以是两个不同的领域，如宏观世界和微观世界；还可以是某类事物的个体与另外一个类，如为弄清一种新药对人的效果，常用另一类动物中的个体做实验，通过类比求答案。从可类比的对象上看，类比推理的应用范围相当广泛。

三、类比推理的特点

类比推理有两个基本特点：

其一，从思维进程来看，类比推理主要是由个别到个别的推理，它的前提和结论一般都是对个别对象的断定。

其二，类比推理的结论是或然的，结论所断定的范围超出了前提的断定范围，因此，当前提真时，结论未必真。

类比推理既是富有创造性的推理方法，同时也具有很大的局限性。科学发展的历史证明，许多重要的发现，如哈维的血液循环理论、惠更斯的光波理论和德布罗意的电子波理论、动物学家施旺和植物学家施莱登的细胞学说等，和许多重大的发明，如电话机、飞机、潜水艇、人工牛黄等的最初发现，都与类比推理的应用分不开。正如康德所说："每当理智缺乏可靠论证的思路时，类比这个方法往往能引导我们前进。"类比推理是一种比较开放的推理方法，它能使我们跳出狭小的类属关系，在更为广阔的范围中寻求事物之间的联系，做出由此及彼的推演。也正因为此，在进行类比推理时，往往容易犯"机械类比"的错误。例如，基督教神学认为，宇宙是由许多部分构成的一个和谐整体，正如钟表是由许多部分构成的和谐整体一样，而钟表有一个创造者，所以宇宙也有一个创造者，即上帝。该推理的前提所提供的相似属性与类推属性不相关，因而犯了"机械类比"的逻辑错误。

为了发挥类比推理的优越性，克服其局限性，提高类比推理结论的可靠性，需要注意以下几点：

第一，前提中所提供的相同或相似的属性越多，结论的可靠性就越大。这是因为两种对象间的相同或相似属性越多，两种对象所属的类别就可能越接近，两种对象共同具有某种属性的可能性就越大。

第二，前提中所提供的相同或相似的属性与类推属性之间的关系越密切，结论的可靠性就越大。一般说来，前提中作为根据的属性与结论中推出的属性必须具有本质上的联系。如果只根据对象之间表面上的某些相同或相似，就推出它们在其他方面也相同或相似，就会犯"机械类比"的逻辑错误。

第三，在实际运用中，要注意从极不相同的对象中寻找相同点，或者从极其相同的对象中寻找不同点。正如黑格尔所说："假如一个人能看出当前显而易见的差别，譬如，能区别一支笔与一头骆驼，则我们不会说这个人有了不起的聪明。同样，另一方面，一个人能比较两个近似的东西，如树与槐树，或寺院与教堂，而知其相似，我们也不能说他有很高的比较能力。我们所要求的是要能看出异中之同和同中之异。"能看出异中之同，才能发挥类比推理的优越性；能看出同中之异，才能发现对象之间的本质联系，避免"机械类比"。

四、加强或削弱类比推理的方法

加强一个用类比推理做出的论证的方法：指出两种现象的可比性，二者相似，或者指出不存在与类推属性相关的反例。

削弱一个用类比推理做出的论证的方法：指出两种现象的不可比，二者有差异，或者在可比的情况下指出反例的存在。例如：

1. 科学研究表明，大量吃鱼可以大大减少患心脏病的危险，这里起作用的关键因素是鱼油中所含的丰富的"奥米伽－3"脂肪酸。因此，经常服用保健品"奥米伽－3"脂肪酸胶囊将大大有助于你预防心脏病。

以下哪项如果为真，最能削弱题干的论证？

A. "奥米伽－3"脂肪酸胶囊从研制到试销，才不到半年的时间。

B. 在导致心脏病的各种因素中，遗传因素占了很重要的地位。

C. 不少保健品都有不同程度的副作用。

D. "奥米伽－3"脂肪酸只有和主要存在于鱼体内的某些物质化合后才能产生保健疗效。

E. "奥米伽－3"脂肪酸胶囊不在卫生部最近推荐的十大保健品之列。

解析：

题干中把经常服用保健品"奥米伽－3"脂肪酸胶囊类比为"奥米伽－3"脂肪酸，从而达到预防心脏病的目的。要削弱它，就是找到差异，选项 D 表明"奥米伽－3"脂肪酸只有和主要存在于鱼体内的某些物质化合后才能产生保健疗效。这就说明"奥米伽－3"脂肪酸和保健品"奥米伽－3"脂肪酸胶囊是有区别的，这就达到了削弱的目的。所以，正确答案是 D。

2. 某中学发现课余有学生用扑克牌玩带有赌博性质的游戏，因此规定学生不可以带扑克牌入校。不过即使是硬币，也可以当作赌具。但禁止学生带硬币是不可思议的，因此禁止学生带扑克牌入校是荒谬的？

以下哪项为真，最能削弱上诉论证？

A. 禁止带扑克牌进学校不能阻止学生在校外赌博

B. 硬币做为赌具远不如扑克牌方便

C. 很难查明学生是否带扑克牌进学校

D. 赌博不但破坏校风还影响学习成绩

E. 有的学生玩扑克不涉及赌博

解析：

题干的结论是：禁止学生带扑克牌入校是荒谬的。理由是：扑克牌带有赌博性质，而硬币也可以赌博，但学生可以带硬币入校，显然，学生带扑克牌入校也是应该的。这也是一个类比论证，要削弱这个类比论证就是要找到扑克牌和硬币的差别。选项B指出了二者的差别。所以，正确答案是 B。

3. 人类学家断言：文化只有当它是独立的而非依赖的时才能有所发展。也就是说，只有当来自它内部的首创精神所取代的时候，它才能有所发展。换句话说，只有民族文化才是推动文化发展的动力，非主体文化可以提供有价值的建议，但是，任何把外来文化的观点强加给它的做法，都会威胁它的独立和发展。如果我们把每一个单独的学校视为一个被割开的文化圈的话，那么教育进步的关键是_____。

以下哪项最好地完成了上述论证

A. 每个学校必须独立于外来的压力才能有所发展。

B. 某些学校只依靠他们全体员工和学生自己的创造力就能有所发展。

C. 学校的管理人员系统随着学校的发展应作相应的调整。

D. 外来的因素必须被阻止参与学校的发展。

E. 学校的独立性越大，教育进步的越大。

解析：

题干是把学校和文化进行类比，既然文化只有当它是独立的而非依赖的时才能有所发展，那么学校也应有这种性质，所以选项 A 是正确答案。

第四节　统计推理和"精确"数字陷阱

一、统计推理

统计推理是由样本具有某种属性的单位频率推出总体具有某种属性的概率的推理。

例如，某电视机厂生产电视 10 万台，从中随机抽取样本 1000 台进行检验，发现合格率为 95％，于是，推出该厂生产的全部电视机的合格率为 95％。

统计推理的逻辑形式可用如下公式表示：

S_1 是 P

S_2 是 P

S_3 是 P

······

S_n 是 P

S_1、S_2、S_3······、S_n 是总体 S 的样本 S'，并且 S' 中有 m/n 的单位概率是 P。

所以，总体 S 中有 m/n 的概率是 P。

统计推理是从样本过渡到总体的推理，属于不完全归纳推理，其结论所断定的范围超出了前提所断定的范围，前提与结论之间的联系不是必然的，因而，它的结论不是一定可靠的。但是，由于统计推理是以抽取被考察对象的总体中的样本为前提的，所以，其结论的可靠性比枚举归纳以及概率推理的结论的可靠性都大。

在进行统计推理时，科学地进行选样是最关键的。选样的方法有很多，其中最常用的是分层抽样法。分层抽样法是根据所研究问题的性质把总体分为若干组（叫做层），再从各居中随机选取样本加以考察的方法。

例如，在对某电视机厂生产的 10 万台进行抽样时，可以按电视机的种类分为三层，即 34 英寸 4 万台，29 英寸 4 万台，20 英寸 2 万台。然后，分别从各种电视机中抽出 100 台作为样本，统计出它们各自的合格率，比如 34 英寸的合格率为 100％，29 英寸的合格率为 99％，20 英寸的合格率为 99％，根据求统计平均数的方法计算出该厂全部汽车的合格率为：

$$\frac{100\%\times4+99\%\times4+99\%\times2}{4+4+2}=99.4\%$$

统计推理的结论可靠性取决于样本的代表性。如果样本失去代表性，那么结论的可靠性就要受到怀疑。例如：

1. 据对一批企业的调查显示，这些企业总经理的平均年龄是 57 岁，而在 20 年前，同样的这些企业的总经理的平均年龄大约是 49 岁。这说明，目前企业中总经理的年龄呈老化趋势。

以下哪项，对题干的论证提出的质疑最为有力？

A. 题干中没有说明，20 年前这些企业关于总经理人选是否有年龄限制。

B. 题干中没有说明，这些总经理任职的平均年数。

C. 题干中的信息，仅仅基于有 20 年以上历史的企业。

D. 20 年前这些企业的总经理的平均年龄，仅是个近似数字。

E. 题干中没有说明被调查企业的规模。

解析：

题干的结论涉及包括新老企业在内的目前各种企业，按理应该从各种企业中分层、随机抽样，以确保样本的代表性。正如 C 项所指出的，题干的论据仅仅涉及有 20 年以上历史的老企业，缺乏代表性，因此，结论"目前企业中总经理的年龄呈老化趋势"的可信度较低。这样，C 项对题干结论提出了有力质疑。正确选项是 C。

2. 为了估计当前人们对管理基本知识掌握的水平，《管理者》杂志在读者中开展了一次管理知识有奖问答活动。答卷评分后发现，60％的参加者对于管理基本知识掌握的水平很高，30％

左右的参加者也表现出了一定的水平。《管理者》杂志因此得出结论，目前社会群众对于管理基本知识的掌握还是不借的。

以下哪项如果为真，则最能削弱以上结论？

A. 管理基本知识的范围很广，仅凭一次答卷就得出结论未免过于草率。

B. 掌握了管理基本知识与管理水平的真正提高还有相当的距离。

C. 并非所有《管理者》的读者都参加了此次答卷活动，其信度值得商榷。

D. 从发行渠道看，《管理者》的读者主要是高学历者和实际的经营管理者。

E. 并不是所有人都那么认真。有少数人照抄了别人的答卷，还获了奖。

解析：

选项 B 与题干结论无关，选项 A、C、E 对题干结论构成轻度质疑，C、E 在质疑抽样数据的可靠性和可信性，但比较而言，D 项的质疑最根本：因为题干结论涉及"目前社会群众"，而样本是《管理者》杂志的读者，选项 D 指出，《管理者》的读者主要是高学历者和实际的经营管理者。由此可以看出，这些样本相对于目前社会群众来说，不具有代表性。因此，无论这次抽样的统计结果是什么，都不能直接推广到总体上去。如果选项 D 真，最能削弱题干的结论。假如题干结论不是涉及"目前的社会群众"，而是只涉及《管理者》的读者，抽样结果是能够支持结论的。

二、"精确"数字陷阱

在当代社会，各种数字、数据、报表满天飞，频频出现在电视广告、新闻报道、报刊通讯、杂志文章和专门著作之中。例如国民经济增长速度，某个城市居民的收入水平，消费物价指数，空气污染指数，某电视节目的收视率，书店的畅销书排行榜，某一商品的客户满意率，某一偏方对某一疾病的治愈率，全国烟民人数及其在总人口中所占的百分比，吸食毒品、卖淫的人数及其增长速度，同性恋者在总人口中所占比例，艾滋病的流行趋势，夫妻中在家里对配偶施暴的人数以及男女各占的比例，如此等等，不一而足。

我们确确实实生活在一个"数字化"的社会中，我们当然不能对这些数字、数据、报表无端怀疑，但也实在应该对它们保持必要的警惕：人们是如何得到这些数字和数据的？关于那些看起来不太可能弄得太清楚、太准确的问题，他们为什么会有那么清楚、准确的数字或数据？他们获得这些数字、数据的方法和途径是什么？这些方法和途径可靠吗？这些数字、数据的可信度高吗？这是每一个有正常理性的人都必须经常问自己的问题。正如"谎言重复千百遍就会被误以为是真理"一样，一个人长期处于各种错误信息的包围之中，处在不可靠的数字、数据、报表的包围之中，久而久之也会有意无意地把它们当做真实的东西加以接受，从而做出错误的判断和决策。因此，对"精确"数字保持必要的怀疑，这是一种明智的、理性的态度。

下面揭示一些隐藏在"精确"数字背后的陷阱。

1. 平均数陷阱

我们几乎每天都会与"平均"打交道，如"我的工作能力和业绩在平均水平以上，工资接近平均水平，住房面积在平均水平以下"，等等。有三种不同的平均数：

（1）将所有数值加起来，再用这个相加之和去除累加的数值的个数。这是最常见的平均数。例如，一个单位有98人，把98人的工资相加后再除以98，就得到这个单位的平均工资数。

（2）将所有数字从高到低排列起来，找到处于数列中间的那个数字，此数字为中位数，也是平均数的一种形式。它的获得相当于"去掉一个最高分，去掉一个最低分；再去掉一个最高分，去掉一个最低分……"

（3）列出所有数值，然后计算每一个不同的数值或值域，最常出现的数值叫做众数，也是平均数的一种形式。但众数在日常生活中较少应用，用得最多的是第一种平均数。

除了弄清平均数的三种不同形式外，还要特别注意其中最大值和最小值之间的差异，以及每个数值出现的次数（分布）。不然，平均数就有可能成为一种陷阱。例如，"本市平均的空气污染指数已降到警戒线以下"，但你切不要以为生活在本市就十分安全，因为可能你所生活的那个社区，或你所工作的那个单位是本市污染最严重的社区或单位，并且假如你继续在该社区生活或在该单位工作，就会严重地损害你的健康。例如：

某人在所在企业破产后，打定主意要重新找一门工资较高的工作，一天他看到一幅招聘广告："本公司现有员工19名，现诚聘1名技术工人。本公司人均月薪3200元以上。"于是，他高兴地去应聘，并很幸运地被录取了，但他第一个月拿到的正常月薪只有500元。他说该公司的招工广告说谎，但该广告确实没有说谎。

增加以下哪一点最能解释上述事实：

A. 这个公司本月效益不太好。

B. 他的工作小有纰漏。

C. 他与公司经理关系不太好。

D. 该公司的平均工资是这样计算出来的：经理月薪25000元，经理女秘书月薪15000元，两名中层主管月薪10000元，其他员工月薪500元。

E. 这个公司是一个高技术公司。

解析：

注意题干中"正常月薪"几个字，增加选项A、B、C会与它相抵触；选项E与题干所问不相干，而D能够解释题干所设定的事实。因此，正确答案是D。

2. 莫名其妙的百分比

在我们的日常生活中，到处都可能碰到百分比。不过，对于它们我们要弄清楚的第一件事情，就是该百分比所赖以计算出来的那个基数。例如：

（1）我们厂的电视机销售去年增加 50％以上，而我们的竞争对手只增加不到 25％。

（2）犯罪浪潮正在席卷本市，去年的杀人案件增长了近 80％。

这两个例子都遗漏了至关重要的信息：该百分比所依据的绝对数字。假如"我们"的销售是从 1 万台增加到 15500 台（50％以上），而"我们"的竞争对手却是从 50 万台增加到 61.5 万台（不到 25％）。孰优孰劣，谁涨谁消，岂不是一目了然吗？如果你弄清楚了本市是一个人口 1000 多万的城市，去年的杀人案件是 6 件，今年的杀人案件是 10 件（增长近 80％），你对本市安全状况的担忧也许会大大地减轻，甚至会庆幸自己生活在这个城市之中。

对于百分比，我们要问的第二个问题：该百分比所表示的绝对总量。该百分比虽小，但绝不意味着它所体现的数字同样貌不惊人。例如：

说我们滥杀无辜，这是污蔑和造谣：我们所杀的是只占全国总人口 0.01％的少数坏蛋。假如这个国家总人口为 8.7 亿，杀掉 0.01％就意味着杀掉了 870 万人，相当于欧洲的一个比较大的国家的全国人口。难道杀得还不够多吗？

对于百分比，我们要关注的第三个问题是：警惕有人为了某种目的，选用合乎需要的基础数据，使百分比（合乎需要地）显得畸大或畸小。例如，在显示艾滋病流行程度时，我们可以以全国总人口为基数，这样计算出来的百分比会很小；也可以选用吸毒、卖淫、同性恋人口为基数，这样计算所得的百分比会较大。例如：

近期一项调查显示：在中国汽车市场上，按照女性买主所占的百分比计算，日本产"星愿"、德国产"心动"和美国产"EXAP"这三种轿车名列前三名，因为在这三种车的买主中，女性买主分别占 58％、55％和 54％。但是，最近连续 6 个月的女性购车量排行榜，却都是国产的富康轿车排在首位。

以下哪项如果为真，最有助于解释上述矛盾？

A. 某种轿车女性买主占全部轿车买主总数的百分比，与某种轿车买主中女性所占百分比是不同的。

B. 排行榜的设立，目的之一就是引导消费者的购车方向。而发展国产汽车业，排行榜的作用不可忽视。

C. 国产的富康轿车也曾经在女性买主所占的百分比的排列中名列前茅，只是最近才落到了第四名的位置。

D. 最受女性买主的青睐和女性买主真正花钱去购买是两回事，一个是购买欲望，一个是购买行为，不可混为一谈。

E. 女性买主并不意味着就是女性来驾驶，轿车登记的主人与轿车实际的使用者经常是不同的。而且，单位购车在国内占到了很重要的比例，不能忽略不计。

解析：

题干断言，在近期中国汽车的市场上，星愿、心动和 EXAP 名列前三名；同时它又断言，在女性购车量排行榜中，富康位居榜首。这些断言看似相互矛盾，其实并不矛盾。因为两个排名的依据不同：前一排名依据某种轿车的买主中女性买主所占百分比，后一排名依据女性实际购车量，它与前一个百分比没有直接关联，而与富康车女性买主占全部轿车买主总数的百分比相关联。例如，设全年共卖去 85 万辆轿车，富康车的女性买主所占百分比为 1％，则女性购买富康车 8500 辆；尽管女性买主占日产星愿车买主的 58％，但由于星愿车总共卖出去不到 1 万辆，女性购买星愿车最多不超过 6000 辆。A 项正是指出了这一点，因此有助于解释题干中似乎存在的矛盾。其余各项都无助于解释这一点。所以，正确答案是 A。

3. **虚假、无用或荒唐的比较**

比较是确定事物之间相同点和相异点的思维方法，它为客观全面地认识事物提供了一条重要途径。显然，比较要有供比较的对象，也要有比较的共同基础。在比较方面常见的错误有：

（1）表面上在进行比较，但不设定供比较的对象，实际上根本没有比较。例如，"精制面包营养高出 30％"，"我们厂的电冰箱便宜 345 元。"就后一句而言，比谁便宜？是与该冰箱去年的价格相比？还是与同类型冰箱中质量最好因而价格最贵的相比？或者是与同类冰箱中最便宜的相比？不提供这样的背景信息，上述表面上的比较就毫无意义。

（2）不设定比较的根据或基础，在不同的基础上进行比较，或者把本来不可比的对象、数据拿来强做比较。例如：

在美国与西班牙作战期间，美国海军曾经广为散发海报，招募兵员。当时最有名的一个海军广告是这样说的：美国海军的死亡率比纽约市民还要低。海军的官员具体就这个广告解释说："根据统计，现在纽约市民的死亡率是每千人有 16 人，而尽管是战时，美国海军士兵的死亡率也不过每千人只有 9 人。"

如果以上资料为真，则以下哪项最能解释上述这种看起来很让人怀疑的结论？

A. 在战争期间，海军士兵的死亡率要低于陆军士兵。

B. 在纽约市民中包括生存能力较差的婴儿和老人。

C. 敌军打击美国海军的手段和途径没有打击普通市民的手段和途径来的多。

D. 美国海军的这种宣传主要是为了鼓动入伍，所以，要考虑其中夸张的成分。

E. 尽管是战时，纽约的犯罪仍然很猖獗，报纸的头条不时地有暴力和色情的报道。

解析：

广告中的比较是荒唐的，说严重一点是在欺骗。因为海军士兵几乎都是青壮年，身体健康；而纽约市民中却包括老、幼、病、弱、残，这些人生存能力很弱，很容易死亡，选项 B 正好指出了这一点。选项 A 与题干无关，C 明显不实，E 不能提供所需的解释，因为一个城市暴力犯罪所导致的伤亡不可能大到比战场伤亡更大的程度；不能选 D 项的原因与 C 类似。因此，正确答案是 B。

4. 数据与结论不相干

请看下面两段议论：

某位酒厂老板对自己厂出的酒赞不绝口，因为每一百位消费者中只有三位投诉该酒有质量问题。他说："这就是说，有97％的消费者对我厂的产品满意，由此可以看出我厂的酒是多么好。建议你们也经常买我们厂的酒喝。"

这位厂长把统计数据用到了风马牛不相及的结论上。很显然，只有3％的消费者投诉，并不能说明未投诉的消费者就对其产品非常满意，有些人也许嫌麻烦，有些人也许认为不值得而没有投诉，只是再也不打算买该厂的酒罢了。

练习题

一、基础知识练习

（一）填空题

1. 归纳推理是_____知识为结论的推理。

2. 归纳推理的结论具有_____。

3. 归纳推理可分为_____和_____两种。

4. 不完全归纳推理有_____和_____两种。

5. 完全归纳推理的结论_____前提所断定的范围，它具有_____。

6. 不完全归纳推理是_____具有某种属性，推出_____具有某种属性的推理，其结论具有_____。

7. 简单枚举法的根据是_____。

8. 科学归纳法的根据是_____。

9. 应用简单枚举法容易犯的错误是_____。

10. 求同法特点是_____，求异法特点是_____。

11. 归纳推理的思维进程方向是_____。

12. 类比推理思维进程方向是由_____到_____，或者由_____到_____。

13. 类比推理的前提_____结论，它是_____性推理。

14. 类比推理的逻辑形式是：A 对象具有_____；B 对象具有_____，所以_____。

15. 应用类比推理时，应当避免_____的逻辑错误。

（二）单项选择题（选出一个正确答案，把它的标号写在括号内）

1. 完全归纳推理和不完全归纳推理的结论（　　）。

   （1）都是必然的

   （2）都是或然的

   （3）前者是必然的，后者是或然的

   （4）前者是或然的，后者是必然的

2. 根据某类部分对象与某种属性之间具有因果联系，从而推出某类对象都具有某种属性结论的推理是（　　）。

   （1）求同法　　　　　　　（2）求异法

   （3）简单枚举法　　　　　（4）科学归纳法

3. "在若干要求离婚的案件中，情况各不相同，但双方感情破裂是相同的。可见，双方感情破裂是要求离婚的主要原因"上述因果关系的判明是用（　　）得出的。

   （1）求同法　（2）求异法　（3）共变法　（4）剩余法

4. 简单枚举法思维进程方向是（　　）。

   （1）一般到一般　　　　　（2）一般到个别

   （3）个别到一般　　　　　（4）个别到个别

5. "全称否定命题的谓项是周延的，特称否定命题谓项是周延的，单称否定命题的谓项是周延的，所以，凡是否定命题谓项都周延"这一推理属于（　　）。

   （1）简单枚举法　　　　　（2）科学归纳法

   （3）完全归纳推理　　　　（4）求同法

6. "联言命题的真假由其支命题真假来确定，选言命题真假由其支命题真假来确定，所以，凡是复合命题真假都是由其支命题真假来确定"。这个推现属于（　　）。

　　(1) 简单枚举法　　　　(2) 科学归纳法

　　(3) 完全归纳推理　　　(4) 求同法

7. 类比推理是(　　　)。

　　(1) 必然性推理　　　　(2) 或然性推理

　　(3) 前提蕴涵结论的推理　(4) 由个别推出一般的推理

8. 类比推理的结论(　　　)。

　　(1) 一定可靠　　　　　(2) 一定不可靠

　　(3) 必然可靠　　　　　(4) 不一定可靠

9. 类比推理的前提和结论的关系是(　　　)。

　　(1) 前提真结论必真

　　(2) 前提真结论未必真

　　(3) 前提蕴涵结论

　　(4) 前提和结论之间有必然联系

10. 小张是先进工作者，也是一名技术员，小张作出了成绩，小王是一名技术员，也是先进工作者，所以(　　　)。

　　(1) 小王必然能作出成绩　(2) 小王可能作出成绩

　　(3) 小王一定能作出成绩　(4) 小王确实能作出成绩

（三）双项选择题（选出两个正确答案并把它们的标号写在括号内）

1. 下面的议论中，能用完全归纳法得到的是(　　　)(　　　)。

　　(1) 凡人皆死　　　　　(2) 春夏秋冬周而复始

　　(3) 我班同学都是团员　(4) 思维能力人皆有之

　　(5) 24 和 28 之间没有质数

2. 不完全归纳推理是(　　　)(　　　)。

　　(1) 思维方向是个别向一般的过渡

　　(2) 前提蕴涵结论

　　(3) 前提不蕴涵结论

　　(4) 结论没有超出前提断定的范围

　　(5) 思维方向是一般到个别

3. 科学归纳推理与简单枚举法的区别是（　　）（　　）。

　（1）二者推理的根据不同

　（2）二者前提的真假情况不同

　（3）二者思维进程方向不同

　（4）前提数量对结论意义不同

　（5）前者前提蕴涵结论，后者前提不蕴涵结论。

4. 为提高简单枚举法的可靠程度，应该（　　）（　　）。

　（1）考察对象全部情况

　（2）注意收集可能出现的反面事例

　（3）避开反面事例

　（4）注意扩大考察的范围

　（5）注意考察对象与其属性的因果联系

5. 应用求异法应当注意（　　）（　　）。

　（1）两个场合有无其他差异情况

　（2）共同情况是否是唯一的

　（3）避开反面事例

　（4）注意扩大考察的范围

　（5）要穷尽考察的对象

二、应用部分练习题

1. 婚礼看得见，爱情看不见；情书看得见，思念看不见，花朵看得见，春天看不见；水果看得见，营养看不见；帮助看得见，关心看不见；刮风看得见，空气看不见；文凭看得见，水平看不见。有人由此得出结论：看不见的东西比看得见的东西更有价值。

下面哪个选项使用了与题干中同样的推理方法？

A. 三角形可以分为直角三角形、钝角三角形和锐角三角形三种。直角三角形的三内角之和等于 180℃，钝角三角形的三内角之和等于 180℃，锐角三角形的三内角之和等于 180℃，所以，所有三角形的三角之和都等于 180℃。

B. 我喜欢"偶然"胜过"必然"。你看，奥运会比赛中充满了悬念，比赛因此激动人心；艺术家的创作大多出自"灵机一动"，科学家发现与发明常常与"直觉"、"顿悟"、"机遇"连在一起；在茫茫人海中偶然碰到"他"或"她"，互相射出丘比特之箭，成就人生中最美好的一段姻缘。因此，我爱"偶然"，我要高呼"偶然性万岁"！

C. 金受热后体积膨胀，银受热后体积膨胀，铜受热后体积膨胀，金、银、铜是金属的部分小类对象，它们受热后分子的凝聚力减弱，分子运动加速，分子彼此距离加大，从而导致体积膨胀；所以，所有的金属受热后都体积膨胀。

D. 在有空气的玻璃罩内接通电铃，随着抽出空气的量的变化，铃声越来越小。若把空气全部抽出，则完全听不到铃声。可见，空气多少是发出声音大小的原因，空气的有无是能否听到铃声的原因。

E. 把一群鸡分为两组：一组喂精白米，鸡得一种病，脚无力，不能行走，症状与人得的脚气病相似；另一组用带壳稻米喂，鸡不得这种病。由此推测：精白米中没有带壳稻米中的某种东西是造成脚气病的原因。进一步研究发现，这种东西就是维生素 B_1。

2. 我们摩擦冻僵的双手，手便暖和起来；我们敲击石块，石块会发出火光；我们用锤子不断地捶击铁块，铁块也能热到发红；古人还通过钻木取火。所以，任何两个物体的摩擦都能生热。

下述哪段议论的论证手法与上面所使用的方法不同？

A. 麻雀会飞，乌鸦会飞，大雁会飞，天鹅会飞，秃鹫、喜鹊、海鸥等也会飞，所以，所有的鸟都会飞。

B. 某些生物的活动是按时间变化来进行的，具有时间上的周期性节律，如鸡叫三遍天亮，青蛙冬眠春晓，大雁春来秋往，牵牛花破晓开放，等等。人们因此作出概括：凡生物的活动都受生物钟支配，具有时间上的周期性节律。

C. 在我们班上，我不会讲德语，你不会讲德语，红霞不会讲德语，阳光也不会讲德语，所以我们班没有人会讲德语。

D. 外科医生在给病人做手术时可以看 X 光片，律师在为被告辩护时可以查看辩护书，建筑师在盖房子时可以对照设计图，教师备课可以看各种参考书，为什么唯独不允许学生在考试时看教科书及其相关的材料？

E. 张山是湖南人，他爱吃辣椒；李司是湖南人，他也爱吃辣椒；王武是湖南人，更爱吃辣椒。我所碰到的几个湖南人都爱吃辣椒。所以，所有的湖南人都爱吃辣椒。

3. 陈华为了图便宜花 50 元买了双旅游鞋，不到一个月就断裂了，不久，他按市价的几乎一半买了件皮夹克，结果发现原来是仿羊皮的。于是他得出结论，便宜无好货。

陈华得出结论的思维方法，与下列哪项最为类似？

A. 李晶是语文教师，他仔细地阅读批改了每一篇作文，得出结论，全班同学的文字表达能力普遍有所提高。

B. 小王检验一批产品，第一件合格，第二件是次品，于是得出结论，这批产品不全合格。

C. 美国挑战者号航天飞机失事的原因是设备故障，或是操作失误，联邦调查局已经找到了操作失误的证据，因此得出结论，可以排除设备故障的原因。

D. 吴明邻居的小男孩，头发有两个旋，脾气很犟；吴明的小侄子，头发也有两个旋，脾气也很犟。吴明因此得出结论，头发上有两个旋的孩子，脾气很犟。

E. 吴明认为头发上有两个旋的孩子脾气很犟，因此得出结论，自己的孩子脾气不犟是因为头发上只有一个旋。

4. 高等哺乳动物表现出复杂灵巧的智能活动，这与其大脑表面褶皱的皮质（称作"沟回"）有关。猿猴就是这样，它的脑子绝对重量大，与身体的大小相比，相对重量也大，更明显的是猿猴的脑子被复杂的沟回所覆盖，貌似核桃仁。生活在海洋中的海豚的脑子与猿猴的脑子相似，绝对重量大，相对重量也大，而且具有更加广泛的沟回。

以下哪个选项最有可能是上述论证的推断？

A. 海豚经过训练能完成许多复杂的任务。

B. 海豚可能比猿猴更聪明。

C. 受过训练的海豚可以参加水下救生。

D. 海豚可能是海洋中最聪明的智能动物。

E. 海豚具有与猿猴类似的复杂灵巧的智能活动。

5. 意大利的弗雷第反复进行了一个实验，在 4 个大广口瓶里，放进肉和鱼，然后盖上盖，或蒙上纱布，苍蝇进不去，一个蛆都没有。在另 4 个大广口瓶里，放进同样的肉和鱼，敞开瓶口，苍蝇飞进去产卵，腐烂的肉和鱼很快生满了蛆。可见苍蝇产卵是腐烂的鱼肉生蛆的原因。

以下哪项使用的方法与题干最为类似？

A. 国外文献报道，长期用 1％阿托品滴眼，每天一次，可防止近视发展。上海某个眼防所在这方面做了大量研究工作。他们用 1％阿托品滴一只眼和另一只眼不滴阿托品作对照，经 7 个月治疗，滴药的眼睛近视度数平均降低 0.88 度，不滴药的眼睛视力无进步。因此，长期用 1％阿托品滴眼，是眼睛视力进步的原因。

B. 长期生活在又咸又苦的海水中的鱼，它的肉却不是咸的，这是为什么？科学家们考察了一些生活在海水中的鱼，发现它们虽然在体形、大小，种类等方面不同，但它们鳃片上都有一种能排盐分的特殊构造，叫"氯化物分泌细胞"组织。科学家们又考察了一些生活在淡水中的鱼，发现它们虽然也在体形、大小、种类等方面不同，但它们鳃片上没有这种"氯化物分泌细胞"组织。由此可见，具有"氯化物分泌细胞"组织是海鱼在海水中长期生活而肉不具有咸味的原因。

C. 种植马铃薯是选用大个的薯块作种好，还是选用小的好？有一个农业试验站曾做过这样的试验：用 10 克、20 克、40 克、80 克、160 克重的马铃薯分别播在同一块田里，施同样的肥料。结果，10 克重的产量是 245 克，20 克重的产量是 430 克，40 克重的产量是 565 克，80 克重的产量是 940 克，160 克重的产量竟达 1090 克。这说明选用大个的薯块作种，可以提高产量。

D. 19 世纪期间，人们当时从各种化合物中分离出来的氮，其密度总是相同，可是大气中的氮，却比从化合物中得到的氮，多出 0.5％的重量，于是人们分析，这多出来的重量、一定有它另外的原因。经过对大气的反复测定，终于证明空气中的氮气加重的原因，是因为存在着氩气的缘故。

E. 棉花是植物纤维，疏松多孔，能保温；积雪是由水冻结而成的，有 40％至 50％的空气间隙，也是疏松多孔的，能保温。可见，疏松多孔是能保温的原因。

6. 对 6 位罕见癌症的病人的研究表明，虽然他们生活在该县的不同地方，有很多不相同的病史、饮食爱好和个人习惯，其中 2 人抽烟，2 人饮酒。但他们都是一家生产除草剂和杀虫剂的工厂的员工。由此可得出结论：接触该工厂生产的化学品很可能是他们患癌症的原因。

以下哪一项最准确地概括了题干中的推理方法？

A. 通过找出事物之间的差异而得出一个一般性结论。

B. 消除不相干因素，找出一个共同特征，由此断定该特征与所研究事件有因果联系。

C. 根据 6 个病人的经历得出一个一般性结论。

D. 所提供的信息允许把一般性断言应用于一个特例。

7. 母鼠对它所生的鼠崽立即显示出母性行为。而一只刚生产后的从未接触鼠崽的母鼠，在一个封闭的地方开始接触一只非己所生的鼠崽，七天后，这只母鼠显示出明显的母性行为。如果破坏这只母鼠的嗅觉，或者摘除鼠崽产生气味的腺体，上述七天的时间将大大缩短。

上述断定最能推出以下哪项结论？

A. 不同母鼠所生的鼠崽发出不同的气味。

B. 鼠崽的气味是母鼠母性气味的重要诱因。

C. 非己所生的鼠崽的气味是母鼠对其产生母性行为的障碍的原因。

D. 公鼠对鼠崽的气味没有反应。

E. 母鼠的嗅觉是老鼠繁衍的障碍。

第六章　逻辑的基本规律

逻辑的基本规律是关于思维的逻辑形式的规律。逻辑的基本规律普遍适用于概念、命题、推理和论证之中，是正确思维的必要条件。人们在思维中经常运用的各种逻辑形式都有各自的特点和特殊的规则。人们在思维过程中除了要遵守这些特殊的规则外还要遵守一些基本的、广泛适用的逻辑规律。这些基本规律分别贯串于所有逻辑形式之中，是思维的内在的、本质的联系，是运用各种逻辑形式的总原则。各种逻辑形式的具体规则是由基本规律产生出来的，是基本规律在各种逻辑形式中的具体体现。

逻辑基本规律有四条，即同一律、矛盾律、排中律和充足理由律。掌握这些逻辑规律就可以使我们的思维首尾一贯，从而做到概念明确，命题恰当，推理有逻辑性和论证有说服力。否则人们的思维和论证就会含混不清、模棱两可甚至自相矛盾、无论证性，更不能达到正确地表达思想、交流思想和认识事物的目的。

第一节　同一律

一、同一律的内容

同一律的内容是：在同一思维过程中，每一思想与其自身是同一的。其中"思想"指的是概念或命题。这样，同一律的内容也可表示为：在同一思维过程中的每一个概念或命题都与其自身保持同一。同一律的作用就是保证思维的确定性。所谓确定性，对一个概念而言，也就是要有确定的内涵和外延；对命题而言也就是它断定的什么就是什么。如果它是真的，那么它就是真的。如果它是假的，那么它就是假的。同时，它还指某个概念或命题在同一思维过程中，不管出现多少次而表达的含义应是一致的。

二、同一律的要求和违反同一律的逻辑错误

同一律的要求是：在同一思维过程所运用的概念或命题必须保持同一。

违反同一律要求的错误表现在两个方面：其一是关于概念违反同一律要求的错误；其二是关于命题违反同一律要求的错误。如果在概念方面违反同一律要求所犯的错误则叫混淆概念或偷换概念；如果在命题方面违反了同一律要求所犯的错误则叫转移论题或偷换论题。

1. 混淆概念或偷换概念

这种错误是有意或无意地把不同的概念当作同一概念来使用的错误。有意的就叫偷换概念；无意的就叫混淆概念。例如："犯罪就是具有社会危害性并依法受刑罚处罚的行为，或者说犯了严重错误。"其中"犯罪"和"犯严重错误"是两个根本不同的概念，然而在上文中却把它们看成是同一的。

2. 转移论题或偷换论题

这种错误是有意或无意地用另一个不同的论题代替原来的论题所犯的错误。有意的即为偷换论题，无意的即为转移论题。例如：对"学习逻辑学有什么意义"的回答，说："我考了几次都没有及格。"这个回答显然是所答非所问，犯了转移论题或偷换论题的错误。总之，在同一思维过程中，如果概念或命题没有保持同一，不管是有意还是无意的，实质上都是违反同一律要求的。例如：

张先生买了一块新手表，他把新手表与家中的挂钟对照，发现手表比挂钟一天慢了三分钟；后来他又把家中的挂钟与电台的标准时间对照，发现挂钟比电台标准时间一天快了三分钟。张先

生因此断定他的表是准的。

以下哪项对张先生的推断评价是正确的？

A. 张先生的推断是正确的，因为手表比挂钟慢三分钟，挂钟比标准时间快三分钟，这说明手表是准的。

B. 张先生的推断是正确的，因为他的手表是新的。

C. 张先生的推断是错误的，因为他不应该把手表和挂钟比，应该直接和标准时间比。

D. 张先生的推断是错误的，因为挂钟比标准时间快三分钟，是标准三分钟，手表比挂钟慢三分钟，是不标准三分钟。

E. 张先生的推断既无法断定为正确，也无法断定为错误。

解析：

两个三分钟不是同一个概念，前一个三分钟是与不标准的挂钟相对照的结果，是不准确的三分钟。后一个三分钟是与标准时间对照的，是准确的三分钟。张先生违反了同一律，犯了"混淆概念"或"偷换概念"的错误。

第二节　矛盾律

一、矛盾律内容

矛盾律的内容是：在同一思维过程中，两个互相否定的思想不能同真，必有一假。其中"两个互相否定的思想"主要是指两个相互反对的命题和两个相互矛盾的命题。因此，矛盾律内容可以表述为：在同一思维过程中，两个相互反对的命题和相互矛盾的命题不能同真，必有一假。矛盾律的作用在于保证思维首尾一贯性。

二、矛盾律的要求和违反矛盾律的逻辑错误

矛盾律要求是：在同一思维过程中，不能同时肯定两个相互

反对或相互矛盾的命题为真，必须承认其中一个是假的。具体地说，根据矛盾律的要求，具有下列形式的命题是不能同真的：

"SAP" 与 "SOP"；

"SEP" 与 "SIP"；

"这个 S 是 P" 与 "这个 S 不是 P"；

"p 并且 q" 与 "非 p 或非 q"；

"如果 p 则 q" 与 "p 并且非 q"；

"只有 p 才 q" 与 "非 p 并且 q"；

"必然 p" 与 "可能非 p"；

"必然非 p" 与 "可能 p"。

上述各组中的两个命题之间的关系，分别都是矛盾关系。

矛盾律要求在同一思维过程中，不能认为具有这种关系的两个命题都真，都加以肯定，而必须承认其中一个是假的。根据矛盾律要求，下面的命题也是不能同真的：

"SAP" 与 "SEP"；

"必然 P" 与 "必然非 P"。

这是两对具有反对关系的命题。具有反对关系的命题不能同真，但可同假。矛盾律的要求概括起来说就是："P" 和它的否定 "非 P" 不能同真，必须承认它们之中有一个是假的。

在同一思维中，对同一对象所作的两个互相反对的命题或两个互相矛盾的命题，不能同时都是真的。因此，不能同时都加以肯定。如果同时肯定它们都是真的，那就要犯 "自相矛盾" 的逻辑错误。

"自相矛盾" 的 "矛盾" 一词，出自《韩非子·难一》中讲到的一篇寓言故事："楚人有鬻盾与矛者，誉之曰：'吾盾之坚，物莫能陷也。' 又誉其矛曰：'吾矛之利，于物无不陷也。' 或曰：'以子之矛，陷子之盾，何如？' 其人弗能应也。夫不可陷之盾，于无不陷之矛，不可同世而立。"

这则寓言故事的内容是说，楚国有一个卖武器的商人，先吹嘘自己的防御性武器——盾牌非常坚固，没有任何东西能扎透它；接着又吹嘘自己的进攻性武器——矛非常锋利，什么东西都能扎透。别人问他："用你的矛，扎你的盾、结果会怎样呢？"这个楚国商人无法问答这个问题。不能被任何东西所扎透的盾和什么都能扎透的矛是不可能同时存在的。因此，这个楚国人陷入了自相矛盾之中。韩非子这则寓言故事，非常形象而准确地阐明了自相矛盾（即逻辑矛盾）的实质。因此，说早在2000多年以前中国的韩非子就发现了矛盾律是符合实际的。

说话、写文章或著书立说，如果存在逻辑矛盾，那就失掉了逻辑性、科学性和说服力。各种宗教教义，唯心论体系以及错误理论，常常存在着大量的逻辑矛盾。有一种创世说，说的是上帝在海边一边走一边想着怎样来创造世界。最后上帝命令一个小鬼沉下海去，从海底拿一块泥土上来。世界就是上帝用这块泥土创造出来的。这种说法含有明显的逻辑矛盾：上帝创世之前，应该没有世界，可是却有了海边，即有了海洋和陆地，那就是说，是有世界的。从逻辑上揭露这种自相矛盾就可看出宗教创世说的荒诞无稽。

另外有人在说话、写文章时不注意思想的一贯性，也会出现逻辑矛盾。例如：

1. 从前有座山，这座山谁也没有上去过，上去的人也从来没有下来过。

2. 要写好这个戏，困难确实很大。我们几个人都没搞过文艺创作。老李虽然写过几篇小说，但写戏还是第一次。不过我们有信心完成这个任务。

这两段议论都含有逻辑矛盾。例1中先讲"所有的人都没有上去"，后边又说"有的人上去过"。例2中，先肯定我们"都没搞过文艺创作"，后又肯定我们当中有人"写过几篇小说"。在现实生活中遇到的逻辑矛盾，并不都像上述举例那样简单，两个互相否定的命题紧紧相连，而常常是相隔甚远，要经过推导、引申、分析才能看出命题之间存在逻辑矛盾。

第三节　排中律

一、排中律内容

排中律的内容是：在同一思维过程中，两个相互矛盾的思想不能同假，必有一真。

排中律作用是保证思维的明确性。

二、排中律的要求和违反排中律的逻辑错误

排中律的要求表现在以下两个方面：

首先，排中律在概念方面的要求是：在同一思维过程中，即在同一时间、同一关系下，就同一对象而言，它或者是"A"、或者是"非A"，二者必居其一。

其次，排中律在命题方面的要求是：在同一思维过程中，对于同一对象所做的两个互相矛盾的命题，必须肯定其中有一个是真的。即"p"与"非p"不可能都是假的，必有一真。

在同一思维过程中，如果对两个互相矛盾的思想，既不承认这个，又不承认那个，那就违反了排中律的要求。违反排中律的要求所产生的错误，称为"模棱两可"。

违反排中律的原因，往往是由于在"是"与"非"之间含糊其辞，持骑墙居中的态度；或者由于认识模糊，把具有矛盾关系的思想混为一谈。例如：在讨论有鬼还是无鬼的问题时，大多数人认为无鬼，可也有少数人认为有鬼。有人提出了第三种看法："既不同意有鬼的主张，也不同意无鬼的主张。这个问题要具体分析，因人而异。"第三种看法对有鬼无鬼这样两个互相矛盾的命题都不同意，都加以否定。貌似"具体分析"，实则违反了排中律的要求，犯了"模棱两可"的逻辑错误。

三、矛盾律和排中律的区别。

1. 适用范围不同，矛盾律既适用于相互矛盾思想又适用于相互反对思想。排中律只适用于相互矛盾思想，不适用于相互反对思想。

2. 要求不同。矛盾律要求对互相反对和互相矛盾的命题不能同时加以肯定，其中必有一假。排中律则要求互相矛盾的命题不能同时加以否定，必须肯定其中一个是真的。

3. 逻辑错误不同。违反矛盾律要求错误是"自相矛盾"，违反排中律要求错误是"模棱两可"。

四、运用矛盾律和排中律解题的方法

逻辑规律制约着所有的思维形式，所以在一般的逻辑考试中就总有涉及逻辑规律的试题。正确运用矛盾律和排中律解答和说明实际问题，首要的是要牢牢地掌握矛盾律和排中律的各自内容及区别，即在什么情况下违反矛盾律，在什么条件下违反排中律。关于这个问题有如下两个要点：

1. 如果对一对矛盾关系命题或一对反对关系命题同时断定为真（同时肯定），那么它就违反了矛盾律，犯了"自相矛盾"错误；

2. 如果对一对矛盾关系命题（不包括反对关系命题）同时断定为假（同时否定），那么它就违反了排中律，犯了"模棱两可"错误。

上述两个要点实质就是关于矛盾律和排中律的要求。它首先指明了矛盾律和排中律各自适用范围。矛盾律既适用于一对矛盾关系命题也适用于一对反对关系命题。换句话说，它既管矛盾关系命题又管反对关系命题。而排中律的管辖范围只是一对矛盾关系命题，而对反对关系命题不起作用。

其次，两个要点在指出它们二者各自适用范围基础上又进一步表明它们二者所确定的内容：矛盾律不允许一对矛盾关系命题

和一对反对关系命题都真。排中律不允许一对矛盾关系命题都假。无论是矛盾律还是排中律都涉及了"矛盾关系命题"和"反对关系命题"，要正确运用矛盾律和排中律还要弄清什么是反对关系和矛盾关系命题。

反对关系命题是指不同真但可同假的命题。一般指的是SAP命题和SEP命题之间的关系，它也包括模态命题中的必然p和必然非p的关系。根据矛盾律要求，在具有相同素材的A和B之间，必然p和必然非p之间不能都真，如果同时断定它们为真，那么就违反矛盾律，犯了"自相矛盾"的错误。

矛盾关系命题指的是既不能同真又不能同假的命题。一般指的是SAP与SOP，SEP与SIP，必然p与可能非p，必然不p与可能p之间的关系。根据矛盾律要求也不能同时断定它们为真，如果同时断定为真，那么就违反了矛盾律，犯"自相矛盾"错误。如果同时断定为假就违反了排中律，犯了"模棱两可"错误。

矛盾关系命题除指对当关系中的矛盾关系外，还有好多种形式。如"p∧－q"和"p→q"之间，"p∧q"和"－p∨－q"之间就是矛盾关系。下面介绍的"加非法"'就是确定一对命题是否为矛盾关系命题的方法和技巧。

"加非法"在处理各种与矛盾关系命题相关的类型试题中发挥了重要作用。"加非法"是根据矛盾关系命题与其等值关系命题之间关系而加以概括的一种确定一对命题是否是矛盾关系命题的一种方法和技巧。因为"－（p∧q）"的等值关系命题是；"－p∨－q"，并非SAP的等值关系命题是SOP。如果把负命题中否定词"并非"去掉，那么"p∧q"与"－p∨－q"，SAP与SOP之间就构成了矛盾关系。反之，如果有一对矛盾关系命题中的一方加上一个否定词"并非"，那么二者就构成了等值关系。故此"加非法"的思路是：在某一对命题的一方加上一个否定词"并非"，构成一个负命题，如果这个负命题与其另一方命题等值，那么再把"并非"去掉，即原命题之间就是矛盾关系命题；

如果"加非"后，这个负命题与其另一个命题不等值，那么"并非"去掉后，即原命题之间不是矛盾关系命题。如用"加非法"确定"p→q"与"p∧−q"是否矛盾？首先，在"p→q"与"p∧−q"的一方，即其中的一个命题加一个否定词"并非"，如给"p→q"加非得"−（p→q）"；第二步确定"−（p→q）"与另一个命题"p∧−q"是否等值，如果等值，说明原命题"p→q"和"p∧−q"是矛盾关系命题，如果不等值，则说明它们不是矛盾关系命题。根据"口诀法"可知，"−（p→q）"与"p∧−q"是等值的，把"−（p→q）"中的否定词去掉后，"p→q"和"p∧−q"就是矛盾关系命题。例如：

1. 甲、乙、丙、丁四人议论小王和小张能否考上大学的问题，各自发表了自己的看法。

甲说："小王考不上大学或者小张考上大学。"

乙说："小王考上了大学。"

丙说："小王考上大学，但是小张考不上大学。"

丁说："小张考上大学。"

已知只有一人说假话，则可推出以下哪项断定是真的？

A. 说假话的是甲，小王考上了大学。

B. 说假话的是乙，小张考上大了学。

C. 说假话的是丙，小王考上大了学。

D. 说假话的是丁，小王考不上大学。

E. 说假话的是丙，小张考不上大学。

解析：

首先确定甲、乙、丙、丁四个人的话中，哪两句具有矛盾关系。因为矛盾命题是一真一假，根据题意，四人中只有一人说假话，那么唯一的假话肯定在矛盾命题之中，剩下的两句话就一定是真的。根据"加非法"得知：甲和丙是矛盾关系。根据矛盾律，相互矛盾命题不能都真，必有一假，因而，假话在甲和丙之中（现在还不知哪句话为假），剩下的乙和丁的话就都是真话。既然乙和丁的话就都是真话，那么就可以知道，小王和小张都考上了大学。由小王和小张都考上了大学，可知丙是假话，甲是真话。所以，正确选项是 C。

2. 甲、乙、丙三人在一起议论小张和小李打官司的事，他们有如下推测：

甲：只有小张官司打输，小李才不赔偿经济损失。

乙：小张官司没有打输，但小李却赔偿了经济损失。

丙：如果小张官司没有打输，则小李不赔偿经济损失。

已知甲、乙、丙三人有两人说假话，则可推出以下哪项结论？

A. 甲说真话，小张官司打输了，小李没有赔偿经济损失。

B. 丙说真话，小张官司没有打输，小李没有赔偿经济损失。

C. 丙说真话，小张官司打赢了，小李赔偿经济损失。

D. 甲说真话，小张官司打输了，他准备上诉。

E. 乙说真话，小张官司打赢了，小李不服。

解析：

首先确定甲、乙、丙三人话中哪两句具有矛盾关系。根据"加非法"得知乙、丙矛盾。根据排中律，乙、丙的话不能都假，其中必有一句话为真。根据题意，三人中只有一人说真话，那么可以断定唯一的真话一定在乙、丙之中。那么剩下的甲说的话就是假话。从甲的话"只有小张官司打输，小李才不赔偿经济损失"为假，"加非"可知：小张官司没有打输，小李没有赔偿经济损失。显然，乙、丙之中乙说的是假话，丙说的是真话。正确选项是 B。

3. 一天，小方、小林做完数学题后发现答案不一样。小方说："如果我的不对，那你的就对了。"小林说："我看你的不对，我的也不对。"旁边的小刚看了看他们俩人的答案后说："小林的答案错了。"这时数学老师刚好走过来，听到了他们的谈话，并查看了他们的运算结果后说："刚才你们三个人所说的话中只有一句是真的。"

请问下述说法中哪一个是正确的？

A. 小方说的是真话，小林的答案对了。

B. 小刚说的是真话，小林的答案错了。

C. 小林说对了，小方和小林的答案都不对。

D. 小林说错了，小方的答案是对的。

E. 小刚说对了，小林和小方的答案都不对。

解析：

题干中小方和小林的话是相互矛盾的，根据排中律，其中必有一句是真的。则小刚的话就一定是假的。由此可知小林的答案是对的。又可以知道小林的话是假的，而小方的话是真的。由此，正确答案是 A。

第四节　充足理由律

一、充足理由律的内容

充足理由律的内容：在同一思维和论证过程中，一个思想被确定为真，总是有充足理由的。这里所说的"思想"通常是指其真实性需要确定的命题，因而充足理由律可以表述为：p 真，因为 q 真，并且由 q 能推出 p。

在上述表达式中，"p"代表其真实性需要加以确定的命题，我们称它为推断。"q"代表用来确定"p"真的命题（也可以是一组命题），我们称之为理由。因此在这里，"q"就是"p"的充足理由。

二、充足理由律的要求和违反充足理由律的逻辑错误

1. 充足理由律的逻辑要求

（1）对所要论证的观点必须给出理由；

（2）理由必须真实；

（3）理由与推断之间要有逻辑联系。

必须指出，充足理由律本身并不能为人们提供真实理由。因为在一个论证中，理由究竟是真是假，这不能由充足理由律来确定。这样的问题只能由实践和各门具体科学来解决。

2. 违反充足理由律的逻辑错误

违反充足理由律就会犯"理由虚假""预期理由"和"推不出"的逻辑错误。

（1）"理由虚假"的逻辑错误是以主观臆造的理由为依据进行的论证。

（2）"预期理由"的逻辑错误是以真实性尚未证实的命题作的论据。

例如：有人不赞成控制人口的增长，用所谓"人手论"来反对所谓的"人口论"，说什么人有一张嘴、两只手，嘴来吃饭，手来生产，手生产出来的东西总要超过嘴消费掉的东西，人口增长越多，生产出来的产品越多，社会财富越多，人民生活越好。既然人口增长快是件好事，那么当然就不要控制人口的增长了。这是一种脱离了具体社会历史条件的抽象议论，对于中国的现状来说，则是非常错误的。不仅其主张"不必控制人口增长"是错的，而且这种主张的理由"人越多产品越多"也是虚假的，站不住脚的。又如：有人说，地球上出现的不明飞行物肯定是外星球的宇宙人发射的，因为现代科学告诉我们，外星球可能存在着比地球人更高级的宇宙人。他们向地球发射宇宙飞行器是很自然的事。这段议论为了证明"地球上出现的不明飞行物是外星球的宇宙人发射的"这一论题，引用了"外星球可能存在着比地球人更高级的宇宙人"作论据，而这一论据只是其真实性尚未被证实的假说。这种用尚未验证的命题作论据来进行的论证是不能成立的。从逻辑上分析，是犯了"预期理由"的错误。

在实际论证中，为了使语言表达精练，推理的某些前提常常被省略。在这种情况下，如果不注意，就容易掩盖虚假论据。这是犯"理由虚假"错误的一种常见形式。例如：有人说"年轻人当领导靠不住，因为年轻人没有做领导工作的经验，又没威信，让他们掌权还不乱了套？"这段论证所用的推理形式可分析如下：凡没有做领导工作经验，没威信的人当领导都靠不住（省略），年轻人是没有作领导工作经验，没威信的。所以，年轻人当领导靠不住。在这里，被省略的大前提显然是一个虚假的命题。因此，该论证犯了"理由虚假"的逻辑错误。要使一个论证有论证性，就必须引用已知为真的命题作论据。但是，理由虚假，论题并不一定也假。因为从推理角度看，前提假时，结论也可能真，不必然假。达尔文在论述自然界中存在着生存竞争的理论，并以此作为生物进化论的理论基础时，也曾用过马尔萨斯的人口论作为论据，显然，不能因为马尔萨斯的人口论是荒谬的，由此否认达尔文的生物进化论。不过，如果理由虚假，论题的真实性就是待证的，该论证自然也就缺乏了说服力。

在批判性思维中，重点考察的就是思维的论证性，即对各种已有的推理或论证做批判性评价：对某个论点是否给出了理由？所给出的理由真实吗？与所要论证的论点相关吗？如果相关，对论点的支持度有多高？是必然性支持（若理由真，则论点或结论必真），还是或然性支持（若理由真，结论很可能真，但也有可能假）？是强支持还是弱支持？给出什么样的理由能够更好地支持该结论？给出什么样的理由能够有力地驳倒该结论，或者至少是削弱它？

（3）"推不出"的逻辑错误。有时，理由孤立地来看是真实的，但它同推断没有必然联系，从理由推不出推断。常见的"推不出"的逻辑错误有下列几种表现形式：

第一，"论据与论题不相干"。这是指论据与论题之间在内容上毫无关系。在这种情况下，即使论据是真实的，也不能从论据推出论题。

例如：

有人说，"他肯定是某院校的教授，因为，我天天看见他在某院校出出进进"。尽管这个人的话"我天天看见他在某院校出出进进"是真的，但它与"他肯定是某院校的教授"这一论题之间毫无关系，二者风马牛不相及。从逻辑上说，这个人犯了"推不出"的错误。

论据与论题之间应当有逻辑联系，这种逻辑联系常常表现为前因后果的关系。如果在讲话或写文章时，乱用"因为""所以""因此"等表示因果关系的连接词，把一些与论题毫无因果关系的事例或原理当成论据也会犯"论据与论题不相干"的错误。

例如：某厂领导说："最近，我们厂的产品质量不太好，用户意见很大，这主要是因为前一段时间全厂上下普遍重视产品的数量，因此，忽视了产品的质量。"实际上，"重视产品的数量"与"忽视产品的质量"之间并没有前因后果的关系。因此，不能用"重视产品的数量"作为论证"忽视产品的质量"的论据。这位厂领导所犯的逻辑错误属于"论据与论题不相干"。

第二，"以相对为绝对"。这是指把一定条件下的真实命题当作无条件的真实命题作为论据来使用。如在压力不变的条件下，物体温度升高是物体体积膨胀的根据、理由。如果在任何条件下，都把物体温度升高作为体积膨胀的根据，就犯了"以相对为绝对"的错误。

第三，"以人为据"。这是指在确定论题真实性时，不引用真实的命题为依据，仅仅说这是某权威人士说的，即用权威人士的话代替对论题的论证。论证某一论题虚假时，不说论题如何不符合实际或不符合已有的理论，而只是说提出这一观点的人没有水平或犯过错误等，进行人身攻击。例如：教会为了证明上帝的存在，把亚里士多德和托勒密提出的"地球中心说"加以神化。当哥白尼论述"太阳中心说"的《天体运行》一书问世，便遭到教会的反对和攻击。罗马教廷宣布它为禁书，下令焚烧，把支持和宣传"日心说"的学者送进宗教裁判所。其理由仅仅是"太阳中心说"违反了宗教信条。违反了亚里士多德——托勒密的"地球中心说"。这在逻辑上犯了"以人为据"的错误。

第四，循环论证。在论证中，论题的真实性是从论据的真实性中推出来的，也就是说论题的真实性是依赖论据的真实性来论证的，如果论据的真实性反过来还要靠论题来论证，就会形成论题和论据互为论据、互为论题的情况，实际上等于没有论证。如有一个英国经济学家在论证劳动价值的本质时，开始说："工资决定商品的价格，因为工资的提高，必然引起商品价格的提高。"而接着又转过来说："工资的提高不会有任何好处，因为这样会引起商品价格的提高，因为工资实际上是由工资所能买来的商品价值决定的（即商品的价值决定工资）。"马克思批评这位经济学家是不大关心逻辑的。因为他声称商品价值由劳动价值（工资）决定，又说劳动价值（工资）是由商品价值决定的。这样一来，就在循环圈里转来转去，始终得不到结论。显然，这个经济学家的议论就犯了"循环论证"的逻辑错误。

练习题

一、基础部分练习题

（一）填空题

1. 遵守普通逻辑基本规律是思维正确性的_____条件。

2. 矛盾律要求，在相互_____命题，或相互_____命题中，必须承认其中一个是_____的。

3. 根据_____律，由"S 必然不是 P"真，可推知_____和_____假。

4. 根据_____律，由"如果 p 则 q"假，可推出_____为真。

5. 根据_____律，若"张华是大学生"为真，则"张华不是大学生"为假；根据_____律，若张华是大学生为假，则张华不是大学生为真。

6. 排中律要求，在相互_____命题中，必须承认其中一个是_____的。

7. 在相互_____命题中，根据_____律，由已知命题假，推知另一个命题真。

8. 在相互_____命题，或相互_____命题中，根据

_____律，由已知命题真，推知另一命题为假。

9. 一对反对命题，如果同时断定为_____，那么就违反_____律，犯了_____错误。

10. 一对矛盾命题，如果同时断定为_____就违反了矛盾律，犯了_____错误；同时断定为_____，就违反了排中律，犯了_____错误。

（二）单项选择题（选出一个正确答案，并把它的标号写在括号里）

1. 下列违反普通逻辑基本规律的一组命题是(　　)。

（1）必然 P 并且不必然非 P

（2）可能非 P 并且可能 P

（3）并非必然非 P 并且并非可能 P

（4）并非可能 P 并且可能非 P

2. 下列违反矛盾律的一组命题是(　　)。

（1）－（SAP）并且－（SEP）

（2）p∧－q 并且－（p∨q）

（3）－p∨q 并且 p∧－q

（4）p→q 并且－（p∧－q）

3. 如果肯定"p∨q"和"p∧q"，则(　　)的逻辑要求。

（1）违反同一律　　　　（2）违反矛盾律

（3）违反排中律　　　　（4）不违反规律

4. 如断定"SIP"与"SOP"同真，则(　　)。

（1）违反排中律　　　　（2）违反矛盾律

（3）违反同一律　　　　（4）不违反逻辑规律

5. 下列断定违反基本规律要求的是(　　)。

（1）必然 p 且并非必然非 p

（2）并非必然非 p 且并非可能非 p

（3）并非可能不 p 且并非必然不 p

（4）并非必然 p 且并非可能非 p

6. 若肯定"p∧－q"而否定"p→q"则(　　)。

(1) 违反同一律　　　　(2) 违反矛盾律

(3) 违反排中律　　　　(4) 不违反逻辑规律

7. 若对两个相互等值命题的命题（　　），则违反逻辑基本规律的要求。

(1) 同时肯定　　　　　(2) 肯定一个，否定一个

(3) 同时否定　　　　　(4) 既不肯定，也不否定

8. 如断定"p→−q"与"−p∧q"，同真，则（　　）。

(1) 违反矛盾律　　　　(2) 违反排中律

(3) 违反同一律　　　　(4) 不违反逻辑律

9. 如断定"−p∨q"与"p∧−q"同假，则（　　）。

(1) 违反同一律　　　　(2) 违反矛盾律

(3) 违反排中律　　　　(4) 不违反规律

10. 若 A→B，则下列断定违反逻辑基本规律要求的是（　　）。

(1) A真且B真　　　　(2) A真且B假

(3) A假但B真　　　　(4) A假且B假

（三）双项选择题（选出两个正确答案，并把它的标号写在括号里）

1. 下列违反排中律的一组命题是（　　）（　　）。

(1) "这个S是P"与"这个S不是P"同真

(2) "这个S是P"与"这个S不是P"同假

(3) "如果非p则非q"与"非p并且非q"同真

(4) "不可能不p"与"不必然p"同假

(5) "不必然不p"与"不可能p"同真

2. 下列违反普通逻辑规律的一组命题是（　　）（　　）。

(1) SEP假并且SIP真

(2) SEP真并且SO−P真

(3) SEP假并且SOP假

(4) 必然不P假并且可能不P假

(5) 必然不P真并且不可能不P真

3. 在下列断定中，违反矛盾律要求的是（　　）（　　）。

（1）"小张不参加考试，则小李也不参加考试"并且"小李参加考试，则小张参加考试"。

（2）"小张不参加考试，则小李参加考试"并且"小张参加考试，小李也参加考试"

（3）"只有小张不参加考试，小李才参加考试"并且"小李和小张都参加考试"。

（4）"或者小张参加考试，或者小李不参加考试"并且"小张和小李都不参加考试"

（5）"只有小李不参加考试，小张才参加考试"并且"并非小张参加考试，则小李不参加考试"。

4. 下列断定不违反逻辑规律要求的是（　　）（　　）。

（1）"必然 P"与"可能 P"同假

（2）"SAP"假并且"SEP"假

（3）"SOP"假并且"SIP"假

（4）"SAP"与"SOP"同真

（5）"SAP"与"SI−P"同假

5. 下列命题中具有矛盾关系的是（　　）（　　）。

（1）SEP 与 SI−P　　　　（2）SE−P 与 SOP

（3）SE−P 与−PIS　　　　（4）SA−P 与 SEP

（5）SIP 与 PE−S

6. 下列命题中具有反对关系的一组命题是（　　）（　　）。

（1）SAP 与 SA−P　　　　（2）□P 与−（□−P）

（3）□−P 与−（◇＝P）　（4）SIP 与 SOP

（5）□P 与◇−P

7. 下列断定不违反逻辑规律要求的是（　　）（　　）。

（1）"不必然 P"与"不可能 P"同假

（2）"SAP"假并且"SOP"假

（3）"SAP"假并且"SIP"假

（4）"SAP"与"SOP"同真

（5）"SE－P"与"SEP"同真

8. 若命题 A 蕴涵 B，则下列违反逻辑规律要求的断定是（　　）（　　）。

（1）A∧B　　　　　　　　　（2）－A∧B

（3）A∧－B　　　　　　　　（4）－A∧－B

（5）－（B←A）

9. 下列逻辑错误违反同一律的有（　　）（　　）。

（1）中项不周延　　　　　　（2）推不出

（3）大项扩大　　　　　　　（4）自相矛盾

（5）证明过多

10. 若命题 A 与命题 B 具有矛盾关系，则下列断定中（　　）与（　　）违反逻辑基本规律要求。

（1）A∧－B　　　　　　　　（2）－A∧B

（3）A∨B　　　　　　　　　（4）A∧B

（5）－A∧－B

二、应用部分练习

1. 桌子上有 4 个盒子，每个盒子上写着一句话。第一个盒子：所有的盒子中都是红球；第二个盒子：本盒中有兰球；第三个盒子：本盒中没有黄球；第四个盒子：有些盒子中不是红球。

如果其中只有一句话是真的，那么以下哪项为真？

A. 所有的盒子中都是红球。

B. 所有的盒子中都不是红球。

C. 所有的盒子中都不是兰球。

D. 第三个盒子中有黄球。

E. 第二个盒子中有兰球。

2. 小张、小王、小李在一起谈论一班和二班期末考试成绩问题，三人各自看法是：

小张：如果一班所有学生考试都及格，那么二班部分学生考试不及格。

小王：或者一班所有学生考试都及格，或者二班所有学生考试都及格。

小李：一班和二班所有学生考试都及格。

这三人中有两人说假话，则以下哪项是真的？

A. 一班所有学生考试都及格。

B. 二班所有学生考试都及格。

C. 一班部分学生考试及格或者二班部分学生考试及格。

D. 一班和二班部分学生考试不及格。

E. 一班部分学生考试及格，二班部分学生考试不及格。

3. 关于小赵、小钱、小孙、小李、小周是否是大学生，有如下断定：

（1）小赵是大学生或者小钱是大学生。

（2）如果小孙不是大学生，那么小李是大学生。

（3）小赵不是大学生，小钱也不是大学生。

（4）小周是大学生。

（5）小李不是大学生。

（6）小周不是大学生。

如果以上断定只有两个是假的，则下列哪项是真的？

A. 小赵一定是大学生。

B. 小钱一定是大学生。

C. 小孙一定是大学生，

D. 小周一定是大学生。

E. 小李一定是大学生。

4. 某市发生一起杀人案。经侦破，查明作案人肯定是甲、乙、丙、丁四人中某两位干的。把他们作为嫌疑犯，并审讯了他们。他们的口供如下：

甲：不是我干的。

乙：是丁干的。

丙：是乙干的。

丁：不是我干的。

最后经过详细调查证实，四个人中只有两个人说的是真话。

根据已知条件，请你提出下列命题哪项为真？

A. 是乙和丁干的。

B. 是甲和丁干的。

C. 是丙和丁干的。

D. 是丙和乙干的。

E. 是丙和甲干的。

5. 某学校有四位老师在高考前对本班学生的考试情况进行猜测，他们特别关注班长和学习委员。

王老师说："如果班长能考上大学，那么学习委员也能考上大学。"

李老师说："依我看这个班没人能考上大学。"

刘老师说："不管学习委员能否考上大学，班长考不上大学。"

张老师说："我看学习委员考不上大学，但班长能考上大学。"

高考结果证明，四位老师中只有一人猜测为真。

上述如果断定是真的，则以下哪项一定是真的？

A. 李老师猜测成立。

B. 刘老师猜测成立。

C. 张老师猜测成立。

D. 如果学习委员考不上大学，则王老师猜测成立。

E. 如果学习委员考上了大学，则王老师猜测成立。

6. 点子大王最近又贡献一个点子给都市报业集团。点子大王分析了目前报纸的发行时段：早上有晨报，上午有日报，下午有晚报。真正为晚上准备的报纸却没有。大王建议他们办一份《都市夜报》，打开这块市场，谁知都市报业集团却没有采纳大王的建议。

以下哪项如果为真，能够恰当地指出大王分析中所存在的问题？

A. 报纸的发行时段和阅读时间是不同的。

B. 都市夜生活非常丰富，读报纸显得太枯燥了。

C. 晚上一般人习惯于看电视，很少读报。

D. 许多人睡前有读书习惯，而读报比较少。

E. 网上的内容比报纸丰富。

7. 某仓库失窃，四个保管员因涉嫌而被传讯。四人的供述如下：

甲：我们四人都没作案。

乙：我们中有人作案。

丙：乙和丁至少有一人没作案。

丁：我没作案。

如果四人中有两人说的是真话，有两人说的是假话，则以下哪项断定成立？

A. 说真话的是甲和丙。

B. 说真话的是甲和丁。

C. 说真话的是乙和丙。

D. 说真话的是乙和丁。

E. 说真话的是丙和丁。

8. 某矿山发生了一起严重的安全事故。关于事故的原因，甲乙丙丁四位负责人有如下断定：

甲：若造成事故的直接原因是设备故障，那么肯定有人违反操作规程。

乙：确实有人违反了操作规程，但造成事故的直接原因不是设备故障。

丙：造成事故的直接原因确实是设备故障，但并没有人违反操作规程。

丁：造成事故的直接原因是设备故障。

若上述断定中只有一个人的断定为真，则以下断定都不可能为真，除了

A. 甲的断定为真，有人违反了操作规程。

B. 甲的断定为真，但没有人违反操作规程。

C. 乙的断定为真。

D. 丙的断定为真。

E. 丁的断定为真。

9. 某俱乐部大厅门口贴着一张通知：欢迎加入俱乐部！只要你愿意，并且通过推理取得一张申请表，就可以获得会员资格了！走进大厅看到左右各有一个箱子，左边的箱子上写着一句话："申请表不在此箱中。"右边的箱子上也写着一句话："这两句话中只有一句话是真的。"

假设介入此活动的人都具有正常的思维水平，则可推出以下哪项是真的？

A. 左边的箱子上的话是真的。

B. 右边箱子上的话是真的。

C. 申请表在左边的箱子里。

D. 申请表在右边的箱子里。

E. 以上两句话都是错的。

10. 一道逻辑推理单选题的四个选择答案分别是：

（1）作案者是甲。

（2）作案者是乙。

（3）作案者是丙。

（4）作案者是甲或乙。

则该题的正确答案应是：

A.（1）　　　　　　　　B.（2）

C.（3）　　　　　　　　D.（4）

E. 无法确定。

第七章 非形式论证

第一节 论证的概述

一、论证的结构

一个论证从结构上来说，有三要素：论题、论据和论证方式。例如：

除地球之外，其他星球不可能存在与地球上一样的生命。因为，在其他星球上的生命形式需要像在地球上的生命形式一样的生存条件。地球上之所以有生命出现，至少是因为具备了以下两个条件：（1）因与热源保持一定距离而产生出适当的温差范围；（2）这种温差范围恒定保持了最少 37 亿年以上。在宇宙的其他地方，这两个条件的同时出现几乎是不可能的。

上述论证的论题是："除地球之外，其他星球不可能存在与地球上一样的生命。"

对论题所提出的问题是："证明什么?"论题标志证明的宗旨、目的，是立论者所提出的主张，要解决的问题，是证明的所在。论题也叫论点。论题是论证的"纲"，"灵魂"、"中心"。

上述论证的论据是："在其他星球上的生命形式需要像在地球上的生命形式一样的生存条件。地球上之所以有生命出现，至少是因为具备了以下两个条件：（1）因与热源保持一定距离而产生出适当的温差范围；（2）这种温差范围恒定保持了最少 37 亿年以上。在宇宙的其他地方，这两个条件的同时出现几乎是不可能的。"

对论据所提出的问题是："用什么证明？"论据是论题赖以成立的理由、根据。论据是论证的"血肉"。有说服力的论证依赖于充足的论据。

论证方式是论据和论题的联系方式，即由论据导出论题的推理形式。上述论证采用的推理形式是充分条件假言推理的否定后件式：

如果 p，那么 q。

非 q，所以，非 p。

对论证方式提出的问题是："怎样证明？"证明方式是论证的骨骼、脉络和结构，是论题赖以成立的思路条理，是论证过程所用推理的总和。

二、论证和推理

论证和推理有联系也有区别。

论证和推理的联系是：论证要运用推理，论证过程有时是推理过程，论证和推理有相同的语言要素。论证的论题，相当于推理的结论；论证的论据相当于推理的前提；论证方式相当于推理的推理形式。

论证和推理的区别是：首先，论证是先有论题后找论据，再用论据对论题进行证明。推理是先有前提，根据前提得出结论。其次，论证的着重点主要放在论题和论据的真实性上，特别强调论据必须真。推理只强调前提与结论之间的逻辑关系，推理形式本身不要求前提真。

三、形式论证和非形式论证

论证有形式论证和非形式论证。

1. 形式论证

运用形式推理的论证是形式论证。本书前面讨论的演绎推理就是形式推理，包括对当关系推理、模态推理、三段论推理、联言推理、选言推理、假言推理等。上述关于"其他星球不可能存在与地球上一样的生命"的论证就是形式论证。又如：

（1）正是因为有了第二味觉，哺乳动物才能够边吃边呼吸。很明显，边吃边呼吸对保持哺乳动物高效率的新陈代谢是必要的。

以下哪项如果为真最能削弱以上的断言？

A. 有高效率的新陈代谢和边吃边呼吸的能力的哺乳动物。

B. 有低效率的新陈代谢和边吃边呼吸的能力的哺乳动物。

C. 有低效率的新陈代谢但没有边吃边呼吸能力的哺乳动物。

D. 有高效率的新陈代谢但没有第二味觉的哺乳动物。

E. 有低效率的新陈代谢和第二味觉的哺乳动物。

这个论证也是形式论证。它所运用的论证方式是一个必要条件假言推理，我们把它整理如下：

只有第二味觉，哺乳动物才能够边吃边呼吸。

只有边吃边呼吸，哺乳动物才能保持高效率的新陈代谢。

所以，只有第二味觉，哺乳动物才能保持高效率的新陈代谢。

本题要求削弱上述这个结论，选项 D 起到了削弱的作用，正确答案是 D 选项。

（2）违法必究，但几乎看不到违反道德的行为受到惩罚，如果这成为一种常规，那么，民众就会失去道德约束。道德失控对社会稳定的威胁并不亚于法律失控。因此，为了维护社会的稳定，任何违反道德的行为都不能不受惩治。

以下哪项对上述论证的评价最为恰当？

A. 上述论证是成立的。

B. 上述论证有漏洞，它忽略了：由否定"违反道德的行为都不受惩治"，推不出"违反道德的行为都要受惩治"。

C. 上述论证有漏洞，它忽略了：由违法必究，推不出缺德必究。

D. 上述论证有漏洞，它夸大了违反道德行为的社会危害性。

E. 上述论证有漏洞，它忽略了：有些违法行为并未受到追究。

这个论证运用的是充分条件假言推理，因此，它也是形式论证。我们把它整理如下：

如果所有违反道德的行为都不受惩治，那么民众就会失去道德约束，社会就不稳定。为了维护社会的稳定。所以，任何违反道德的行为都要受惩治。显然，这个论证是有漏洞的。漏洞就在于如选项 B 所指出的那样，由否定"违反道德的行为都不受惩治"，推不出"违反道德的行为都要受惩治"。所以正确选项是 B。

2. 非形式论证

非形式论证是运用非形式推理的论证。例如：

随着人才竞争的日益激烈，市场上出现了一种"挖人公司"，其业务是为客户招募所需的人才，包括从其他的公司中"挖人"。"挖人公司"自然不得同时帮助其他公司从自己的雇主处挖人。一个"挖人公司"的成功率越高，雇用它的公司也就越多。

上述断定最能支持以下哪项结论？

A. 一个"挖人公司"的成功率越高，能成为其"挖人"目标的公司就越少。

B. 为了有利于"挖进"人才同时又确保自己的人才不被"挖走"，雇主的最佳策略是雇用只为自己服务的"挖人公司"。

C. 为了有利于"挖进"人才同时又确保自己的人才不被"挖走"，雇主的最佳策略是提高雇员的工资。

D. 为了保护自己的人才不被挖走，一个公司不应雇用"挖人公司"从别的公司挖人。

E. "挖人公司"的运作是一种不正当的人才竞争方式。

由前提可知：第一，一个"挖人公司"的成功率越高，雇用它的公司也就越多；第二，"挖人公司"自然不得同时帮助其他公司从自己的雇主处挖人。从以上两个断定可得出结论：一个

"挖人公司"的成功率越高，能成为其"挖人"目标的公司就越少。这正是选项 A 所断定的。所以正确答案是 A。

上述论证所运用的就是非形式论证。

形式论证与非形式论证比较有以下特点：

第一，形式论证有效性的根据在于论证的形式结构，非形式论证正确性的根据在于前提和结论之间的内容关联。形式论证属于语形论证，非形式论证属于语义推理。

第二，形式论证的有效性是指，具有本论证结构的任一推理，如果前提是真的，则结论必然是真的。非形式论证的正确性包括两种情况：第一种情况，如果前提是真的，则结论必然是真的。这称为前提能推出结论。在这种"必然得出"的情况下，正确的非形式论证也称为有效论证，不过这种有效，是非形式有效，它依据的不是论证结构，而是前提和结论之间意义和内容的逻辑关联。第二种情况，如果前提是真的，则虽然结论不必然为真，但接受结论为真是有说服力的。这称为前提能支持结论，即前提能推出结论为真的合理性。非形式论证的目的，不仅要从真前提推出真结论，而且要从真前提推出合理的结论。

第三，形式论证的有效性，只有质的区分：有效或无效。非形式论证的正确性，不但有质的区分——正确或不正确；还有量的区分——同样正确的非形式论证，有的前提对于结论的支持度大，有的则较小。

第四，判定形式论证的有效性可以依据确定的形式标准，而评价非形式论证的正确性，则没有这样的一般标准，要具体问题具体分析。

第五，非形式论证通常包括两部分，一部分是显前提，即在论证中表述出来的；另一部分是隐前提，是未加表述的。隐前提往往是论证者认为的常识性知识或是在某种特定的语境下对事物的一种共识。既然是常识或共识，省略表达是自然的。隐前提涉及推理者、语境、共识等独立于论证的语言形式之外的要素，这样的要素称为语用要素。因此，非形式论证也是一种语用论证。

四、非形式论证的理论基础

非形式论证是以批判性思维为理论基础而构建的追求事物的有效性、合理性的一种论证。

批判性思维理论认为，人的思维素质的差异，本质不在于对知识掌握的多少的差异，而在于批判性思维能力的差异。它要求给出一个人的信念或行动的各种理由，分析、评价一个人自己的推理或论证以及他人的推理或论证，设计、改造更好的推理或论证。

20世纪90年代，美国哲学学会将批判性思维（criticalthinking）界定为：批判性思维是有目的的、自我校准的判断。这种判断导致解释、分析、评估、推论以及对判断赖以生存的证据、概念、方法、标准或语境的说明。

批判性思维重点关注的就是如何理解、分析、重构，特别是评估实际思维中含有"应当"前提的各种推理和论证的能力。这种批判性思维技能包括解释、分析、评估、推论、说明和自我校准。它指导人们树立并强化深思熟虑的思考态度，尤其是理智的怀疑和反思态度；帮助我们养成清晰性、相关性、一致性和预见性等好的思维品质。

以批判性思维为理论基础的非形式论证，有广泛应用。构造和评价一个非形式论证，对训练提高思维能力有重要作用。本章着重讨论非形式论证。

怎样评价非形式论证呢？非形式论证的评价，包括对论证的总体评价、确定论证的隐前提（假设）、如何加强（支持）或削弱与质疑（反驳）、解释一个论证所提出的观点等。这些就是本章所论述的主要内容。

第二节　假设与支持

一、假设

假设是支持作者结论的未明确说明的前提，是前提与结论之间的连接，是作者推出结论所依靠的东西。

假设是一个命题预先假定的东西，是命题得以成立的先决条件。没有 A 这个条件结论 B 就不能成立。即：只有 A 才有 B；如果没有 A 就没有 B；A 是 B 的必要条件都表明了 A 是 B 存在的假设。所以，问假设，则考虑的是：使结论成立需要什么，哪一个是使其成立的一个必要条件。

A 是 B 的假设表现形式多样，主要有下面几种类型。

1. 建立 A 与 B 的连接点

有时题干给出的理由 A 与结论 B 之间有跳跃，需要在选项中找到一个连接点，把 A 与 B 之间的跳跃连接起来。没有这个连接点结论就不成立，这个连接点就是假设。例如：

（1）尽管计算机可以帮助人们进行沟通，计算机游戏却妨碍了青少年沟通能力的发展。他们把课余时间都花费在玩游戏上，而不是与人交流上。所以说，把课余时间花费在玩游戏上的青少年比其他孩子有较少的沟通能力。

以下哪项是上述议论最可能假设的？

A. 一些被动的活动，如看电视和听音乐，并不会阻碍孩子们的交流能力的发展。

B. 大多数孩子在玩电子游戏之外还有其他事情可做。

C. 在课余时间不玩电子游戏的孩子至少有一些时候是在与人交流。

D. 传统的教育体制对增强孩子们与人交流的能力没有帮助。

E. 由玩电子游戏带来的思维能力的增强对孩子们的智力开

发并没有实质性的益处。

解析：

题干的结论是：把课余时间花费在玩游戏上的青少年比其他孩子有较少的沟通能力（计算机游戏却妨碍了青少年沟通能力的发展）。理由是：他们把课余时间都花费在玩游戏上，而不是与人交流上。"把课余时间都花费在玩游戏上，而不是与人交流"就能得出比其他孩子有较少的沟通能力吗？这里缺少一个连接点。我们要在理由和结论之间建立一个连接点，即 C 项：在课余时间不玩电子游戏的孩子至少有一些时候是在与人交流。只有 C 项成立我们才能说，把课余时间花费在玩游戏上的青少年比其他孩子有较少的沟通能力。否则，如果事实上在课余时间不玩电子游戏的孩子在任何时候都不与人交流，那么，就不能根据青少年在课余时间玩游戏而不是与人交流，就得出结论，把课余时间花费在玩游戏上的青少年比其他孩子缺少沟通能力。

根据假设的定义，如果没有这个假设，则题干的推理必然不成立。所以，我们可以在一个选项中加入否定词，若题干的推理必然不成立，则这个选项一定是假设。我们把这种方法称作"加非法"。

（2）在当前的音像市场上，正版的激光唱盘和影视盘销售不佳，而盗版的激光唱盘和影视盘却屡禁不绝，销售异常火爆。有的分析人员认为，这主要是因为在价格上盗版盘更有优势，所以在市场上更有活力。

以下哪项是这位分析人员在分析中隐含的假定？

A. 正版的激光唱盘和影视盘往往内容呆板，不适应市场的需要。

B. 与价格的差别相比，正版与盗版盘在质量方面的差别不大。

C. 盗版的激光唱盘和影视盘比正版的盘进货渠道畅通。

D. 正版的激光唱盘和影视盘不如盗版的盘销售网络完善。

E. 加强对知识产权的保护和对盗版行为的打击使得盗版盘

的价格上涨。

解析：

题干的结论是：盗版盘比正版盘销售好。理由是：盗版盘比正版盘便宜。便宜就卖的火爆吗？需要在结论和理由之间找到一个连接点：与价格的差别相比，正版与盗版盘在质量方面的差别不大。只有在这个条件下，才能说便宜就卖的火爆。对 B 项加非得：与价格的差别相比，正版与盗版盘在质量方面的差别大。我们就不能说因为盗版盘便宜，所以在市场上更有活力。答案是选项 B。

（3）安娜小姐说："总的来说，现在的工科学生比过去的懒惰得多，因为我的学生中认真做作业的人越来越少"。

上述结论是建立在以下哪种假设之上的？

A. 工科学生在市场经济中花费越来越多的时间去研究工作机会而花在学习上的时间却减少了。

B. 学生是否做作业是判断懒惰的一个标准。

C. 工科学生比文科学生更应该努力学习。

D. 安娜小姐的学生不做作业，是因为现在安娜小姐对教学没有像过去那样认真负责。

E. 懒惰是人们所不愿抛弃的东西。

解析：

题干的结论是：现在的工科学生比过去的懒惰得多。理由是：我的学生中认真做作业的人越来越少。显然，这个理由不足以直接推出她所要的结论。必须找到一个连接点：学生是否做作业是判断懒惰的一个标准。有了这个连接点，我们完全确信"现在的工科学生比过去的懒惰得多"的结论。所以，答案是选项 B。

（4）甲："我最近经常看到他带着孩子散步。"

乙："这么说，他已经做父亲了。"

乙谈话的逻辑前提是：

A. 所有已经做了父亲的人，一定经常带孩子散步。

B. 有些经常带孩子散步的人已经做了父亲。

C. 只有经常带着孩子散步的人，才是已做了父亲的人。

D. 经常带着孩子散步的人，可能是已经做了父亲的人。

E. 不是已做父亲的人，不可能经常带孩子散步。

解析：

要想得出乙"他已经做父亲"的结论，其前提是"只有已做父亲的人，才能经常带孩子散步"。所以，答案是选项 E。

（5）t 病是由某种真菌引起的皮肤感染。很大一部分患了 t 病的人反复表现出其症状，这证明，对患者中的每个人而言，实际上 t 病从一开始就没有被彻底治愈。

以上论述假设，一个反复出现 t 症状的人：

A. 他的癣永远也不能被彻底治愈。

B. 不明白癣的病因。

C. 在最初得癣时没有采取药物治疗。

D. 不是反复患上 t 的。

解析：

题干的结论是：t 病从一开始就没有被彻底治愈。理由是：很大一部分患了 t 病的人反复表现出其症状。要想得出上述结论，就必须要求这种病不是反复患上的，如果是反复患上的，就说明曾经治愈过，显然不符合题意。所以，答案是 D。

2. A 与 B 没有差异

题干有时是通过比较或者说是类比形式而得出一个结论，结论成立的假设往往是二者在其他方面没有差异（相同）。例如：

（1）区别于知识型考试，能力型考试的理想目标，是要把短期行为的应试辅导对于成功应试所起的作用降低到最低限度。能力型考试从理念上不认同应试辅导。一项调查表明，参加各种专业硕士考前辅导班的考生平均成绩，反而低于未参加任何辅导的考生。因此，考前辅导不利于专业硕士考生的成功应试。

为使上述论证成立，以下哪项是必须假设的？

A. 专业硕士考试是能力型考试。

B. 上述辅导班都是名师辅导。

C. 在上述调查对象中，经过考前辅导的考生在辅导前的平均水平和未参加辅导的考生大致相当。

D. 专业硕士考试对于考生的水平有完全准确的区分度。

E. 在上述调查对象中，男女比例大致相当。

解析：

题干结论是：考前辅导不利于专业硕士考生的成功应试。理由是：一项调查表明，参加各种专业硕士考前辅导班的考生平均成绩，反而低于未参加任何辅导的考生。这是根据参加和没参加辅导班比较而得出的一个结论。结论成立的假设往往是二者在其他方面没有差异（相同）。即：在上述调查对象中，经过考前辅导的考生在辅导前的平均水平和未参加辅导的考生大致相当。所以答案是 C。

（2）宏达山钢铁公司由 5 个子公司组成。去年，其子公司火龙公司试行与利润挂钩的工资制度，其他子公司则维持原有的工资制度。结果，火龙公司的劳动生产率比其他子公司的平均劳动生产率高出 13%。因此，在宏达山钢铁公司实行与利润挂钩的工资制度有利于提高该公司的劳动生产率。

以下哪项最可能是上述论证所假设的？

A. 火龙公司与其他各子公司分别相比，原来的劳动生产率基本相同。

B. 火龙公司与其他各子公司分别相比，原来的利润率基本相同。

C. 火龙公司的职工数量与其他子公司的平均职工数量基本相同。

D. 火龙公司原来的劳动生产率，与其他子公司相比不是最高的。

E. 火龙公司原来的劳动生产率，和其他各子公司原来的平均劳动生产率基本相同。

解析：

题干结论是：在宏达山钢铁公司实行与利润挂钩的工资制度有利于提高该公司的劳动生产率。理由是：火龙公司试行与利润挂钩的工资制度，其他子公司则维持原有的工资制度。二者的比较应该没有差异，结论才能成立，所以正确答案是 E。

3. A 方法可行

当段落推理是要达到的一个目的而提出一个方法或建议等而得出解释性结论时，推理成立所做的隐含假设往往是方法或者建议可行、有意义、行得通。例如：

（1）新一年的电影节的影片评比，准备打破过去的只有一部最佳影片的限制，而按照历史片、爱情片等几种专门的类型分别评选最佳影片，这样可以使电影工作者的工作能够得到更为公平的对待，也可以使观众和电影爱好者对电影的优劣有更多的发言权。

以下哪项假设最可能是上述评比制度改革隐含的前提？

A. 划分影片类型，对于规范影片拍摄有重要的引导作用。

B. 每一部影片都可以按照这几种专门的类型来进行分类。

C. 观众和电影爱好者在进行电影评论时喜欢进行类型的划分。

D. 按照类型来进行影片的划分，不会使有些冷门题材的影片被忽视。

E. 过去因为只有一部最佳影片，影响了电影工作者参加电影节评比的积极性。

解析：

题干是为了达到使电影工作者的工作能够得到更为公平的对待，也可以使观众和电影爱好者对电影的优劣有更多的发言权的目的，提出了一个分类的方法。要使上述目的能达到，方法必须可行，否则达不到目的。所以正确选项是 B。

（2）一些国家为了保护储户免受因银行故障造成的损失，由政府给个人储户提供相应的保险。有的经济学家指出，这种保险政策应对这些国家的银行高故障率承担部分责任。因为有了这种保险，储户在选择银行时就不关心其故障率的高低，这极大地影响了银行通过降低故障率来吸引储户的积极性。

为使上述经济学家的论证成立，以下哪项是必须假设的？

A. 银行故障是可以避免的。

B. 储户有能力区分不同银行的故障率高低。

C. 故障率是储户选择银行的主要依据。

D. 储户存入的钱越多，选择银行就越谨慎。

E. 银行故障的主要原因是计算机病毒。

解析：

题干的意思是原来是银行通过降低故障率来吸引储户，而由于有了保险，储户随便选择银行了，所以，极大地影响了银行通过降低故障率来吸引储户的积极性。要达到银行通过降低故障率来吸引储户的目的，储户必须知道哪家银行故障率低，即储户有能力区分不同银行的故障率高低。否则，就像现在这样，储户随便选择银行了，那么目的就达不到。

4. 无因无果（非 A→非 B）

由于假设是推理成立的必要条件，即 A←B，若我们得出非 A→非 B，我们就可以得出 A 是推理成立的必要条件，或者说 A 是结果 B 发生的必不可少的原因。例如：

（1）自从 20 世纪中叶化学工业在世界范围内成为一个产业以来，人们担心，造成的污染将会严重影响人类的健康。但统计数据表明，这半个世纪以来，化学工业化国家的人均寿命增长率，大大高于化学工业不发达的发展中国家。因此，人们关于化学工业危害人类健康的担心是多余的。

以下哪项是上述论证必须假设的？

A. 20 世纪中叶，发展中国家的人均寿命，低于发达国家。

B. 如果出现发达的化学工业，发展中国家的人均寿命增长率会因此更低。

C. 如果不出现发达的化学工业，发达国家的人均寿命增长率不会因此更高。

D. 化学工业带来的污染与它带给人类的巨大效益相比是微不足道的。

E. 发达国家在治理化学工业污染方面投入巨大，效果明显。

解析：

题干的结论是：化学工业化国家的人均寿命增长率，大大高于化学工业不发达的发展中国家。理由是：化学工业发达。如果化学工业不发达，那么化学工业化国家的人均寿命就不高，非 A→非 B。所以，正确选项是 C。

（2）18 岁到 24 岁之间的年轻人和父母居住在一起的百分比从 1980 年的 48％上升到 1986 年的 53％。可以说，在 1986 年，这个年龄组的人更加难以负担独立生活。

上面文章结论的得出依赖下列哪一个假设？

A. 这个年龄组中不能够自己养活自己的人宁愿与他们同龄人居住在一起，而不是父母。

B. 这个年龄组的人，如果他们能够负担独立生活，他们就不会和父母住在一起。

C. 与父母居住在一起的这个年龄组的人对于家庭花费不做任何补偿。

D. 在 1980 年至 1986 年间，适合于单身生活的出租房屋的数目下降了。

E. 这个年龄组的有些人，尽管在调查期间与父母居住在一起，但在此之前是独立生活的。

解析：

题干的结论是：18 岁到 24 岁之间的年轻人和父母居住在一起的百分比上升。理由是：这个年龄组的人更加难以负担独立生活。选项 B 是非 A→非 B 的形式：如果他们能够负担独立生活，他们就不会和父母住在一起。所以正确答案是 B。

5. 除了 A 以外没有他因影响 B

逻辑推理有很大一部分是从一个研究、调查、发现等诸如此类的事实中推导出结论，而此类推理成立的必要条件就是没有其他可能来说明这些研究、调查和发现了。例如：

（1）政府应该不允许烟草公司在其营业收入中扣除广告费用。这样的话，烟草公司将会缴纳更多的税金。它们只好提高自己的产品价格，而产品价格的提高正好可以起到减少烟草购买的作用。

以下哪个选项是上述论点的前提？

A. 烟草公司不可能降低其他方面的成本来抵消多缴的税金。

B. 如果它们需要付高额的税金，烟草公司将不再继续做广告。

C. 如果烟草公司不做广告，香烟的销售量将受到很大影响。

D. 政府从烟草公司的应税收入增加所得的收入将用于宣传吸烟的害处。

E. 烟草公司由此所增加的税金应该等于价格上涨所增加的盈利。

解析：

题干的含义是如果要"缴纳更多的税金那么只好提高自己的产品价格"，要使推理成立，必须保证没有别的因素影响这个推论。A项是题干的论证所必须假设的。否则，如果事实上烟草公司可以通过降低其他方面的成本，来抵消因为不扣除广告费用而多缴的税金，那么，烟草公司就不会因此被迫提高价格而减少烟草的销售。这就动摇了题干结论的说服力。

（2）体内不产生 P450 物质的人与产生 P450 物质的人比较，前者患帕金森式综合症（一种影响脑部的疾病）的可能性三倍于后者。因为 P450 物质可保护脑部组织不受有毒化学物质的侵害。因此，有毒化学物质可能导致帕金森式综合症。

以下哪个选项是上述论点的前提？

A. 除了保护脑部不受有毒化学物质的侵害，P450 对脑部无其他作用。

B. 体内不能产生 P450 物质的人，也缺乏产生某些其他物质的能力。

C. 一些帕金森式综合症病人有自然产生 P450 的能力。

D. 当用多已胺——一种脑部自然产生的化学物质治疗帕金森式综合症病人时，病人的症状减轻。

E. 很快就有可能合成 P450，用以治疗体内不能产生这种物质的病人。

解析：

题干根据比较发现体内不产生 P450 物质的人与产生 P450 物质的人患帕金森式综合症的可能高。因此，有毒化学物质可能导致帕金森式综合症。这个推理应当基于的假设是除了不产生 P450 物质外，没有其他因素来说明为什么患帕金森式综合症的可能高，因为完全可能是其他原因而不是不产生 P450 物质而患病的。所以，答案是 A。

二、支持

支持就是对题干给出的推理或论证进行补充，使其推理或论证成立的可行性增大。因为，题干给出的推理或论证或由于前提的条件不够充分，不足以推出其结论；或由于论证的论据不够全面，不足以得出其结论。因此，需要去补充其前提或论据，使其推理或论证得以完善。根据非形式论证的特点，只要某一选项放在题干推理的论据（前提）或结论之间，对题干推理成立或结论正确有支持作用，那么这个选项就是支持的正确答案。所以，支持的答案既可以是题干推理成立或结论正确的一个充分条件，也可以是一个必要条件，也可以是既非充分条件又必要条件。

由于假设本身就是支持，很多支持题可以与假设一样，用同样的步骤和方法解题。因此，假设题的解题思路也是支持题的解题思路。举例如下：

1. 人们经常批评广告商随意地利用公众的品味和愿望。不过，有证据表明，某些广告商的行为是受道德驱使的，就如同受金钱的驱使一样。一家杂志准备将自己的形象从家庭型改为性和暴力型的，从而适应另一个读者群。有些广告商就撤回了他们的广告，这肯定是因为他们不支持该杂志色情和暴力的内容。

以下哪项如果为真，最能够强化上述论证？

A. 广告商们把他们的广告改在其他的家庭型杂志上了。

B. 一些广告商从其他家庭型刊物转到了这家杂志。

C. 广告商们预计如果他们继续留在这家杂志，产品的销售额会上升；如果他们撤回广告，销售额就会下降。

D. 通常看家庭型刊物的人不大会购买性和暴力型的杂志。

E. 据预测，杂志的形象改变将主要针对不同收入的读者群。

解析：

作者基于广告商撤回广告的事实所得出的结论，若支持这一结论，需要附加较强的前提条件，即排除导致广告商撤回广告的其他原因，尤其是与作者所认为的原因相反甚至相矛盾的原因。答案 C，它排除了广告商撤回广告是受金钱驱使的可能性。正确选项是 C。

2. 解决机场拥挤问题的有效途径是，在距离 200 到 500 英里的主要城市之间提供高速地面交通。成功地实施该计划其成本远远低于扩建现有机场的成本，同时将减少机场与航线上飞机的阻塞。

下列何者最能作为证据支持上述计划？

A. 一个有效的高速地面交通系统需要修复许多高速公路。

B. 从最繁忙的机场出发的飞机中有一半飞向 225 英里以外的城市。

C. 从农村机场出发的大多数旅游者都飞向 600 英里外的城市。

D. 许多新机场建在目前有高速地面交通系统的地区。

E. 许多航空旅游的旅游者都是长距离飞行的度假者。

解析：

题干所论证的是通过在距离 200 到 500 英里的主要城市之间提供高速地面交通的方法，从而缓解机场与航线上飞机的阻塞。选项 B 指出此方法可行，因为从最繁忙的机场出发的飞机中有一半飞向 225 英里以外的城市。所以，正确答案是 B。

3. 自 1965 年到 1980 年，印第安纳 500 赛车比赛中赛车手的平均年龄和赛车经历逐年增长。这一增长原因是高速赛车手比他们的前辈们活得长了。赛车的安全性能减少了以前能夺走驾驶者生命的冲撞的严重性，它们是印第安纳 500 赛车比赛中车手平均年龄增长的根本原因。

下面的哪个，如果正确，最可能成为证明汽车安全性能在重大撞车中保护了车手，是赛车中赛车手平均年龄增长的原因？

A. 在 1965 年到 1980 年间，快速车道上发生重大事故的年轻车手略多于年长的车手。

B. 1985 年之前和之后，发生在高速赛车道上的重大事故发生频率相同。

C. 在 1965 年到 1980 年，试图取得资格参赛印第安纳 500 的车手的平均年龄有轻微下降。

D. 1965 年之前和之后，在美国高速公路上事故发生的频率。

E. 在 1965 年到 1980 年间，其他的安全措施：包括车道状况及车手驾车所穿的衣服，也在印第安纳 500 中被采纳。

解析：

题干的推理是汽车安全性导致了车手平均年龄增长。要支持这个推理，就要说明没有别的原因能证明车手平均年龄增长，需要假设 1985 年之前和之后，发生在高速赛车道上的重大事故发生频率相同。假设本身就是支持。答案是 B。

亲生父母双方都患有特滋病（一种表现为某些肌肉非自愿性收缩的病症）的孩子患此病的可能是亲生父母都没有特滋病的孩子的 4 倍。所以，患特滋病的倾向可能是一项遗传特性。

下面哪一项如果正确，能最强有力地支持上述结论？

A. 父母患有特滋病的孩子们如果在学校或在家承受了正常的压力，要比未承受这些压力的孩子更容易患特滋病。

B. 亲生父母患有特滋病，但由患特滋病的养父母带大的孩子患特滋病的可能性比由自己的亲生父母带大的孩子患特滋病的可能性大。

C. 亲生父母患特滋病的孩子无论是由亲生父母带大还是由未患特滋病的养父母带大，患特滋病的可能性是相同的。

D. 亲生父母患特滋病的孩子在患特滋病后，如果他们在染上早期症状时就寻求治疗，就可以避免更严重的症状。

解析：

本题的结论是：患特滋病的倾向可能是一项遗传特性。要支持这个结论，就是要排除他因，说明患特滋病不是由后天环境因素造成的。选项 C 说明亲生父母患特滋病的孩子不管由谁抚养，得特滋病的可能性是一样的。所以 C 项排除了环境因素，对结论构成了支持。

4. 一般认为，一个人 80 岁和他在 30 岁时相比，理解和记忆能力都显著减退。最近的一项调查显示，80 岁的老人和 30 岁的年轻人在玩麻将时所表现出的理解和记忆能力没有明显差别。因此，认为一个人到了 80 岁理解和记忆能力会显著减退的看法是站不住脚的。

以下哪项如果为真，最能加强上述论证？

A. 目前 30 岁的年轻人的理解和记忆能力高于 50 年前的同龄人。

B. 上述调查的对象都是退休或在职的大学教师。

C. 上述调查由权威部门策划和实施。

D. 记忆能力的减退不必然导致理解能力的减退。

E. 科学研究证明，人的平均寿命可以达到 120 岁。

解析：

题干根据 80 岁的老人和 30 岁的年轻人在玩麻将时所表现出的理解和记忆能力没有明显差别得出"因此，80 岁理解和记忆能力会显著减退的看法是站不住脚的"。A 的意思是：现在 30 岁的年轻人的理解和记忆能力高于当年 30 岁（现在是 80 岁）时的人。就是说 30 岁时不行现在行了，说明理解和记忆力随着年龄增长而增长。答案是 A。

5. 在司法审判中，所谓肯定性误判是指把无罪者判为有罪，否定性误判是把有罪者判为无罪。肯定性误判就是所谓的错判，否定性误判就是所谓的错放。而司法公正的根本原则是"不放过一个坏人，不冤枉一个好人"。

某法学家认为：目前，衡量一个法院在办案中是否对司法公正的原则贯彻得足够好，就看它的肯定性误判率是否足够低。

以下哪项如果为真，最能支持上述法学家的观点？

A. 错放只是放过了坏人；错判则是既放过了坏人，又冤枉了好人。

B. 宁可错判，不可错放，是"左"的思想在司法界的反映。

C. 错放造成的损失，大多是可弥补的；错判对被害人造成的伤害，是不可弥补的。

D. 各个法院的办案正确率普遍明显提高。

E. 各个法院的否定性误判率基本相同。

解析：

答案是 E。E 项是题干的假设，假设本身就是支持。

练习题

1. 涉及国际合作的科学研究所发表的论文比没有合作的研究所发表的论文具有更大的影响力。如果一篇论文影响力的大小通过随后发表的文章对该论文的引用次数来衡量。国际合作研究发表的论文平均被引用 7 次，而单独作者所发表的论文却仅被引用 3 次。这个差异表明国际合作研究项目比单个研究人员进行的研究项目具有更大的重要性。

上面的论述基于下面哪一个假设？

A. 多产的作家可以在随后发表的论文中通过自我引述来提高他们的论文的引用次数。

B. 可以通过一篇论文被引用的次数来确定该论文是否是国际合作研究的成果。

C. 一篇论文被引用的次数是其所报道的研究项目的重要性

的评价标准。

D. 由同一国家的科学家合作发表的论文的重要性抵不上国际合作所发表的论文的重要性。

E. 与单一研究者相比，国际研究小组更易得到丰厚的资助。

2. 售货员对顾客说："压缩机是电冰箱的核心部件，企鹅牌电冰箱采用与北极熊牌电冰箱同样高质量的压缩机，由于企鹅牌冰箱的价格比北极熊牌冰箱的价格要低得多，所以，当你买企鹅牌冰箱而不是北极熊牌冰箱时，你花的钱少却能得到同样的制冷效果。"

下面哪一项如果被证实，便能合理地推出售货员的结论的假设？

A. 北极熊牌冰箱的广告比企鹅牌冰箱的广告多。

B. 售货员卖出一台企鹅牌冰箱所得的收入比卖出一台北极熊牌冰箱得到的收入少。

C. 电冰箱的制冷效果仅仅是由它的压缩机的质量决定的。

D. 企鹅牌冰箱每年的销量比北极熊牌冰箱每年的销量大。

3. 加入 W 旱冰俱乐部的要求之一是具备滑旱冰的高超技艺。该俱乐部主席曾表达了这样的忧虑：今年俱乐部在批准接纳会员时，可能会歧视已经具备资格的妇女。但是，今年获准加入俱乐部的申请者当中有一半是妇女。这说明今年俱乐部在接纳会员时没有歧视具备资格的女性申请者。

上述论证的结论所依赖的前提假设是下面哪一项？

A. 今年只有一少部分申请者够资格被接纳为俱乐部成员。

B. 在 W 旱冰俱乐部只有半数滑旱冰的人是妇女。

C. 在 W 旱冰俱乐部，滑旱冰的人中男人只占半数。

D. 在今年审定申请者资格的俱乐部委员会成员中，男人只占半数。

E. 在今年具备加入俱乐部资格的全部申请者中，妇女只占半数。

4. 公正地对待一个人就是毫无偏见地对待他。但我们的朋友通常希望我们把他们的利益看得比别人的利益更为重要。这样，考虑到我们总是努力维持与我们朋友的友谊，我们就不能公正对待我们的朋友。

上述论证必须假定以下哪一项？

A. 在处理非朋友之间的人际关系时，人们能保持公正。

B. 公正的理想与处理大多数人际关系不相干。

C. 与一些人保持密切的朋友关系，在人的一生中非常重要。

D. 一个人不能同时对某个人公正又将对他的利益看得比别人的利益更重要。

5. 关于一项重要的实验结果的报告是有争议的，在某科学家的指导下重复了这项实验，但没有得到与最初实验相同的结果；该位科学家由此得出结论：最初的实验结果是由错误的测量方法造成的。

以下哪项是这位科学家推理的假设？

A. 如果一项实验的结果是正确的，那么，在相同条件下进行实验应得到相同的结果。

B. 由于没有足够详细地记录最初的实验，所以，不大可能完全重复这一实验。

C. 重复实验不会像最初实验那样由于错误的测量方法而导致有问题的结果。

D. 最初的实验结果使得某个理论原则受到质疑，而该原则本身的根据是不充分的。

E. 科学家的结论肯定是正确的。

6. 某纺织厂从国外引进了一套自动质量检验设备。开始使用该设备的 10 月份和 11 月份，产品的质量不合格率由 9 月份的 0.07％和 0.06％降低到 0.02％和 0.02％。因此，使用该设备对减少该厂的不合格产品进入市场起到了重要的作用。

以下哪项是上述论证最可能假设的？

A. 上述设备检测为不合格的产品中，没有一件事实是合格的。

B. 上述设备检测为不合格的产品中，没有一件事实是不合格的。

C. 9 月份检测为合格的产品中，至少有一些是不合格的。

D. 9 月份检测为不合格的产品中，至少有一些是合格的。

E. 上述设备是国内目前同类设备中最先进的。

7. 有一种心理学理论认为，要想快乐，一个人必须与另一个人保持亲密关系。然而，世界上最伟大的哲学家们孤独地度过了他们一生中的大部分时光，并且没有亲密的人际关系。因此，这种心理学理论一定是错误的。

以下哪一项是上面的结论所必须假设的？

A. 世界上最伟大的哲学家们情愿避免亲密的人际关系。

B. 具有亲密的人际关系的人很少孤独地度过自己的时光。

C. 孤独对于哲学家地沉思而言是必要的。

D. 世界上最伟大地哲学家们是快乐的。

8. 某公司实施工间操制度的经验揭示：一个雇员，每周参加工间操的次数越多，全年病假的天数就越少。即使那些每周只参加一次工间操的雇员全年的病假天数，也比那些从不参加工间操的要少。因此，如果大湾公司把每工作日一次的工间操改为上、下午各一次，则能进一步降低雇员的病假率。

为使上述论证成立，以下哪项是必须假设的？

Ⅰ. 每工作日两次工间操，不会影响公司的正常工作。

Ⅱ. 增加工间操的次数，能增加参加工间操的人数。

Ⅲ. 增加工间操的次数，能增加参加工间操的人次。

A. 只有Ⅰ   B. 只有Ⅱ

C. 只有Ⅲ   D. 只有Ⅱ和Ⅲ

E. Ⅰ、Ⅱ和Ⅲ

9. 两组儿童在一起玩耍，一组曾看过具有暴力行为的电视节目，另一组则没看过。在玩耍中，看过具有暴力镜头的电视节目的孩子比那些没看过该类节目的孩子表现出大量的暴力行为。因此，若想阻止孩子在玩耍中表现出来的暴力行为，就不能允许他们观看具有暴力镜头的电视节目。

以下哪一项是上述论证依赖的假设？

A. 在导致两组孩子的行为差异方面，没有其他的原因。

B. 父母对他们的孩子的行为应该负责任。

C. 发生在实际中的暴力行为与观看暴力行为没有必然联系。

D. 具有暴力镜头的电视节目的收视率很高。

E. 受到暴力对待的孩子应当以暴力来回报。

10. 心脏的搏动促使全身血液循环。对同一个人来说，心率越快，单位时间进入循环的血液量越多。血液中的红血球是运输氧气的，一个人单位时间通过血液循环获得的氧气越多，他的体能及其发挥就越佳。因此，为了提高运动员在体育比赛中的竞技水平，应该加强他们在高海拔地区的训练，因为在高海拔地区，人体内每单位体积血液中含有的红血球数量，要高于在低海拔地区。

以下哪项是题干的论证必须假设的？

A. 海拔的高低对运动员的心率不发生影响。

B. 不同运动员的心率基本相同。

C. 运动员的心率比普通人慢。

D. 在高海拔地区训练能使运动员的心率加快。

E. 运动员在高海拔地区的心率不低于在低海拔地区。

11. 人们大都认为，科学家的思维都是凭借严格的逻辑推理，而不是凭借类比、直觉、顿悟等形象思维手段。但研究表明，诺贝尔奖获得者比一般科学家更多地利用这些形象思维手段。因此，形象思维手段有助于取得重大的科学突破。

以上结论是建立在以下哪项假设基础上的？

A. 有条理的，逐步的推理对于一般科学研究是必不可少的。

B. 诺贝尔奖获得者有能力凭借类比、直觉、顿悟来进行创造性思维。

C. 诺贝尔获得者取得了重大的科学突破。

D. 诺贝尔奖获得者比一般科学家更为聪明和勤奋。

12. W 公司制作的正版音乐光盘每张售价 25 元，赢利 10 元。而这样的光盘的盗版制品每张仅售价 5 元。因此，这样的盗版光盘如果销售 10 万张，就会给 W 公司造成 100 万元的利润损失。

为使上述论证成立，以下哪项是必须假设的？

A. 每个已购买各种盗版制品的人，若没有盗版制品可买，都仍会购买相应的正版制品。

B. W 公司制作的上述正版光盘价格偏高是造成盗版光盘充斥市场的原因。

C. 上述盗版光盘的单价不可能低于 5 元。

D. 与上述正版光盘相比，盗版光盘的质量无实质性的缺陷。

E. 如果没有盗版光盘，W 公司的上述正版音乐光盘的销售量不会少于 10 万张。

13—14 题基于以下题干：

史密斯：根据《国际珍稀动物保护条例》的规定，杂种动物不属于该条例的保护对象。《国际珍稀动物保护条例》的保护对象中，包括赤狼。而最新的基因研究技术发现，一直被认为是纯种物种的赤狼实际上是山狗与灰狼的杂交种。由于赤狼明显需要保护，所以条例应当修改，使其也保护杂种动物。

张大中：您的观点不能成立。因为，如果赤狼确实是山狗与灰狼的杂交种的话，那么，即使现有的赤狼灭绝了，仍然可以通过山狗与灰狼的杂交来重新获得它。

13. 以下哪项最为确切地概括了张大忠与史密斯争论的焦点？

A. 赤狼是否为山狗与灰狼的杂交种。

B. 国际珍稀动物保护条例的保护对象中，是否应当包括赤狼。

C. 国际珍稀动物保护条例的保护对象中，是否应当包括杂种动物。

D. 山狗与灰狼是否都是纯种物种。

E. 目前赤狼是否有灭绝的危险。

14. 以下哪项最可能是张大中的反驳所假设的？

A. 目前用于鉴别某种动物是否为杂种的技术是可靠的。

B. 赤狼并不是山狗与灰狼的杂交种。

C. 山狗与灰狼都是纯种物种。

D. 国际珍稀动物保护条例执行效果良好。

E. 所有现存杂种动物都是现存纯种动物杂交的后代。

15. 东北地区平均每亩土地仅能生产 200 公斤大豆，却能产出 1200 公斤的小麦，或者说是大豆产量的 6 倍。于是，只要当大豆的价格预计比小麦的价格高出 6 倍以上时，希望利润最大化的农民就会种植大豆而非小麦。

以上论证依据下列哪个假设？

A. 比起一亩小麦来讲，种植一亩的大豆并把它拿到市场上去销售所花费的成本并不高。

B. 比起一亩小麦来讲，种植一亩的大豆并把它拿到市场上去销售所花费的成本并不低。

C. 通过选择耕种哪种粮食，农场主对这些粮食的价格施加了显著的影响。

D. 农民与其他职业的人一样，希望使利润最大化。

E. 谷物的价格变化很快，农民不能改变种植不同谷物的面积来适应这种变化。

16—17 基于以下题干：

张教授：智人是一种早期人种。最近在百万年前的智人遗址发现了烧焦的羚羊骨头碎片的化石。这说明人类在自己进化的早期就已经知道用火来烧肉了。

李研究员：但是在同样的地方也同时发现了被烧焦的智人骨头碎片的化石。

16. 以下哪项最可能是李研究员所要说明的？

A. 百万年前森林大火的发生概率要远高于现代。

B. 百万年前的智人不可能掌握取火用火的技能。

C. 上述羚羊的骨头不是被人控制的火烧焦的。

D. 羚羊并不是智人所喜欢的食物。

E. 研究智人的正确依据，是考古学的发现，而不是后人的推测。

17. 以下哪项最可能是李研究员的议论所假设的？

A. 包括人在内的所有动物，一般不以自己的同类为食。

B. 即使在发展的早期，人类也不会以自己的同类为食。

C. 上述被发现的智人骨头碎片的化石不少于羚羊骨头碎片的化石。

D. 张教授并没有掌握关于智人研究的所有考古资料。

E. 智人的主要食物是动物而不是植物。

18. 安娜小姐说："总的来说，现在的工科学生比过去的懒惰得多，因为我的学生中认真做作业的人越来越少"。

上述结论是建立在以下哪种假设之上的？

A. 工科学生在市场经济中花费越来越多的时间去研究工作机会而花在学习上的时间却减少了。

B. 学生是否做作业是判断懒惰的一个标准。

C. 工科学生比文科学生更应该努力学习。

D. 安娜小姐的学生不做作业，是因为现在安娜小姐对教学没有像过去那样认真负责。

E. 懒惰是人们所不愿抛弃的东西。

19. 连续四年的统计数据表明：加利福尼亚在转换夏时制时，交通事故数比平常增加了 4%，这些统计表明夏时制的转换对司机的警觉性会产生有害的影响。

上述结论是建立在以下哪种假设之上的？

A. 没有其他的因素会导致这段时间发生交通事故。

B. 所观察的交通事故都是些并不严重的事故。

C. 统计的四年时间不够长，不能做出正确的判断。

D. 加利福尼亚的司机与其他州的司机有相同的驾驶方式。

E. 一年内其他时间的时间变化不会产生类似的交通事故率

的增加。

20. 一些受大众喜爱的电视广告是那些幽默广告。但是，作为一种广告艺术，幽默有它的弱点。研究表明，许多幽默广告的观众清晰地记得这则广告，却几乎没有人能记得广告中被推销产品的名字，这使得人们对幽默广告的效力产生怀疑。无论怎样，有趣的或者让人高兴的广告会增加产品的销量。

上述论证以下列哪项为假设？

A. 幽默广告有降低观众眼中产品可信度的倾向。

B. 令人高兴的、幽默的广告比严肃的广告更不容易被记住。

C. 一则在产品名称的设计上失败的商业广告不会增加产品的销量。

D. 幽默广告可以使看广告的兴趣转向娱乐。

E. 广告的最终目的使增加被推销产品的知名度。

21. 实验发现，少量口服某种类型的安定药物，可使人们在测谎器的测验中撒谎而不被发现。测谎器所产生的心理压力能够被这类安定药物有效地控制，同时没有显著的副作用。因此，这类药物可同样有效地减少日常生活的心理压力而无显著的副作用。

以下哪项最可能是题干的论证所假设的？

A. 任何类型的安定药物都有抑制心理压力的效果。

B. 如果禁止测试者服用任何药物，测谎器就有完全准确的测试效果。

C. 测谎器所产生的心理压力与日常生活人们面临的心理压力类似。

D. 大多数药物都有副作用。

E. 越来越多的人在日常生活中面临日益加重的心理压力。

22. 卫生部要求明年全国各医院完成的器官移植手术不少于10000例。这个目标恐怕很难达到：因为据统计，近年来，我国在交通事故中死亡的人数呈逐年下降的趋势。

以下哪项，是上述论证所必须假设的？

Ⅰ.交通事故死亡人员的器官,是完成移植手术所需的人体器官的一个重要来源。

Ⅱ.明年对器官移植的需求不少于10000例。

Ⅲ.只有非正常死亡的人体的器官,才符合器官移植手术的需要。

A. 只有Ⅰ。

B. 只有Ⅱ。

C. 只有Ⅰ和Ⅱ。

D. 只有Ⅰ和Ⅲ。

E. Ⅰ、Ⅱ和Ⅲ。

23. 是过于集中的经济模式,而不是气候状况,造成了近年来H国糟糕的粮食收成。K国和H国耕地条件基本相同,但当今H国的粮食收成连年下降的时候,K国的粮食收成却连年上升。

为使上述论证有说服力,以下哪项是必须假设的?

Ⅰ.近年来H国的气候状况不比K国差。

Ⅱ.K国并非采取过集中的经济模式。

Ⅲ.气候状况不是影响粮食收成的重要因素。

A. 只有Ⅰ。　　　　　　　B. 只有Ⅱ。

C. 只有Ⅲ。　　　　　　　D. 只有Ⅰ和Ⅱ。

E. Ⅰ、Ⅱ和Ⅲ。

24. 在四川的一些沼泽地中,剧毒的链蛇和一些无毒蛇一样,在蛇皮表面都有红白黑相间的鲜艳花纹。而就在离沼泽地不远的干燥地带,链蛇的花纹中没有了红色;奇怪的是,这些地区的无毒蛇的花纹中同样没有了红色。对这种现象的一个解释是,在上述沼泽和干燥地带中,无毒蛇为了保护自己,在进化过程中逐步变异为和链蛇具有相似的体表花纹。

以下哪项最可能是上述解释所假设的?

A. 毒蛇比无毒蛇更容易受到攻击。

B. 在干燥地区,红色是自然界中的一种常见色,动物体表的红色较不容易被发现。

C. 链蛇体表的颜色对其捕食的对象有很强的威慑作用。

D. 蛇在干燥地带比在沼泽地带更易受到攻击。

E. 以蛇为食物的捕猎者尽量避免捕捉剧毒的链蛇，以免在食用时发生危险。

25. 生活成本与一个地区的主导行业支付的工资平均水平呈正相关。例如，某省雁南地区的主导行业是农业，而龙山地区的主导行业是汽车制造业，由此，我们可以得出结论，龙山地区的生活成本一定比雁南地区高。

以下哪项最可能是上文所做的假设？

A. 龙山地区的生活质量比雁南地区高。

B. 雁南地区参与汽车制造业的人比龙山地区少。

C. 汽车制造业支付的工资平均水平比农业高。

D. 龙山地区的生活成本比其他地区都高。

E. 龙山地区的居民希望离开龙山地区，到生活成本较低的地区生活。

26. 为了提高管理效率，跃进公司打算更新公司的办公网络系统。如果在白天安装此网络系统，将会中断员工的日常工作；如果夜晚安装此网络系统，则要承担高得多的安装费用。跃进公司的陈经理认为：为了省钱，跃进公司应该白天安装此网络系统。

以下哪项最可能是陈经理所作的假设？

A. 安装新的网络系统需要的费用白天和夜晚是一样的。

B. 在白天安装网络系统导致误工损失的费用，低于夜晚与白天安装费用的差价。

C. 白天安装网络系统所需要的人数比夜晚网络系统的人要少。

D. 白天安装网络系统后公司员工可以立即投入使用，提高工作效率。

E. 当白天安装网络系统时，公司员工的工作积极性和效率最高。

27. 众所周知，高的血液胆固醇水平会增加由血液凝结而引起的中风的危险性。但是，最近的一篇报告指出，血液胆固醇水平低使人患其他致命类型的中风，即脑溢血（由大脑的动脉血管破裂而引起）的危险性在增大。报告建议，因为血液胆固醇在维持细胞膜的韧性方面起着非常重要的作用，所以低的血液胆固醇会削弱动脉血管壁的强度，从而使它们易于破裂。由此，上述结论证实了日本研究者长期争论的问题，即西方饮食比非西方饮食能更好地防止脑溢血。

上述论述基于下面哪条假设？

A. 与非西方饮食相比，西方饮食易使人产生较高的血液胆固醇。

B. 西方饮食比非西方饮食更有益于健康。

C. 高的血液胆固醇水平能消除动脉血管的衰弱。

D. 脑溢血比血液凝结引起的中风更危险。

E. 血压低的人患脑溢血的危险性在增大。

28. 如果不设法提供低收入者的收入，社会就不稳定；假如不让民营经济者得到回报，经济就上不去。面对收入与分配的两难境地，倡导"效率优先，兼顾公平"是正确的，如果听信"公平优先，兼顾效率"的主张，我国的经济就会到"既无效率，又无公平"的年代。

以下哪项陈述是上述论证所依赖的假设？

A. 当前社会的最大问题是收入与分配的两难问题。

B. 在收入与分配的两难境地之间，还有第三条平衡的道路。

C. "效率与公平并重"优于"效率优先，兼顾公平"和"公平优先，兼顾效率"。

D. 倡导"效率优先，兼顾公平"不会使经济回到"既无效率，又不公平"的年代。

E. 只要坚持让民营经济者得到回报，经济就肯定能发展。

29. 小红装病逃学了一天，明明答应为她保密。事后，知道事情底细的老师对明明说，我和你一样，都认为违背承诺是一件不好的事；但是，任何人的交往，事实上都存在一个潜在的承诺，这就是说真话，任何谎言都违背这一承诺。因此，如果事实上小红确实装病逃学，那么，你即使已经承诺为她保密，也应该对我说实话。

要使老师的话成立，以下哪项是必须假设的？

A. 说谎比违背其他承诺更有害。

B. 有时，违背承诺并不是一件坏事。

C. 任何潜在的承诺都比公开的承诺更重要。

D. 每一个人都不应该违背任何承诺。

E. 违背潜在的承诺有时要比违背公开的承诺更不好。

30. 许多影视放映场所为了增加其收入，把一些并不包含有关限制内容的影视片也标以"少儿不宜"。他们这样做是因为确信以下哪项断定：

（1）成人观众在数量上要大大超过少儿观众。

（2）"少儿不宜"的影视片对成年人无害。

（3）成年人普遍对"少儿不宜"的影视片感兴趣。

A. 仅（1）　　　　　　　B. 仅（1）和（3）。

C. 仅（2）和（3）。　　　D. 仅（1）、（2）和（3）。

E. 仅（1）、（2）和（3）。

31. 欧洲蕨是一种有毒的野草，近年来在北半球蔓延并且毁坏了许多牧场。对付这种野草有一种花钱少而且能够自我维持的方法，就是引进这种植物的天敌。因此，一些科学家建议，将产于南半球的以欧洲蕨为食的蛾子放养到受这种野草影响的北半球地区，以此来控制欧洲蕨的生长。

如果科学家控制欧洲蕨的建议被采纳，以下哪一项是它获得成功的必要条件？

A. 北半球的这种欧洲蕨也生长在南半球气候和土壤条件相近的地区。

B. 所放养的蛾子除了吃欧洲蕨外，也吃生长在北半球的其他野草。

C. 所放养的蛾子能够在北半球存活下来，并且能够形成一个足够大的群体，以便降低欧洲蕨的数量并阻止其生长。

D. 欧洲蕨的数量减少后，牲畜将对这种野草引起的疾病产生免疫力。

32. 在过去五年里，新商品房的平均价格每平方米增加了25%。在同期的平均家庭预算中，购买商品房的费用所占的比例保持不变。所以，在过去五年里，平均家庭预算也一定增加了25%。

以下哪项关于过去五年情况的陈述是上面论述所依赖的假设？

A. 在过去的五年中，平均每个家庭人口总数不变。

B. 用于食品和子女教育方面的费用在每个家庭预算中所占的比例保持不变。

C. 全国范围内用来购买新商品房的费用的总量增加了25%。

D. 所有与住房有关的花费在每个家庭预算中所占的比例保持不变。

E. 平均每个家庭所购买的新商品房的面积保持不变。

33. 宏达山钢铁公司由5个子公司组成。去年，其子公司火龙公司试行与利润挂钩的工资制度，其他子公司则维持原有的工资制度。结果，火龙公司的劳动生产率比其他子公司的平均劳动生产率高出13%。因此，在宏达山钢铁公司实行与利润挂钩的工资制度有利于提高该公司的劳动生产率。

以下哪项最可能是上述论证所假设的？

1. 除了工资制度方面有差异，在其他的方面，比如生产设备等方面，各子公司差异不大。

2. 火龙公司原来的劳动生产率，和其他各子公司原来的平均劳动生产率基本相同。

3. 火龙公司的生产设备不比其他各子公司的设备更先进。

A. 1、2、3。　　　　　　B. 仅 1、2。

C. 仅 2、3。　　　　　　D. 仅仅 1。

E. 仅仅 2。

34. 类人猿和其后的史前人类所使用的工具很相似。最近在东部非洲考古所发现的古代工具，就属于史前人类和类人猿都使用过的类型。但是，发现这些工具的地方是热带大草原，热带大草原有史前人类居住过。而类人猿只生活在森林中。因此，这些被发现的古代工具是史前人类而不是类人猿使用过的。

为使上述论证有说服力，以下哪项是必须假设的？

A. 即使在相当长的环境生态变化过程中，森林也不会演变为草原。

B. 史前人类从未在森林中生活过。

C. 史前人类比类人猿更能熟练地使用工具。

D. 史前人类在迁移时并不携带工具。

E. 类人猿只能使用工具，并不能制造工具。

35. 面试是招聘的一个不可取代的环节，因为通过面试，可以了解应聘者的个性。那些个性不适合的应聘者将被淘汰。

以下哪项是上述论证最可能假设的？

A. 在招聘各环节中，面试比其他环节更重要。

B. 个性是确定录用应聘者的最主要因素。

C. 只有经验丰富的招聘者才能通过面试准确把握应聘者的个性。

D. 应聘者的个性很难通过招聘的其他环节展示。

E. 面试的唯一目的是了解应聘者的个性。

36. 研究显示，大多数有创造性的工程师，都有在纸上乱涂乱画，并记下一些看来稀奇古怪想法的习惯。他们的大多数最有价值的设计，都直接与这种习惯有关。而现在的许多工程师都用电脑工作，在纸上乱涂乱画不再是一种普遍的习惯。一些专家担心，这会影响工程师的创造性思维，建议在用于工程设计的计算机程序中匹配模拟的便条纸，能让使用者在上面涂鸦。

以下哪项最可能是上述建议所假设的？

A. 在纸上乱涂乱画，只可能产生工程设计方面的灵感。

B. 计算机程序中匹配的模拟便条纸，只能用于乱涂乱画或记录看来稀奇古怪的想法。

C. 所有用计算机工作的工程师都不会备有纸笔以随时记下有意思的想法。

D. 工程师在纸上乱涂乱画所记下的看来稀奇古怪的想法，大多数都有应用价值。

E. 乱涂乱画所产生的灵感并不一定通过在纸上的操作获得。

37. 公司治理取决于立法者所制定的法律。然而，仅有法律是不够的，还必须依赖为管理者制定的最优行动准则。比如"公司的董事应该具有卓越的才能"这条准则，对于什么是"卓越的才能"，法律不能给出它的标准定义。最优行动准则的优势就是它采纳弹性比较大的标准。

以下哪项陈述时上属论证所依赖的假设？

A. 只有当法律能够实施的时候，法律才会有作用。

B. 采纳弹性比较小的标准不能发挥最优行动准则的优势。

C. 采纳弹性比较大的标准制定法律会给法律的实施带来麻烦。

D. 即使只能发挥最有行动准则的优势，法律还是不能缺少的。

E. 如果采用最有行动准则，会给企业带来非常好的执行力。

38. 哲学应当在那些学生年纪很小的时候就教给他们。这样就能慢慢地灌输给他们对那些在别的时候也许毫无问题地就接受了的观念的健康有益的怀疑论。

上面的推论做了以下哪项假设？

Ⅰ. 学生如果不是在很小的年纪就接触哲学，他们就能够多接受一些观念。

Ⅱ. 甚至在很小的年纪，学生们就能够懂得一些哲学概念。

Ⅲ. 学生们对传统观念质疑是很好的主意。

A. 仅Ⅰ、Ⅱ。

B. 仅Ⅱ、Ⅲ。

C. 仅Ⅱ。

D. 仅Ⅲ。

E. Ⅰ、Ⅱ、Ⅲ。

39. 陈先生：北欧人具有一种特别明显的乐观精神。这种精神体现为日常生活态度，也体现为理解自然、社会和人生的哲学理念，北欧人的人均寿命历来是最高的，这正是导致他们具备乐关精神的重要原因。

贾女士：你的说法难以成立。因为你的理解最多只能说明，北欧的老年人为何具备乐观精神。

以下哪项最能是贾女士的反驳所假设的？

A. 北欧的中青年人并不知道北欧人的人均寿命历来是最高的。

B. 北欧人实际上并不具有明显的乐观精神。

C. 北欧国家都是完善的保护老年人利益的社会福利制度。

D. 成熟的理解自然、社会和人生的哲学理念，只有老年人才可能具有。

E. 只有已经长寿的人，才具备产生上述乐观精神的条件。

40. 自从有皇帝以来，中国的正史都是皇帝自己家的日记，那是皇帝的标准像，从中不难看出皇帝的真实形态来。要了解皇帝的真面目，还必须读野史，那是皇帝的生活写照。

以下哪项陈述是上述论证所依赖的假设？

A. 所有正史记述的都是皇帝家私人的事情。

B. 只有读野史，才能知道皇帝那些鲜为人知的隐私。

C. 只有将正史和野史结合起来，才能看出皇帝的真面目。

D. 正史记述的是皇帝治国的大事，野史记述的则是皇帝日常的小事。

E. 如果既读野史，又读正史，那就一定能了解历史的真面目。

41. 历史的真实不等于真实的历史。鲁迅说《史记》是"史家之绝唱，无韵之离骚"。好的史学作品必须突破那层僵化的历史真实观，直接触及到历史人物的灵魂，写出历史的本质真实来。

以下哪项陈述是上述论证所依赖的假设？

A. 好的史学作品既忠实地报导历史事实，又生动的刻画人物的灵魂。

B. 仅仅忠实地记述历史事实的史学作品不是好的史学作品。

C. 在所有史学作品中，只有《史记》是好的史学作品。

D. 只是生动刻画历史人物灵魂，没有报导历史事实的作品不是史学作品。

E. 如果作品直接触及历史人物的灵魂，那就一定是好作品。

42. 只要待在学术界，小说家就不能变伟大。学院生活的磨炼所积累起来的观察和分析能力，对小说家非常有用。但是，只有沉浸在日常生活中，才能靠直觉把握生活的种种情感，而学院生活显然与之不相容。

以下哪项陈述时上述论证所依赖的假设？

A. 伟大的小说家都有观察和分析能力。

B. 对日常生活中情感的把握不可能只通过观察和分析来获得。

C. 没有对日常生活中情感的直觉把握，小说家就不能成就其伟大。

D. 伴随着对生活的投入和理智的观察，会使小说家变得伟大。

E. 小说家不能变得伟大的原因是因为他待在学术界。

43. 一个著名的歌手获得了一场诉讼的胜利，控告一个广告公司在一则广告里使用了由另一名歌手对一首众所周知的由该著名歌手演唱的歌曲进行的翻唱版本。这场诉讼的结果，广告公司将停止在广告中使用模仿者的版本。因此，由于著名歌手的演唱费用比他们的模仿者要高，广告费用将上升。

以上结论基于以下哪项假设?

A. 大多数人无法将一个著名歌手某一首歌的版本同一个好的模仿者对同一首歌的演唱区分开来。

B. 使用著名歌手做广告通常比使用著名歌手的模仿者做广告更有效果。

C. 一些广为人知的歌曲的原版不能在广告中使用。

D. 广告公司将继续使用模仿者来模仿著名歌手的形体动作。

E. 广告公司将在广告中使用由著名歌手演唱的歌曲的版本。

44. 研究人员发现免疫系统功能差的人比正常免疫功能或免疫功能强的人精神健康方面较差。研究人员从这项实验得出结论:免疫系统保护人们抵御精神疾病和身体的疾病。

上述论证依赖下列何者假设?

A. 免疫功能强的人比正常的人能更好地保护抵御精神疾病。

B. 精神疾病与身体的疾病对人体的影响相同。

C. 精神疾病不会导致免疫功能减退。

D. 免疫功能强的人不会得精神疾病。

E. 精神病的心理治疗不如药物治疗有效。

45. 一个人到底是做出好的行为还是做出坏的行为,跟他生命的长短有关。如果他只活一天的话,他去偷人家东西是最好的,因为他不会遭受担心被抓住的痛苦。对于还能活 20 年的人来说偷人家东西就不是最好的,因为他会遭受担心被抓住的痛苦。

以下哪项陈述是上述论证所依赖的假设?

A. 一个人在决定是否去偷人家东西之前,能确切地知道他还能活多久。

B. 凡是去偷人家东西的人都活不了几天。

C. 只要没有被抓住,担心被抓住不会给人带来痛苦,因为偷东西的人早有思想准备。

D. 一个知道自己活不了几天的人,通常会选择做些好事而不是去做坏事。

E. 如果一个人决定偷东西，那是因为他想偷。

46. 患有行为紊乱症的动物的大脑组织中，含有大量的铝元素。由于一种硅基化合物可以固定这些铝元素，并阻止其影响大脑组织，所以，这种化合物可以用来治疗动物的行为紊乱症。

上述论证基于以下哪项未陈述的前提？

A. 将这些硅基化合物引入大脑后不会有任何副作用。

B. 这些铝元素是行为紊乱症的病因，而不是结果。

C. 不同种类的动物需要不同量的硅基化合物来治疗。

D. 正常的动物大脑组织中不含铝元素。

E. 治疗动物的行为紊乱症还有其他的方法。

47. 积极的财政政策用发国债的办法来弥补财政赤字，旧债到期了，本息要还，发行的新债中有一部分要来还旧债。随着时间的推移，旧债越来越多，新债中用来还旧债的也越来越多，用来投资的就越来越少，经济效益就越来越差。

以下哪项陈述是以上论证所依赖的假设？

A. 积极的财政政策所产生的经济效益是递减的。

B. 积极的财政政策所筹集的资金只能用于基础设施的建设。

C. 用发国债的办法来弥补财政赤字的做法不能长期使用。

D. 积极的财政政策是不好的。

E. 国债在到期之前，其投资回报不足以用来偿还债务。

48. 中国的历史上，一般都给官员比较低的薪水，这样皇帝好控制他，因为薪水低了以后，官员肯定要贪污。皇帝就可以抓住这个把柄，想治他就治他。如果薪水高了，官员不用贪污的话，皇帝就没办法治他了。

以下哪项是上述论证说依赖的假设？

A. 迫使官员贪污是皇帝控制官员最愚蠢的方法。

B. 迫使官员贪污是皇帝控制官员最廉价的方法。

C. 迫使官员贪污是皇帝控制官员的唯一方法。

D. 迫使官员贪污是皇帝控制官员最好用的方法。

E. 如果官员贪污，那么皇帝就能控制他。

49. 交通部科研所最近研制了一种自动照相机，凭借其对速度的敏锐反应，当且仅当违规超速的汽车经过镜头时，它会自动按下快门。在某条单向行驶的公路上，在一个小时中，这样的一架照相机共摄下了50辆超速的汽车的照片。从这架照相机出发，在这条公路前方的1公里处，一批交通警察于隐蔽处在进行目测超速汽车能力的测试。在上述同一个小时中，某个警察测定，共有25辆汽车超速通过。由于经过自动照相机的汽车一定经过目测处，因而可以推定，这个警察的目测超速汽车的准确率不高于50%。

要使题干的推断成立，以下哪项是必须假设的？

A. 在该警察测定为超速的汽车中，包括在照相机处不超速而到目测处超速的汽车。

B. 在该警察测定为超速的汽车中，包括在照相机处超速而到目测处不超速的汽车。

C. 在上述一个小时中，在照相机前不超速的汽车，到目测处不会超速。

D. 在上述一个小时中，在照相机前超速的汽车，都一定超速通过目测处。

E. 在上述一个小时中，通过目测处的非超速汽车一定超过25辆。

50. 香蕉叶斑病是一种严重影响香蕉树生长的传染病，它的危害范围遍及全球。这种疾病可由一种专门的杀菌剂有效控制，但喷洒这种杀菌剂会对周边人群的健康造成危害。因此，在人口集中的地区对小块香蕉林喷洒这种杀菌剂是不妥当的。幸亏规模香蕉种植园大都远离人口集中的地区，可以安全地使用这种杀菌剂。因此，全世界的香蕉产量，大部分不会受到香蕉叶斑病的影响。

以下哪项最可能是上述论证所假设的？

A. 人类最终可以培育出抗叶斑病的香蕉品种。

B. 全世界生产的香蕉，大部分产自规模香蕉种植园。

C. 和在小块香蕉林中相比，香蕉叶斑病在规模香蕉种植园中传播得较慢。

D. 香蕉叶斑病是全球唯一危害香蕉生长的传染病。

E. 香蕉叶斑病不危害其他植物。

51. 一般而言，科学家总是把创新性研究当作自己的目标，并且只把同样具有此种目标的人作为自己的同行。因此，如果有的科学家因为向大众普及科学知识而赢得赞誉，虽然大多数科学家会认同这种赞誉，但不会把这样的科学家作为自己的同行。

为使上述论证成立，以下哪项是必须假设的？

Ⅰ. 创新性科学研究比普及科学知识更重要。

Ⅱ. 大多数科学家以为普及科学知识不需要创新性研究。

Ⅲ. 大多数科学家认为，从事普及科学知识不可能同时进行创新性研究。

A. 只有Ⅰ。　　　　　　　　B. 只有Ⅱ。

C. 只有Ⅲ。　　　　　　　　D. 只有Ⅱ和Ⅲ。

E. Ⅰ、Ⅱ和Ⅲ。

52. 在近现代科技的发展中，技术革命从发明、应用到推广的循环过程不断加快，世界经济的繁荣是建立在导致新产业诞生的连续不断的技术革命之上的。因此，产业界需要增加科研投入以促使经济进一步持续发展。

上述论证基于以下哪项假设？

Ⅰ. 科研成果能够产生一系列新技术、新发明。

Ⅱ. 电讯、生物制药、环保是目前技术革命新循环最快的产业，将会在未来几年中产生大量的新技术、新发明。

Ⅲ. 目前产业界投入科研的资金量还不足以确保一系列新技术、新发明的产生。

A. 仅Ⅰ。　　　　　　　　　B. 仅Ⅲ。

C. 仅Ⅰ和Ⅱ。　　　　　　　D. 仅Ⅰ和Ⅲ。

E. Ⅰ/Ⅱ和Ⅲ。

53. 全国政协常委、著名社会学家、法律专家钟万春教授认为：我们应当制定全国性的政策，用立法的方式规定父母每日与未成年子女共处的时间下限。这样的法律能够减少子女平日的压力。因此，这样的法律也就能够使家庭幸福。

以下各项如果为真，哪项能够加强上述的推论？

A. 父母有责任抚养好自己的孩子，这是社会对每一个公民的起码的要求。

B. 大部分的孩子平常都能够与父母经常地在一起。

C. 这项政策的目标是降低孩子们在平日生活中的压力。

D. 未成年孩子较高的压力水平是成长过程以及长大后家庭幸福很大的障碍。

E. 父母现在对孩子多一份关心，就会减少日后很多的操心。

54. 在司法审判中，所谓肯定性误判是指把无罪者判为有罪，否定性误判是指把有罪者判为无罪。肯定性误判就是所谓的错判，否定性误判就是所谓的错放。而司法公正的原则是"不放过一个坏人，不冤枉一个好人"。某法学家认为，目前，衡量一个法院在办案中是否对司法公正的原则贯彻足够的好，就看它的肯定性误判率是否足够低。

以下哪项，如果为真，最能支持上述法学家的观点？

A. 错放，只是放过了坏人，错判，则是既放过了坏人又冤枉了好人。

B. 宁可错判，不可错放，是"左"的思想在司法界的反映。

C. 错放造成的损失，大多是可弥补的，错判对被害人造成的伤害，是不可弥补的。

D. 各个法院的办案正确率普遍有明显的提高。

E. 各个法院的否定性误判率基本相同。

55. 提高教师应聘标准并不是引起目前中小学师资短缺的主要原因。引起中小学师资短缺的主要原因，是近年来中小学教学条件的改进缓慢，以及教师的工资的增长不能与其他行业同步。

以下哪项如果为真，最能加强上述断定？

A. 许多教师把应聘标准的提高视为师资短缺的理由。

B. 有些能胜任教师的人，把应聘标准的提高作为自己不愿执教的理由。

C. 许多在岗但不能胜任的教师，把低工资作为自己不努力进取的理由。

D. 虽然还有别的原因，收入低是许多教师离开教育岗位的理由。

E. 决策部门强调提高应聘标准是师资短缺的主要原因，以此作为不给教师加工资的理由。

56. 美国联邦所得税是累进税，收入越高，纳税率越高。美国有的州还在自己管辖的范围内，在绝大部分出售的价格上附加7%左右的销售税。如果销售税也被视为所得税的一种形式的话，那么，这种税收是违背累进原则的：收入越低，纳税率越高。

以下哪项，如果为真，最能加强题干的议论？

A. 人们花在购物上的钱基本上是一样的。

B. 近年来，美国的收入差别显著扩大。

C. 低收入者有能力支付销售税，因为他们缴纳的联邦所得税相对较低。

D. 销售税的实施，并没有减少商品的销售总量，但出售的商品比例有所变动。

E. 美国的大多数州并没有征收销售税。

57. 由于常规服用抗菌素会引起细菌的抗药性。但是，某些科学家认为人体中的抗药性细菌起源于吃了受细菌感染的肉。

下列何者如果为真，最能加强科学家的假说？

A. 在饲养的牲畜中都含有抗菌素，使得饲养者大大增加他们所饲养的牲畜的增长率。

B. 因受细菌感染的肉而食物中毒的大多数人都用抗菌素进行治疗。

C. 城市比农村抗药性细菌的发生率高。

D. 从来不用抗菌素的人最少可能有抗药性细菌。

E. 家畜的饲养者声称，动物中的抗药性的细菌不可能通过感染的肉传给人。

58. 番茄红素、谷胱甘肽、谷氨酰胺是有效的抗氧化剂，这些抗氧化剂可以中和体内新陈代谢所产生的自由基。体内自由基过量会加速细胞的损伤从而加速人的衰老。因而为了延缓衰老，人们必须在每天饮食中添加这些抗氧化剂。

以下哪项如果为真，最能削弱上述论证？

A. 体内自由基不是造成人衰老的唯一原因。

B. 每天参加运动可有效中和甚至清除体内的自由基。

C. 抗氧化剂的价格普通偏高，大部分消费者难以承受。

D. 缺乏锻炼的超重者在体内极易出现自由基过量。

E. 吸烟是导致体内细胞损伤的主要原因之一。

59. 牙齿患龋率和饮用水的氟含量有直接关系，研究表明长期饮用含氟量低的饮用水的人平均患龋率是饮用含氟量高的 3 倍。因为氟化物能够有效地保护牙齿。

下列哪项如果为真，将最有力地支持以上结论？

A. 氟化钙除了保护牙齿外，无任何毒副作用。

B. 饮用含氟量低的饮用水的人数是饮用含氟量高的 3 倍。

C. 用含氟牙膏每天刷牙两次能够有效地预防龋齿。

D. 我国城市人均患龋率为 1.2 颗牙/人。

E. 人工合成的氟化物已经可以替代天然氟化物的作用。

60. 关节尿酸炎是一种罕见的严重关节疾病。一种传统的观点认为，这种疾病曾于 2500 年前在古埃及流行，其根据是在所发现的那个时代的古埃及木乃伊中，有相当高的比例可以发现患有这种疾病的痕迹。但是，最近对于上述木乃伊骨骸的化学分析使科学家们推测，木乃伊所显示的关节损害实际上是对尸体进行防腐处理时所使用的化学物质引起的。

以下哪项如果为真，最能进一步加强对题干所提及的传统观点的质疑？

A. 在我国西部所发现的木乃伊中，同样可以发现患有关节尿酸炎的痕迹。

B. 关节尿酸炎是一种遗传性疾病，但在古埃及人的后代中这种病的发病率并不比一般的要高。

C. 对尸体进行成功的防腐处理，是古埃及人一项密不宣人的技术，科学家至今很难确定他们所使用物质的化学性质。

D. 在古代中东文物艺术品的人物造型中，可以发现当时的人患有关节尿酸炎的参考证据。

E. 在其他国家发现的木乃伊，患有这种疾病的比例还很高。

61. 在美国，近年来在电视卫星的发射和操作中事故不断，这使得不少保险公司不得不面临巨额赔偿，这不可避免地导致了电视卫星的保险金的猛涨，使得发射和操作电视卫星的费用变得更为昂贵。为了应付昂贵的成本，必须进一步开发电视卫星更多的尖端功能来提高电视卫星的售价。

以下哪项如果为真，和题干的断定一起，最能支持这样一个结论，即电视卫星的成本将继续上涨？

A. 承担电视卫星保险业风险的只有为数不多的几家大公司，这使得保险金必定很高。

B. 美国电视卫星业面临的问题，在西方发达国家带有普遍性。

C. 电视卫星目前具备的功能已能满足需要，用户并没有对此提出新的要求。

D. 卫星的故障大都发生在进入轨道以后，对这类故障的分析及排除变得十分困难。

E. 电视卫星具备的尖端功能越多，越容易出问题。

62. 喜欢甜味的习性曾经对人类有益，因为它使人在健康食品和非健康食品之间选择前者。例如成熟的水果是甜的，不成熟的水果则不甜，喜欢甜味的习性促使人类选择成熟的水果。但是，现在的食糖是经过精制的。因此，喜欢甜味不再是一种对人有益的习性，因为精制食糖不是健康食品。

以下哪项如果为真，最能加强上述论证？

A. 绝大多数人都喜欢甜味。

B. 许多食物虽然生吃有害健康，但经过烹饪则可成为极有营养的健康食品。

C. 有些喜欢甜味的人，在一道甜点心和一盘成熟的水果之间，更可能选择后者。

D. 喜欢甜味的人，在含食糖的食品和有甜味的自然食品（例如成熟的水果）之间，更可能选择前者。

E. 史前人类只有依赖味觉才能区分健康食品和非健康食品。

63. 发达国家中冠心病的发病率是发展中国家的将近3倍。有人认为这要归咎于发达国家中人们的高脂肪、高蛋白、高热量的食物摄入。相对来说，发展中国家较少有人具备生这种富贵病的条件。其实，这种看法很难成立。因为它忽略了这样一个事实：目前发达国家的人均寿命高于70岁，而发展中国家则不到50岁。

以下哪项如果为真，最能加强上述反驳？

A. 一个人的寿命越长，在其有生之年患有某种疾病的概率越高。

B. 统计资料显示，冠心病相对集中在中老年阶段，即45岁以上。

C. 发展中国家人们的高脂肪、高蛋白、高热量食物的摄入量，无论是总量还是人均量，都在逐年增长。

D. 目前冠心病患者呈年轻化趋势。

E. 摄入高脂肪、高蛋白、高热量的食物不仅能引起冠心病还能使人肥胖。

64. 1989年以前，我国文物被盗情况严重，国家主要的博物馆中也发生了多起文物被盗案件，丢失珍贵文物多件。1989年后，国家主要的博物馆安装了技术先进的多功能防范系统，结果，此类重大盗窃案显著下降，这说明多功能防范系统对于保护文物安全起到了重要作用。

以下哪项如果为真，最能加强上述结论？

A. 90年代被窃的文物中包括一件珍贵的传世工艺品。

B. 从90年代早期开始，私人收藏和小展馆中发生的文物失盗案件明显上升。

C. 上述多功能防范系统经过国家级的技术鉴定。

D. 在 1989 年到 1999 年之间，主要博物馆为馆内重要的珍贵文物所付的保险金有了较大幅度的增加。

E. 在 20 世纪 90 年代初，文物失盗案件北方比南方严重，因为南方经济较发达，保护文物方法较先进。

65. 爱尔兰有大片泥煤蕴藏量丰富的湿地。环境保护主义者一直反对在湿地区域采煤。他们的理由是开采泥煤会破坏爱尔兰湿地的生态平衡，其直接严重后果是会污染水源。然而，这一担心是站不住脚的。据近 50 年的相关统计，从未发现过因采煤而污染水源的报告。

以下哪项如果为真，最能加强题干的论证？

A. 在爱尔兰的湿地采煤已有 200 年的历史，其间从未因此造成水源污染。

B. 在爱尔兰，采煤湿地的生态环境和未采煤湿地没有实质性的不同。

C. 在爱尔兰，采煤湿地的生态环境和未开采前没有实质性的不同。

D. 爱尔兰具备足够的科技水平和财政支持来治理污染，保护生态。

E. 爱尔兰是世界上生态环境最佳的国家之一。

66. 有些人若有某一次厌食，会对这次膳食中有特殊味道的食物持续产生强烈厌恶，不管这种食物是否会对身体有利。这种现象可以解释为什么小孩更易于对某些食物产生强烈的厌食。

以下哪项如果为真，最能加强上述解释？

A. 小孩的膳食配搭中含有特殊味道的食物比成年人多。

B. 对未尝过的食物，成年人比小孩更容易产生抗拒心理。

C. 小孩的嗅觉和味觉比成年人敏锐。

D. 和成年人相比，小孩较为缺乏食物与健康的相关知识。

E. 如果讨厌某种食物，小孩厌食的持续时间比成年人更长。

67. 市政府计划对全市的地铁进行全面改造，通过较大幅度地提高客运量，缓解沿线包括高速公路上机动车的拥堵，市政府同时又计划增收沿线两条主要高速公路的机动车过路费，用以弥补上述改造的费用。这样的理由是，机动车主是上述改造的直接受益者，应当承担部分开支。

以下哪项相关断定为真，最有助于论证上述计划的合理性？

A. 上述计划通过了市民听证会的审议。

B. 在相邻的大、中城市中，该市的交通拥堵状况最为严重。

C. 增收过路费的数额，经过专家的严格论证。

D. 市政府有足够的财力完成上述改造。

E. 改造后的地铁中，相当数量的乘客都有私人机动车。

68. 对常兴市 23 家老人院的一项评估显示，爱慈老人院在疾病治疗水平方面受到的评价相当低，而在其他不少方面评价不错。虽然各老人院的规模大致相当，但爱慈老人院医生与住院老人的比率在常兴市的老人院中几乎是最小的。因此，医生数量不足是造成爱慈老人院在疾病治疗水平方面偏低的原因。

以下哪些如果为真，最能加强上述论证？

A. 和祥老人院也在常兴市，对其疾病治疗水平的评价比爱慈老人院还要低。

B. 爱慈老人院的医务护理人员比常兴市其他老人院都要多。

C. 爱慈老人院的医生发表的相关学术文章很少。

D. 爱慈老人院位于常兴市的市郊。

E. 爱慈老人院某些医生的医术一般。

69. 科学家发现，一种名为"SK3"的蛋白质在不同年龄的实验鼠脑部的含量与其记忆能力密切相关：老年实验鼠脑部 SK3 蛋白质的含量较高，年轻实验鼠含量较少；而老年实验鼠的记忆力比年轻实验鼠差。因此，科学家认为，脑部 SK3 蛋白质含量增加会导致实验鼠记忆力衰退。

以下哪项如果为真，最能支持科学家的结论？

A. 在年轻的实验鼠中，也发现脑部 SK3 蛋白质含量较高的情况。

B. 已经发现人类的脑部也含有 SK3 蛋白质。

C. 当科学家设法降低老年实验鼠脑部 SK3 蛋白质的含量后，它们的记忆力出现了好转。

D. 科学家已经弄清了 SK3 蛋白质的分子结构。

70. 最近一次战争里在重战区中执行任务的医疗人员，即使是那些身体未受伤害的，现在比在该战争不太激烈的战斗中执行任务的医疗人员收入低而离婚率高，在衡量整体幸福程度的心理状况测验中得分也较低。这一证据表明即使是那些激烈的战争环境下没有受到身体创伤的人，也会受到负面影响。

下面哪个如果正确，最强有力地支持了以上得出的结论？

A. 重战区的医疗人员和其他战区的医疗人员相比，服役前所接受的学校教育明显比较少。

B. 重战区的医疗人员比其他战区的医疗人员刚入伍时年轻。

C. 重战区医疗人员的父母和其他战区医疗人员的父母，在收入、离婚率和整体幸福程度方面没有什么显著差别。

D. 那些在重战区服务的医疗人员和建筑工人在收入、离婚率和整体幸福程度等方面非常相似。

E. 早期战争中的重战区服务的医疗人员在收入、离婚率和整体幸福程度等方面，和其他在该战争中服役的医疗人员没有表现出太大差别。

71. 在距离摩洛哥东部边境数千公里处一座古代约旦城市的遗址中，发现了一个钱袋，其中有 32 个刻着摩洛哥文字的金币。当时这个城市是联结中国和欧洲的丝绸之路上的一个重要商贸中心，并且又是经摩洛哥去麦加的朝圣者一个重要的中途停留地。因此，上述这个钱袋中很可能装有其他种类的硬币。

以下哪项如果为真，最能支持上述论证？

A. 当时，摩洛哥货币比约旦货币更流行。

B. 当时，金币是唯一的流通货币。

C. 上述钱袋的主人是经摩洛哥去麦加的朝圣者。

D. 上述钱袋的主人是约旦人。

E. 当时的朝圣者中很多是商人。

第三节 削弱

削弱和支持相反，削弱是对题干的推理或论证予以反驳，只要是对题干的推理或论证成立的可能性降低，就达到了削弱的目的。所以，削弱的答案既可以是题干推理不成立的必要条件，也可以是充分条件，还可以是既非充分条件又非必要条件。

一个论证包含三个要素：论题（推理的结论）、论据（推理的前提）和论证方式（推理形式）。因此，削弱题的关键是首先应明确题干推理的前提与结论的关系，什么是前提，什么是结论；在此基础上，寻找削弱的基本方向是针对前提结论或是论证的本身。由于要使一个结论为真，必需满足两个条件：一是前提真实；二是推理或论证形式有效。因此，要反驳或削弱某个结论，通常有这样几条途径：削弱论题（推理的结论）、削弱论据（推理的前提）和削弱论证方式（推理形式）。

无论是削弱论题、论据还是削弱论证方式，其削弱的方法是多种多样的：直接质疑题干推理的前提或结论；有因无果或无因有果；方法不可行；因果倒置；因果有差异；存在他因等等。举例如下：

1. 美国一个动物保护组织尽力地改变蝙蝠长期以来"令人恐惧的动物"的形象。该组织辩解说，仅仅因为蝙蝠是只在夜间活动的害羞的动物，所以，蝙蝠令人恐惧并受到了迫害。

以下哪项如果正确，该组织辩解的有效性产生最大的质疑？

A. 蝙蝠正逐步丧失诸如山洞和中空的树干这样的天然栖息地，因此转向更发达地区去寻找栖息地。

B. 蝙蝠是害虫的主要天敌，所以它的捕食区更适合人类居住。

C. 不仅仅在美国，在亚洲、南美，蝙蝠也被人们视为"令人恐惧的动物"。

D. 浣熊和猫头鹰是害羞的动物，也仅仅在夜间活动，但它们通常不为人类所恐惧和害怕。

解析：

答案是 D。题干推理所依据的原因是："蝙蝠是只在夜间活动的害羞的动物。"从而得出结论："蝙蝠令人恐惧并受到了迫害。"

选项 D 是个有因无果的削弱，浣熊和猫头鹰是害羞的动物，也仅仅在夜间活动（有因），但通常它们不会令人恐惧并遭受迫害（无果）。

2. 当一项关于阿司匹林在防止人们患心脏病方面的效力的研究得到积极的结论后，研究人员立即把这些结果提交给医学杂志，医学杂志在六周后发表了这些结果。如果这些结果能早点发表的话，许多在这期间发病的心脏病患者将会避免患病。

如果以下哪项为真，将会最大限度地削弱上述论证？

A. 医学杂志的工作人员为尽快发表研究的结论而加班加点地工作。

B. 关于阿司匹林在减少实验动物的心脏病方面是否有作用的研究仍然没有得出确切的结论。

C. 经常服用阿司匹林的人的胃溃疡的发病率高于平均水平。

D. 医学杂志的法规是只有经过严格的同仁复查后，文章才能正式发表。

E. 只有当一个人经常服用阿司匹林两年后，患心脏病的危险才会减少。

解析：

答案是 E。如果 E 为真，就会与论证中的推理发生矛盾。E 的意思是说：即使那些结果能早六周发表，许多在这期间发病的心脏病患者仍然不会避免患病。这也是有因无果的反驳。

3. 2007 年以来，由于我国东北地区风调雨顺，再加上政策的调整大大地促进了农民种植大豆的积极性，虽然连续几年获得了丰收，但是价格上涨依然很快。有人断言：国际大豆价格上涨是国内大豆价格上涨的罪魁。

以下哪项如果为真，最能对断言提出质疑？

A. 2007 年我国大豆价格比去年同期增长 3.1％。

B. 大豆专营商说："我国大豆价格上涨是因为国内大豆供应量短缺。"

C. 国内大豆价格总是受国际大豆价格影响。

D. 2008 年国际大豆价格比去年同期增长 10.2％，我国大豆价格也增长了 0.1％。

E. 如果国际大豆价格不上涨，那么国内大豆价格也会保持平稳。

解析：

答案是 D。题干是说，国际大豆价格上涨是国内大豆价格上涨的原因。但选项 D 表明，国际大豆价格比去年同期增长了，而我国大豆价格几乎没怎么涨。这也是无因有果的反驳。

4. 一种类型的虾是习惯性地徘徊在超高热的深海喷泉附近，在它的附近构成虾食物的细菌能够被发现。因为喷泉发出微弱的光，科学家得出结论：虾通过对光敏感的背部的斑块用来定位喷泉从而发现食物。

下面哪一个如果正确，最反对科学家的结论？

A. 喷泉发出的光并不是虾敏感的光。

B. 喷泉发出的光太微弱了，以至于人眼看不见。

C. 喷泉内部的温度可以迅速杀死任何进入其中的细菌。

D. 许多其他类虾用位于眼柄末端的眼睛来观察。

解析：

答案是 A。科学家根据喷泉发出微弱的光从而得出结论：虾通过对光敏感的背部的斑块用来定位喷泉从而发现食物。但选项 A 指出，两种光不一样，有差异，切断了原因和结论的联系。

5. 在确定慢性疲劳综合症（CFS）的努力中，这种不可思议的疾病，究竟属于生理性的还是属于心理性的尚未确定。病理学家做了如下实验：第一组患者被指定服用一种草药膏剂，并被告知这种膏剂是在试用过程中，其中 30％ 的人在接受治疗三个月内得到了治愈；第二组患者接受同样的草药膏剂治疗，但被告知这种膏剂已经经过广泛的临床实验，被证明是有效的，结果有85％的人在同样三个月内得到治愈。由此可见，人对从疾病中能够有复原机会的信念能够影响人从病中的康复。

以下哪项如果为真，最强地削弱了上述论证？

A. 参加实验的患者没有一个人有过任何心理紊乱治疗的历史。

B. 如果告诉第一组患者这种草药膏剂被证明是有效的，这组人康复的比率就会和第一组一样。

C. 两组实验对象是随意从一批人中挑选出的，他们被诊断有 CFS 病。

D. 事实情况是：第一组成员普遍比第二组成员患 CFS 病的时间长、病情重。

E. 容易上当受骗与疾病的关系被弄颠倒了。

解析：

答案是 D。题干是通过数据比较来说明，康复是由于有复原机会的信念造成的。反驳思路是找差异，选项 D 说明两组成员存在的差异，即第一组成员普遍比第二组成员患 CFS 病的时间长、病情重，是这个原因导致康复情况的差异。

6. 光线的照射，有助于缓解冬季忧郁症。研究人员曾对九名患者进行研究，他们均因冬季白天变短而患上了冬季忧郁症。研究人员让患者在清早和傍晚各接受三小时伴有花香的强光照射。一周之内，七名患者完全摆脱了抑郁，另外两人也表现出了显著的好转。由于光照会诱使身体误以为夏季已经来临，这样便治好了冬季忧郁症。

以下哪项如果为真，最能削弱上述论证的结论？

A. 研究人员在强光照射时有意使用花香伴随，对于改善患上冬季忧郁症的患者的适应性有不小的作用。

B. 九名患者中最先痊愈的三位均为女性，而对男性患者治疗效果较为迟缓。

C. 强光照射对于皮肤的损害已经得到专门研究的证实，其中夏季比起冬季的危害性更大。

D. 每天六个小时的非工作状态，改变了患者原来的生活环境，改善了他们的心态，这是对抑郁患者的一种主要的影响。

E. 适当的光线照射，对身体有益，不仅能缓解冬季忧郁证还能延长寿命。

解析：

答案是 D。题干表明的是由于光照使冬季忧郁症治好了。选项 D 表明每天六个小时的非工作状态，改变了患者原来的生活环境，改善了他们的心态的结果。说明不是光照原因，而是有他因导致的。这是有他因的反驳。

7. 在美国，癌症病人的平均生存年限（即从确诊为癌症到死亡的年限）是 7 年，而在亚洲，癌症病人的平均生存年限只有 4 年。因此，美国在延长癌症病人生命方面的医疗水平要高于亚洲。

以下哪项如果为真，最能削弱上述论证？

A. 美国人的自我保健意识总体上高于亚洲人，因此，美国癌症患者的早期确诊率要高于亚洲。

B. 美国人的平均寿命要高于亚洲人。

C. 美国医学界也承认，中医在治疗某些癌症方面，有西医不具有的独到疗效。

D. 在亚洲，日本的癌症患者的平均生存年限是 8 年。

E. 在各种癌症中，患者生存年限最短的肺癌的发病率，美国要高于亚洲。

解析：

答案是 A。题干是说美国癌症病人的平均生存年限（即从确诊为癌症到死亡的年限）比亚洲高，是美国癌症病人生命方面的医疗水平要高于亚洲。选项 A 表明，美国癌症患者的早期确诊率要高于亚洲。这就说明，并不是美国延长癌症病人生命方面的医疗水平要高于亚洲，这就是有他因的反驳。

8. 某保险公司近来的一项研究表明，那些在舒适环境里工作的人比在不舒适工作环境里工作的人生产效率高 25%。评价工作绩效的客观标准包括承办案件数和案件的复杂件。这表明：日益改善的工作环境可以提高工人的生产率。

以下哪项如果为真，最能削弱以上结论？

A. 平均来说，生产率低的员工每天在工作场所的时间比生产率高的员工要少。

B. 舒适的环境比不舒适的环境更能激励员工努力工作。

C. 生产率高的员工通常得到舒适的工作环境作为酬劳。

D. 生产率高的员工不会比生产率低的员工工作时间长。

E. 舒适工作环境里工作的人不仅生产效率高，而且心情也舒畅。

解析：

答案是 C，是因果倒置的削弱。并非日益改善的工作环境可以提高工人的生产率，而是因为员工的生产率高，所以得到了好的工作环境（因果倒置）。

9. 雇员在每周的工作时间内参加体育锻炼越多，生病的天数就越少，即使是每周工作时间内只锻炼一次的人，生病的次数也比不锻炼的人少。因此，如果公司开始实行一项健身锻炼计划，那么这些公司的缺席率将大大下降。

下列何者最严重削弱上述论证？

A. 在工作时间内参加锻炼的雇员偶尔在短期内会睡眠不好。

B. 经常不上班的雇员最少可能配合或参加公司健身锻炼计划。

C. 一周只参加一次公司健身锻炼的雇员，通常在下班后也参加锻炼。

D. 利用工作时间进行锻炼的雇员生产效率不超过不参加锻炼的人。

E. 在工作时间进行锻炼的雇员，午餐休息花的时间比不参加锻炼的人长。

解析：

答案是 B。题干是想通过如实行一项健身锻炼计划，使员工缺席率下降。但是这种方法只能对上班的人起作用，而对那些不上班的雇员不能起作用。所以，选项 B 削弱了题干的计划（方法不可行）。

10. 正是因为有了第二味觉，哺乳动物才能够边吃边呼吸。很明显，边吃边呼吸对保持哺乳动物高效率的新陈代谢是必要的。

以下哪种哺乳动物的发现，最能削弱以上的断言？

A. 有高效率的新陈代谢和边吃边呼吸的能力的哺乳动物。

B. 有低效率的新陈代谢和边吃边呼吸的能力的哺乳动物。

C. 有低效率的新陈代谢但没有边吃边呼吸能力的哺乳动物。

D. 有高效率的新陈代谢但没有第二味觉的哺乳动物。

E. 有低效率的新陈代谢和第二味觉的哺乳动物

解析：

题干的论证方式是必要条件假言命题，反驳它就是要找到使假言命题为假的选项。答案是 D（反驳论证方式）。

11. 据国际卫生与保健组织 1999 年年会"通讯与健康"公布的调查报告显示，68％的脑癌患者都有经常使用移动电话的历史。这充分说明，经常使用移动电话将会极大的增加一个人患脑癌的可能性。

以下哪项如果为真，则将最严重地削弱上述结论？

A. 进入 20 世纪 80 年代以来，使用移动电话者的比例有惊人的增长。

B. 有经常使用移动电话的人在 1990 年到 1999 年超过世界总人口的 65％。

C. 在 1999 年全世界经常使用移动电话的人数比 1998 年增加了 68％。

D. 使用普通电话与移动电话者同样有导致脑癌的危险。

E. 没有使用移动电话的人数在 90 年代超过世界总人口

的 50%。

解析：

题干是根据 68% 的脑癌患者都有经常使用移动电话的历史，得出结论：经常使用移动电话将会极大的增加一个人患脑癌的可能性。论据是不可靠的。因为，有经常使用移动电话的人在 1990 年到 1999 年超过世界总人口的 65%，这个百分比已经接近于有手机的脑癌患者占脑癌患者的比例。因此，有手机的脑癌患者占整个脑癌患者的比例绝不会高于有手机的人占世界总人口的比例。这说明使用移动电话并没有增加脑癌的风险。答案是 B（抽样与整体比较，比例相同就是削弱。或者说，小样本不能高于整体）。

12. 最近的一项研究指出："适量饮酒对妇女的心脏有益。"研究人员对 1000 名女护士进行调查，发现那些每星期饮酒 3 到 15 次的人，其患心脏病的可能性较每星期饮酒少于 3 次的人为低。因此，研究人员发现了饮酒量与妇女心脏病之间的联系。

以下哪项如果为真，最不可能削弱上述论证的结论？

A. 许多妇女因为感觉自己的身体状况良好，从而使得她们的饮酒量增加。

B. 调查显示：性格独立的妇女更愿意适量饮酒并同时加强自己的身体锻炼。

C. 护士因为职业习惯的原因，饮酒次数比普通妇女要多一些。再者，她们的年龄也偏年轻。

D. 对男性饮酒的发现，每星期饮酒 3 到 5 次的人中，有一半人患心脏病的可能性比少于 3 次的人还要高。

E. 这项研究得到了某家酒精饮料企业的经费资助，有人检举研究人员在调查对象的选择上有不公正的行为。

解析：

不能削弱题型的解题方法最好是用排除法，即把削弱的选项排除掉，剩下的选项无论是支持还是无关就是答案。

用排除法排除了选项 A、B、C、E，剩下的选项 D 就是答案。

13. 垃圾处理公司在收集垃圾中，无法处理的塑料在他们处理的垃圾中所占的比例逐渐增加。很明显，减少人们扔在垃圾箱中的塑料总量的努力失败了。

以下哪项如果为真，最严重地削弱了上述论点？

A. 由于塑料在燃烧时产生有害污染物，所以越来越多的由垃圾处理公司处理的塑料都被埋到地里了。

B. 虽然许多塑料能够再循环利用，但由垃圾公司处理的大多数塑料不再循环利用。

C. 人们更可能保存和再利用塑料容器，而不愿意保存和再利用由较重的物质如玻璃或金属制成的容器。

D. 越来越多的过去经常由垃圾公司处理的纸、玻璃、金属罐现在被重新回收利用了。

E. 使用塑料包装的产品的百分比正在增加，生产出来塑料的总量却仍然保持不变。

解析：

"塑料在垃圾中所占的比例"是一个相对量；"垃圾箱中塑料的总量"则是一个绝对量。相对量增加，绝对量不一定增加。只有在其他垃圾量保持不变的情况下，塑料在垃圾中所占比例的增加才会导致塑料垃圾总量的增加。正确选项是 D。它表明塑料垃圾在垃圾中所占比例的上升是由于其他垃圾量减少了，而不必定是塑料垃圾总量增加了。

练习题

1. 公安部某专家称，撒谎的心理压力会导致某些生理变化。借助测谎仪可以测量撒谎者的生理表征，从而使测谎结果具有可靠性。

以下哪项陈述如果为真，能够有力地削弱上述论证？

A. 测谎仪是一种需要经常维护且易出故障的仪器。

B. 对有些人来说，撒谎只能导致较小的心理压力。

C. 各种各样的心理压力都会导致类似的生理表征。

D. 类似测谎仪这样的测量仪器也可能被误用和滥用。

2. 某学院最近进行了一项有关奖学金对学习效率是否有促进作用的调查，结果表明：获得奖学金的学生比那些没有获得奖学金的学生的学习效率平均要高出 25％。调查的内容包括自习的出勤率、完成作业所需要的平均时间、日平均阅读量等许多指标。这充分说明，奖学金对帮助学生提高学习效率的作用是很明显的。

以下哪项如果为真，最能削弱以上的论证？

A. 获得奖学金通常是因为那些同学有好的学习习惯和高的学习效率。

B. 获得奖学金的同学可以更容易改善学习环境来提高学习效率。

C. 学习效率低的同学通常学习时间长而缺少正常的休息。

D. 对学习效率的高低跟奖学金的多少的关系的研究应当采取定量方法进行。

E. 奖学金确实能提高学习成绩。

3. 一个人到底是做出好的行为还是做出坏的行为，跟他生命的长短有关。如果他只活一天的话，他去偷人家东西是最好的，因为他不会遭受担心被抓住的痛苦。对于还能活 20 年的人来说偷人家东西就不是最好的，因为他会遭受担心被抓住的痛苦。

如果以下各项陈述为真，除了那项外，都能削弱上述论证？

A. 只有遭受担心被抓住的痛苦，才不会去偷人家东西。

B. 对于只活一天的人来说，最好的行为可能是饱餐一顿牛肉。

C. 生命的长短不是一个人选择做出好行为或坏行为的充分条件。

D. 对于某些偷人家东西的人来说，良心的谴责会造成比担心抓住更大的痛苦。

E. 大多数偷东西的人都担心被抓住。

4. 一项研究将一组有严重失眠的人与另一组未曾失眠的人进行比较，结果发现，有严重失眠的人出现了感觉障碍和肌肉痉挛，例如皮肤过敏或不停的"跳眼"症状。研究人员的这一结果有力地支持了这样一个假设：失眠会导致周围神经系统功能障碍。

如果以下哪项如果为真，最能质疑上述假设？

A. 感觉障碍或肌肉痉挛是一般人常有的周围神经系统功能障碍。

B. 常人偶尔也会严重失眠。

C. 该项研究并非由权威人士组织实施。

D. 周围神经系统功能障碍的人常患有严重的失眠。

E. 参与研究的两组人员的性别与年龄构成并不完全相同。

5. 在我们的法律体系中存在着一些不合理性。在刑法中，尽管作案的动机是一样的，但是，对于成功作案的人的惩罚比对试图作案而没有成功的人的惩罚要严重得多。然而，在民法中，一个蓄意诈骗但没有获得成功的人却不必支付罚款。

以下哪项如果为真，严重地削弱了上述议论中的看法？

A. 许多被监禁的罪犯一旦获释将会犯其他的罪行。

B. 除了对一个人的罪恶行为进行法律制裁外还要给予道德上的谴责。

C. 学民法的人比学刑法的人更容易找工作，可见民法与刑法大不相同。

D. 对这个国家来说，刑事审判比民事审判要付出更高的代价。

E. 刑法的目标是惩罚罪犯，而民法的目标则是给受害者以补偿。

6. 也许令许多经常不刷牙的人感到意外的是，这种不良习惯已使他们成为易患口腔癌的高危人群。为了帮助这部分人早期发现口腔癌，市卫生部门发行了一个小册子，教人们如何使用一些简单的家用照明工具，如台灯、手电等，进行每周一次的口腔自检查。

以下哪项如果为真，最能对上述小册子的效果提出质疑？

A. 有些口腔疾病的病症靠自检难以发现。

B. 预防口腔癌的方案因人而异。

C. 经常刷牙的人也可能患口腔癌。

D. 口腔自检的可靠性不如在医院所作的专门检查。

E. 经常不刷牙的人不大可能作每周一次的口腔自检。

7. 近年来，私家车的数量猛增。为解决日益严重的交通拥堵问题，B市决定大幅降低市区地面公交线路的票价。预计降价方案实施后96％的乘客将减少支出，这可以吸引乘客优先乘坐公交车，从而缓解B市的交通拥堵状况。

以下哪项陈述如果为真，能够有力地削弱上面的结论？

A. B市各单位的公车占该市机动车总量的1/5，是造成该市交通堵塞的重要因素之一。

B. 公交线路票价大幅度降低后，公交车会更加拥挤，从而降低乘车的舒适性。

C. 便宜的票价对注重乘车环境和"享受生活"的私家车主没有吸引力。

D. 一些老弱病残孕乘客仍然会乘坐出租车出行。

8. 在本年度大学生艺术节期间，某主管部门举办了一次别开生面的音乐会，其中一半是流行音乐，另一半是严肃音乐。演出结束后所做的调查显示，观看演出的大学生半数以上表示更喜欢其中的流行音乐节目。有关人士得出结论：这说明，那种认为对音乐类型的喜好与受教育程度有关，受教育程度较高的人更喜欢严肃音乐的观点，是没有根据的。

以下哪项如果为真，最有可能对上述结论提出质疑？

A. 严肃音乐节目的演员阵容，不如流行音乐的强大。

B. 观看演出的大学生中，有一些是艺术系的。

C. 目前电视中播出的音乐节目中，流行音乐要远多于严肃音乐。

D. 上述音乐会是在某大学的礼堂举行的，该礼堂不具备专业演出的某些条件。

E. 喜欢流行音乐的人比喜欢严肃音乐的人多。

9. 一项关于婚姻状况的调查显示，那些起居时间明显不同的夫妻之间，虽然每天相处的时间相对较少，但每月爆发激烈争吵的次数，比起那些起居时间基本相同的夫妻明显要多。因此，为了维护良好的夫妻关系，夫妻之间应当注意尽量保持基本相同的起居规律。

以下哪项如果为真，最能削弱上述论证？

A 夫妻间不发生激烈争吵，不一定关系就好。

B. 夫妻闹矛盾时，一方往往用不同时起居的方式以示不满。

C. 个人的起居时间一般随季节变化。

D. 起居时间的明显变化会影响人的情绪和健康。

E. 起居时间的不同很少是夫妻间争吵的直接原因。

10. 许多消费者在超级市场挑选食品时，往往喜欢挑选那些用透明材料包装的食品，其理由是透明包装可以直接看到包装内的食品，这样心里有一种安全感。

以下哪项如果为真，最能对上述心里感觉构成质疑？

A. 光线对食品营养所造成的破坏，引起了科学家和营养专家的高度重视。

B. 食品的包装与食品内部的卫生程度并没有直接联系。

C. 美国宾州州立大学的研究结果表明：牛奶暴露于光天之下，无论是何种光线，都会引起风味的变化。

D. 有些透明材料包装的食品，有时候让人看了会倒胃口，特别是不新鲜的蔬菜和水果。

E. 世界上许多国家在食品包装上大量采用阻光包装。

11. 市政府计划对全市的地铁进行全面改造，通过较大幅度地提高客运量，缓解沿线包括高速公路上机动车的拥堵，市政府同时又计划增收沿线两条主要高速公路的机动车过路费，用以弥补上述改造的费用。这样的理由是，机动车主是上述改造的直接受益者，应当承担部分开支。

以下哪项相关断定如果为真，最能质疑上述计划？

A. 市政府无权支配全部高速公路机动车过路费收入。

B. 地铁乘客同样是上述改造的直接受益者，但并不承担开支。

C. 机动车有不同的档次，但收取的过路费区别不大。

D. 为躲避多交过路费，机动车会绕开收费站，增加普通公路的流量。

E. 高速公路上机动车拥堵现象不如普通公路严重。

12. 一项对 30 名年龄在 3 岁的独生孩子与 30 名同龄非独生的第一胎孩子的研究发现，这两组孩子日常行为能力非常相似，这种日常行为能力包括语言能力，对外界的反应能力，以及和同龄人、他们的家长及其他大人相处的能力等等。因此，独生孩子与非独生孩子的社会能力发展几乎一致。

以下哪项如果为真，最能削弱上述结论？

A. 进行对比的两组孩子是不同地区的孩子。

B. 独生孩子与母亲的接触时间多于非独生孩子与母亲接触的时间。

C. 家长通常在第一胎孩子接近 3 岁时怀有他们的第二胎孩子。

D. 大部分参与此项目的研究者没有兄弟姐妹。

E. 独生孩子与非独生孩子与母亲的接触时间和与父亲接触的时间是各不相同的。

13. 一般认为，一个人 80 岁和他在 30 岁时相比，理解和记忆能力都显著减退。最近的一项调查显示，80 岁的老人和 30 岁的年轻人在玩麻将时所表现出的理解和记忆能力没有明显差别。因此，认为一个人到了 80 岁理解和记忆能力会显著减退的看法是站不住脚的。

以下哪项如果为真，最能削弱上述论证？

A. 玩麻将需要的主要不是理解和记忆能力。

B. 玩麻将只需要较低的理解和记忆能力。

C. 80 岁的老人比 30 岁的年轻人有更多的时间玩麻将。

D. 玩麻将有利于提高一个人的理解和记忆能力。

E. 一个人到了 80 岁理解和记忆能力会显著减退的看法是对老年人的偏见。

14. 临床试验显示，对偶尔食用一定量的牛肉干的人而言，大多数品牌牛肉干的添加剂并不会导致动脉硬化。因此，人们可以放心食用牛肉干而无需担心对健康的影响。

以下哪项如果为真，最能削弱上述论证？

A. 食用大量牛肉干不利于动脉健康。

B. 动脉健康不等于身体健康。

C. 肉类都含有对人体有害的物质。

D. 喜欢吃牛肉干的人往往也喜欢食用其他对动脉健康有损害的食品。

E. 题干所述临床试验大都是由医学院的实习生在医师指导下完成的。

15. 某报评论：H 市的空气质量本来应该已经得到改善。五年来，市政府在环境保护方面花了气力，包括耗资 600 多亿元将一些污染最严重的工厂迁走。但是，H 市仍难摆脱空气污染的困扰，因为解决空气污染问题面临着许多不利条件，其中一个是机动车辆的增加，另一个是全球石油价格的上升。

以下各项如果为真，都能削弱上述论断，除了

A. 近年来 H 市加强了对废气排放的限制，加大了对污染治理费征收的力度。

B. 近年来 H 市启用了大量电车和使用燃气的公交车，地铁的运行路线也有明显增加。

C. 由于石油涨价，许多计划购买豪华车的人转为购买低耗油的小型车。

D. 由于石油涨价，在国际上一些价位偏低的劣质含硫石油

进入 H 市。

E. 由于汽油涨价和公车改革，拥有汽车的人缩减了驾车旅游的计划。

16. 科学研究表明，大量吃鱼可以大大减少患心脏病的危险，这里起作用的关键因素是鱼油中所含的丰富的"奥米加—3"脂肪酸。因此，经常服用保健品"奥米加—3"脂肪酸胶囊将大大有助于你预防心脏病。

以下哪项如果为真，最能削弱题干的论证？

A. "奥米加—3"脂肪酸胶囊从研制到试销，才不到半年的时间。

B. 在导致心脏病的各种因素中，遗传因素占了很重要的地位。

C. 不少保健品都有不同程度的副作用。

D. "奥米加—3"脂肪酸胶囊只有和主要存在于鱼体内的某些物质化合后才能产生保健疗效。

E. "奥米加—3"脂肪酸胶囊尚不在卫生部最近推荐的十大保健品之列。

17. 气象学家称，当他们设计出能够刻画大气层一切复杂细节的准确数学模型的时候，他们就能做出完全准确的天气预报。

以下哪项如果是真的，将对气象学家的宣称提出最严重的质疑？

A. 地球获取来自太阳的能量一直受到严格的检测并且被发现不是恒定不变的。

B. 依据目前的大气层数学模型，大范围的天气预报要比局部性天气预报准确得多。

C. 随着最新的大气数学模型的不断改进，数学模型处理复杂细节的能力越来越强，但在处理复杂性细节上哪怕上一个小台阶，都意味着要增加一大群计算机。

D. 要建立大气层的理想的数学模型，首先必须确保在地面和空中的巨大数量的网点上源源不断地收集准确的气象数据。

E. 火山爆发这种矿物燃料的燃烧，以及其他一些自然过程是不能精确量化的。这些自然过程正对大气层结构产生巨大和持续的影响。

18. 一位海关检查员认为，他在特殊工作经历中培养了一种特殊的技能，即能够准确地判定一个人是否在欺骗他。他的根据是，在海关通道执行公务时，短短的几句对话就能使他确定对方是否可疑；而在他认为可疑的人身上，无一例外地都查出了违禁物品。

以下哪项如果为真，能削弱上述海关检查员的论证？

（1）在他认为不可疑而未经检查的入关人员中，有人无意地携带了违禁物品。

（2）在他认为不可疑而未经检查的入关人员中，有人有意地携带了违禁物品。

（3）在他认为可疑并查出违禁物品的入关人员中，有人是无意地携带的违禁物品。

A. 只有（1）。

B. 只有（2）。

C. 只有（3）。

D. 只有（2）和（3）。

E.（1）、（2）和（3）。

19.《乐记》和《系辞》中都有"天尊地卑"、"方以类聚，物以群分"等文句，由于《系辞》的文段写得比较自然，一气呵成，而《乐记》则显得勉强生硬，分散拖沓，所以，一定是《乐记》沿袭或引用了《系辞》的文句。

以下哪项陈述如果为真，能有力地削弱上述论证的结论？

A. 经典著作的形成通常都经历了一个由不成熟到成熟的漫长过程。

B.《乐记》和《系辞》都是儒家的经典著作，成书年代尚未确定。

C."天尊地卑"在比《系辞》更古老的《尚书》中被当作

习语使用过。

    D. 《系辞》以礼为重来讲天地之别,《乐记》以乐为重来讲天地之和。

    20. 某校的一项抽样调查显示:该校经常泡网吧的学生中家庭经济条件优越的占 80%;学习成绩下降的也占 80%,因而家庭条件优越是学生泡网吧的重要原因,泡网吧是学习成绩下降的重要原因。

    以下哪项如果为真,最能削弱上述论证?

    A. 该校位于高档住宅区,学生九成以上家庭条件优越。

    B. 经过清理整顿,该校周边网吧管理规范。

    C. 有的家庭条件优越的学生并不泡网吧。

    D. 家庭条件优越的家长并不赞成学生泡网吧。

    E. 被抽样调查的学生占全校学生的 30%。

    21. 从国外引进的波尔山羊具有生长速度快、耐粗饲、肉质鲜嫩等特点,养羊效益高。我国北方某地计划鼓励当地农民把波尔山羊与当地的山羊进行杂交,以提高农民养羊的经济效益,满足发展高效优质肉羊的生产需要。

    以下哪项如果为真,最能对上述计划的可行性提出质疑?

    A. 波尔山羊耐高温不耐低温,杂交羊不能适应当地的气候条件。

    B. 并非所有的波尔山羊都可以与当地的山羊成功杂交。

    C. 当地许多年轻人认为饲养羊是低等的工作,因为养羊的利润比其他工作的利润低。

    D. 当地许多人不喜欢波尔山羊。

    E. 当地一些山羊也具有生长快、耐粗饲、屠宰率高,肉质鲜嫩的优点。

    22. 某些种类的海豚利用回声定位来发现猎物:它们发射出滴答的声音,然后接收水域中远处物体反射的回音。海洋生物学家推测这些滴答声可能有另一个作用:海豚用异常高频的滴答的声音使猎物的感官超负荷,从而击晕近距离的猎物。

以下哪项如果为真，最能对上述推测构成质疑？

A. 海豚用回声定位不仅能发现远距离的猎物，而且能发现中距离的猎物。

B. 作为一种发现猎物的讯号，海豚发出的滴答声，是其他的猎物的感官所不能感知的，只有海豚能够感知从而定位。

C. 海豚发出的高频讯号即使能击晕它们的猎物，这种效果也是很短暂的。

D. 蝙蝠发出的声波不仅能使它发现猎物，而且这种声波能对猎物形成特殊刺激，从而有助于蝙蝠捕获它的猎物。

E. 海豚想捕获的猎物离自己越远，它发出的滴答声就越高。

23. 近年来我国房价快速攀升。2004 年第四季度政府各部门出台多项措施，以压制房价的过快增长，但 2005 年第一季度全国房价仍逆势上扬。有人断言：土地上涨是房价猛涨的罪魁。

以下哪项如果为真，最能对断言提出质疑？

A. 2005 年第一季度上海房价比去年同期增长 19.1%。

B. 2005 年第一季度北京住宅价格比去年同期增长 7.2%，住宅用地增长了 0.37%。

C. 华远地产董事长认为，随着土地开发成本的提高，房价一定会增加。

D. 永泰开发公司董事长说："房价的暴涨是因为供应量没有跟上需求。"

E. 建设部长说："相对于我国经济发展态势来说，房价并没有上涨"。

24. 有人对某位法官在性别歧视类案件审理中的公正性提出了质疑。这一质疑不能成立。因为有记录表明，该法官审理的这类案件中 60% 的获胜方为女性，这说明该法官并未在性别歧视类案件的审理中有失公正。

以下哪项如果为真，能对上述论证构成质疑？

Ⅰ. 在性别歧视案件中，女性原告如果没有确凿的理由和证据，一般不会起诉。

Ⅱ. 一个为人公正的法官在性别歧视案件的审理中保持公正也是件很困难的事情。

Ⅲ. 统计数据表明，如果不是因为遭到性别歧视，女性应该在 60% 以上的此类案件的诉讼中获胜。

A. 只有Ⅰ。

B. 只有Ⅱ。

C. 只有Ⅲ。

D. 只有Ⅰ和Ⅲ。

E. Ⅰ、Ⅱ和Ⅲ。

25. 当航空事故发生后，乘客必须尽快地撤离飞机，因为在事故中泄漏的瓦斯对人体有毒，并且随时可能发生爆炸。为了避免因吸入瓦斯造成死亡，安全专家建议在飞机上为乘客提供防毒面罩，用以防止瓦斯的吸入。

以下哪项如果为真，将对上述建议提出最有力的质疑？

A. 防毒面罩只能阻止瓦斯的吸入，但不能防止瓦斯的爆炸。

B. 防毒面罩的价格相当昂贵。

C. 使用防毒面罩并不是阻止吸入瓦斯的唯一方式。

D. 在大多数航空事故中，乘客是死于瓦斯中毒而不是瓦斯的爆炸。

E. 使用防毒面罩延长了乘客离机舱的时间。

26. 世界卫生组织在全球范围内进行了一项有关献血对健康影响的跟踪调查。调查对象分为三组。第一组对象中均有二次以上的献血记录，其中最多的达数十次；第二组中的对象均仅有一次献血记录；第三组对象均从未献过血。调查结果显示，被调查对象中癌症和心脏病的发病率，第一组分别为 0.3% 和 0.5%，第二组分别为 0.7% 和 0.9%，第三组分别为 1.2% 和 2.7%。一些专家依此得出结论，献血有利于减少患癌症和心脏病的风险。这两种病已经不仅在发达国家而且也在发展中国家成为威胁中老人生命的主要杀手。因此，献血利己利人，一举两得。

下列哪项如果为真，将削弱以上结论？

（1）60 岁以上调查对象，在第一组中占 60％，在第二组中占 70％，在第三组中占 80％。

（2）献血者在献血前要经过严格的体检，一般具有较好的体质。

（3）调查对象的人数，第一组为 1700 人，第二组为 3000人，第三组为 7000 人。

A. 只有〔1〕。

B. 只有〔2〕。

C. 只有〔3〕。

D. 只有〔1〕和〔2〕。

E. 〔1〕、〔2〕、〔3〕。

27. 最高法院再也来不及处理那些它同意审理的数目庞大的案件了。最高法院每年计划听取 160 个小时口头申诉，然而明年有 108 个小时被今年剩下的案子占去了。当然不能要求最高法院再增加本已令它难以负荷的时间了，解决这个问题的最合理的长远办法便是让法院不用听取许多案件的口头申诉而直接做出裁决。通过这种办法，最高法院便会大大地增加它每年处理的案件的数目。

以下哪项如果为真，最能反驳上面提到的解决办法的可行性？

A. 最高法院每年花在听取口头申诉上的时间只是它审理案件所需时间的一小部分。

B. 最高法院不能在程序上避免听取去年留下案件的口头申诉。

C. 大多数权威人士都认为 160 个小时的口头申诉是法院每年能处理的最大数目。

D. 即使现在，最高法院对一小部分案件没有听取口头申诉就做出了裁决。

E. 在很多案件里，把听取口头申诉拖延一整年对当事人来说所需费用是极其高昂的。

28. 在目前财政拮据的情况下，在本市增加警力的动议不可取。在计算增加警力所需的经费开支时，光考虑到支付新增警员的工资是不够的，同时还要考虑到支付法庭和监狱新雇员的工资。由于警力的增加带来的逮捕、宣判和监管任务的增加，势必需要相关部门同时增员。

以下哪项如果为真，将有力地削弱上述论证？

A. 增加警力所需的费用，将由中央和地方财政共同担负。

B. 目前的财政状况，决不至于拮据到连维护社会治安的费用都难以支付的地步。

C. 湖州市与本市比邻，去年警力增加 19％，逮捕个案增加 40％，判决个案增加 13％。

D. 并非所有侦察都导致逮捕，并非所有逮捕都导致宣判，并非所有宣判都导致监禁。

E. 当警力增加到与市民的数量达到一个恰当的比例时，将减少犯罪。

29. 某城市于 1998 年开始实行警察分片包干责任制，并且将其效果与警察的职务晋升挂钩。在这一年，该市的犯罪数目比 1997 年下降了 6.5％。该市公安局长兴奋地说："我们的改革办法取得了显著的成功，已经证明行之有效，值得在全国普遍推广。"

下面哪一项如果为真，将对该公安局长的断言构成严重质疑？

A. 一些城市最近增加了在警察项目上的花费，但犯罪数目相对于 1997 年没有下降。

B. 该城市的犯罪数目是用相同的方法从被报道的犯罪数目中估算出来。

C，该城市周围地带的犯罪数目有所上升，1998 年比 1997 年大约上升 6％。

D. 1998 年该城市的犯罪数目比 1988 年的犯罪数目增加了 10％。

E. 由于先前出生率下降，该城市中容易犯罪的年龄组在 1998 年比 1997 年显著降低。

30. 在工业化国家中，许多企业主通过设备自动化解雇工人以减少开支，但是因自动化而被解雇的失业者需要政府的救济才能维持生计。失业者的队伍扩大了，政府的失业救济负担随之增加，这又导致了税收的增加。征税的对象中，当然包括那些因自动化而解雇工人的企业。

下面哪项如果为真，能有力地削弱了上述论证？

A. 失业者将很难重新找到工作。

B. 很多未推行自动化的企业发现他们的利润有所下降。

C. 失业者中只有很小一部分是因为自动化而失业的。

D. 征税的对象中均等地包含未推行自动化企业。

E. 用于自动化的投资要大于短期中减少劳动力节省的开支。

31. 现在的影视作品使儿童们对世界形成了歪曲的看法。在卡通片中，动物们都被描绘成高贵、友善富于同情心的精灵，而在赌城巨霸这样的电影中，男人、女人一个个都是那么贪婪、残忍和淫荡。这使得儿童们认为，动物比人好，人比动物坏。

以下哪项如果为真，能削弱上述结论？

〔1〕儿童们不允许观看赌城巨霸这样的电影。

〔2〕卡通片制作者的目的并不是让儿童们认为动物比人好。

〔3〕儿童们认为"动物比人好"，并不等于他们混淆了善恶标准。

A. 仅〔1〕。

B. 仅〔2〕。

C. 仅〔3〕。

D. 仅〔1〕和〔3〕。

E. 〔1〕、〔2〕、〔3〕。

32. 在期货市场上，粮食可以在收获前就"出售"，如果预测歉收，粮价就上升，如果预测丰收，粮价就下跌，目前粮食作物正面临严重干旱，今晨气象学家预测，一场足以解除旱情的大面积降雨将在傍晚开始。因此，近期期货市场上的粮价会大幅度下跌。

以下哪项如果为真，最能削弱上述论证？

A. 气象学家气候预测的准确性并不稳定。

B. 气象学家同时提醒做好防涝准备，防备这场大面积降雨延续过长。

C. 农业学家预测，一种严重的虫害将在本季粮食作物的成熟期出现。

D. 和期货市场上的某些商品相比，粮食价格的波动幅度较小。

E. 干旱不是对粮食作物生长的最严重威胁。

33. 美国国会削减社会福利费看来会损害其穷人的利益，其实不会，因为社会福利预算削减的同时，税收也削减。因此，每个人手中的钱将变得较多，而不是较少。

以下哪项如果为真，能动摇上述结论？

〔1〕穷人正在发动敦促国会提高社会福利预算。

〔2〕穷人本来几乎不纳税或者很少纳税，因此，税收削减他们无所谓。

〔3〕穷人因税收削减所得到的好处，补偿不了因福利费削减带来的损失。

A. 仅〔1〕。

B. 仅〔2〕。

C. 仅〔3〕。

D. 仅〔2〕、〔3〕。

E. 〔1〕、〔2〕、〔3〕。

34. 作为一次促销实验，yy 公司发出了四百万份产品目录，其中一个版本是在每张表的说明上都写上"手工制作"。结果这一版表的销售比另一版没有这种介绍的销售多 20%，所以这种说明起到了促销作用。

以下哪项如果为真，最能反驳上述结论？

A. 消费者中得到有特殊说明的目录的，以前购买过 yy 公司的产品；而得到另一种目录的，以前没有过类似的经历。

B. 调查表明在促销期间，消费者购买的速度和退货的速度相等，不论他们得到的是哪种目录。

C. 促销结束后，yy 公司的销售额剧减。

D. yy 公司寄出的目录中，不带特殊说明的占 3/4。

E. 在促销的这一年，yy 公司卖出的表比前一年少 20%。

35. 业余兼课是高校教师的实际收入的一个重要来源。某校的一项统计表明，法律系教师的人均业余兼课的周时数是 3.5，而会计系则为 1.8。因此，该校法律系教师的当前人均实际收入要高于会计系。

以下哪项如果为真，将削弱上述论证？

（1）会计系教师的兼课课时费一般要高于法律系。

（2）会计系教师中当兼职会计的占 35%；法律系教师中当兼职律师的占 20%。

（3）会计系教师中业余兼课的占 48%；法律系教师中业余兼课的只占 20%。

A.（1）、（2）和（3）。

B. 仅（1）。

C. 仅（2）。

D. 仅（3）。

E.（1）和（2）。

36. 据某市的卫生检疫部门统计，和去年相比，今年该市肠炎患者的数量有明显的下降。权威人士认为，这是由于该市的饮用水净化工程正式投入了使用。

以下哪项，最不能削弱上述权威人士的结论？

A. 和天然饮用水相比，某市经过净化的饮用水中缺少了几种重要的微量元素。

B. 某市的饮用水净化工程在五年前动工，于前年正式投入了使用。

C. 去年某市对餐饮业特别是卫生条件较差的大排档进行了严格的卫生检查和整顿。

D. 由于引进了新的诊断技术，许多以前被诊断为肠炎的病案，今年被确诊为肠溃疡。

E. 全国范围的统计数字显示，我国肠炎患者的数量呈逐年明显下降的趋势。

37. 在"非典"期间，某地区共有 7 名参与治疗"非典"的医务人员死亡，同时也有 10 名未参与"非典"治疗工作的医务人员死亡。这说明参与"非典"治疗并不比日常医务工作危险。

以下哪项相关断定如果为真，最能削弱上述结论？

A. 因参与"非典"治疗死亡的医务人员的平均年龄，略低于未参与"非典"治疗而死亡的医务人员。

B. 参与"非典"治疗的医务人员的体质，一般高于其他医务人员。

C. 个别参与治疗"非典"死亡的医务人员的死因，并非是感染"非典"病毒。

D. 医务人员中只有一小部分参与了"非典"治疗工作。

E. 经过治疗的"非典"患者死亡人数，远低于未经治疗的"非典"患者死亡人数。

38. 某公关部职工平均工资是营业部职工的二倍。因此，公关部职工比营业部职工普遍有较高的收入。

以下哪项如果为真，最能削弱上述论证？

A. 公关部职工的人均周实际工作实数要超过营业部职工的 5%。

B. 按可比因素计算，公关部职工创造人均价值是营业部职工的近十倍。

C. 公关部职工最高工资与最低工资间差别要远大于营业部职工。

D. 公关部职工人数只是营业部职工的 10%。

E. 公关部职工中有 20%享受特殊津贴，营业部职工则有

25%享受此津贴。

39. 某单位检验科需大量使用玻璃烧杯。一般情况下，普通烧杯和精密刻度烧杯都易于破损，前者的破损率稍微高些，但价格便宜得多：如果检验科把下年度计划采购烧杯的资金全部用于购买普通烧杯，就会使烧杯数量增加，从而满足检验需求。

以下哪项如果为真，最能削弱上述论证？

A. 如果把资金全部用于购买普通烧杯，可能会将其中部分烧杯挪为他用。

B. 下年度计划采购烧杯的数量不能用现在的使用量来衡量。

C. 某些检验人员喜欢使用精密刻度烧杯而不喜欢使用普通烧杯。

D. 某些检验需要精密刻度烧杯才能完成。

E. 精密刻度烧杯使用更加方便，易于冲洗与保存。

40. 近年，在某大都市青少年犯罪情况的调查中，发现失足青年中24%都是离异家庭的子女。因此，离婚率的提高是造成青少年犯罪的主要原因。

假设每个离异家庭都有子女。以下哪项如果为真，最能对上述结论提出严重质疑？

A. 10 多年前，该大都市的离婚率已接近 25%，且连年居高不下。

B. 该市近年的离婚率较前有所下降。

C. 离异家庭子女中走上犯罪道路毕竟是少数。

D. 正常的离异比不正常地维系已经破裂的家庭要利于社会稳定。

E. 青少年犯罪中性犯罪占很大比例。

41. 最近 10 年，地震、火山爆发和异常天气对人类造成的灾害比数十年前明显增多，这说明，地球正变得对人类愈来愈充满敌意和危险。这是人类在追求经济高速发展中因破坏生态环境而付出的代价。

以下哪项如果为真，最能削弱上述论证？

A. 经济发展使人类有可能运用高科技手段来减轻自然灾害的危害。

B. 经济发展并不必然导致全球生态环境的恶化。

C. W 国和 H 国是两个毗邻的小国，W 国经济发达，H 国经济落后；地震、火山爆发和异常天气所造成的灾害，在 H 国显然比 W 国严重。

D. 自然灾害对人类造成的危害，远低于战争、恐怖主义等人为灾难。

E. 全球经济发展的不平衡所造成的人口膨胀和相对贫困，使得越来越多的人不得不居住在生态环境恶劣甚至危险的地区。

42. H 国赤道雨林的面积每年以惊人的比例减少，引起了全球的关注。但是，卫星照片的数据显示，去年 H 国雨林面积的缩小比例明显低于往年。去年，H 国政府支出数百万美元用以制止滥砍滥伐和防止森林火灾。H 国政府宣称，上述卫星照片的数据说明，本国政府保护赤道雨林的努力取得了显著成效。

以下哪项如果为真，最能削弱 H 国政府的上述结论？

A. 去年 H 国用以保护赤道雨林的财政投入明显低于往年。

B. 与 H 国毗邻的 G 国的赤道雨林的面积并未缩小。

C. 去年 H 国的旱季出现了异乎寻常的大面积持续降雨。

D. H 国用于雨林保护的费用只占年度财政支出的很小比例。

E. 森林面积的萎缩是全球性的环保问题。

43. 近年来我国房价快速攀升。2004 第四季度政府各部门出台多项措施，以压制房价的过快增长，但 2005 年第一季度全国房价仍逆势上扬。有人断言：土地上涨势房价猛涨的罪魁。

以下哪项如果为真，最能对断言提出质疑？

A. 2005 年第一季度上海房价比去年同期增长 19.1%。

B. 2005 年第一季度北京住宅价格比去年同期增长 7.2%，住宅用地增长了 0.37%。

C. 华远地产董事长认为，随着土地开发成本的提高，房价一定会增加。

D. 永泰开发公司董事长说："房价的暴涨是因为供应量没有跟上需求。"

E. 建设部长说："相对于我国经济发展态势来说，房价并没有上涨。"

44. 美国法律规定，不论是驾驶员还是乘客，坐在行驶的小汽车中必须系好安全带。有人对此持反对意见。他们的理由是，每个人都有权冒自己愿意承担的风险，只要这种风险不会给别人带来损害。因此，坐在汽车里系不系安全带，纯粹是个人的私事，正如有人愿意承担风险去炒股，有人愿意承担风险去攀岩纯属个人的私事一样。

以下哪项如果为真，最能对上述反对意见提出质疑？

A. 尽管确实为了保护每个乘客自己，而并非为了防备他人，但所有航空公司仍然要求每个乘客在飞机起飞和降落时系好安全带。

B. 汽车保险费近年来连续上涨，原因之一是由于不系安全带造成的伤亡使得汽车保险赔偿费连年上涨。

C. 在实施了强制要求系安全带的法律以后，美国的汽车交通事故死亡率明显下降。

D. 法律的实施带有强制性，不管它的反对意见看来多么有理。

E. 炒股或攀岩之类的风险是有价值的风险，不系安全带的风险是无畏的风险。

45—46. 一项全球范围的调查显示，近 10 年来，吸烟者的总数基本保持不变，每年只有 10％的吸烟者改变了自己的品牌，即放弃原有的品牌而改吸其他品牌的香烟。烟草制造商用在广告上的支出占其毛收入的 10％。

在某烟草公司的年终董事会上，董事 A 认为，上述统计表明，烟草业在广告上的收益正好等于支出。因此，此类广告完全可以不做。董事 B 认为，由于上述 10％吸烟者所改吸的香烟品牌中几乎不包括本公司的品牌，因而本公司的广告开支实际上是笔亏损性开支。

45. 以下哪项，构成对董事 A 的结论的最有力质疑？

A. 董事 A 的结论忽视了对广告开支的有说服力的计算方法，应该计算其占整个开支的百分比，而不应该计算其占毛收入的百分比。

B. 董事 A 的结论忽视了近年来各种品牌的香烟的价格都有了很大变动。

C. 董事 A 的结论基于一个错误的假设：每个吸烟者在某个时候只喜欢一种品牌。

D. 董事 A 的结论基于一个错误的假设：每个烟草制造商只生产一种品牌。

E. 董事 A 的结论忽视了世界烟草业是一个由处于竞争状态的众多经济实体组成的。

46. 以下哪项如果为真，能构成对董事 B 的结论的质疑？

〔1〕如果没有某公司的烟草广告，许多消费这家公司品牌的吸烟者将改吸其他品牌。

〔2〕上述改变品牌的 10% 的吸烟者所放弃的品牌中，几乎没有这家公司的品牌。

〔3〕烟草广告的效果之一，是吸引吸烟者取代停止吸烟者（死亡的吸烟者或戒烟者）而消费自己的品牌。

A. 只有〔1〕。

B. 只有〔2〕。

C. 只有〔3〕。

D. 只有〔1〕、〔2〕。

E. 〔1〕、〔2〕、〔3〕。

47. 某会计部经理要求总经理批准一项改革计划。

会计部经理：我打算把本公司会计核算所使用的良友财务软件更换为智达财务软件。

总经理：良友软件不是一直用得很好吗，为什么要换？

会计部经理：主要是想降低员工成本。我这里一个统计，在新雇员的财会软件培训成本上，智达软件要比良友低 28%。

总经理：我认为你这个理由并不够充分，你们完全可以聘请原本就会使用良友财务软件的雇员嘛。

以下哪项如果为真，最能削弱总经理的反驳？

A. 现在公司的所有雇员都曾经被要求参加良友财务软件的培训。

B. 当一个雇员掌握了财务会计软件的使用技能后，他们就开始不断地更换雇主。

C. 有会计软件使用经验的雇员通常比没有太多经验的雇员要求更高的工资。

D. 该公司雇员的平均工作效率比其竞争对手的雇员要低。

E. 智达财务软件的升级换代费用可能会比良友财务软件升级的费用高。

48. 去年，大多数航空公司都尽量减轻飞机的重量，从而达到节省燃油的目的。那时最安全的飞机座椅是非常重的，因此只安装很少这类座椅。今年，最安全的座椅卖得最好。这非常明显地证明，现在的航空公司在安全和省油这方面更倾向于重视安全了。

以下哪项如果为真，能够有力地削弱上述结论？

A. 年销售量最大的飞机座椅并不是最安全的座椅。

B. 有航空公司总是宣称他们比其他公司更加重视安全。

C. 安全座椅销售不好的那年比今年的油价有所提高。

D. 由于原材料成本提高，今年的座椅的价格比往年都贵。

E. 由于技术革新，今年最安全的座椅反而比一般的座椅重量轻。

49. 在"二战"期间，美国有 375000 平民死亡，同时大约有 408000 军人在海外死亡。根据这些数字可以得出结论："二战"期间，在海外军队中服役并不比老百姓呆在家里更危险。

下列何者最明显地揭示上述结论的荒谬？

A. 除了海外军队中服役的死亡人数外，还应包括在美国服役的军人死亡数。

B. 把在部队服役期间意外事故引起的死亡和作战中引起的伤亡分开。

C. 比较老百姓的死亡数与军人死亡数在总的死亡数中占的百分比的差别。

D. 比较每一组中每一千人中的死亡率而不是比较总的死亡人数。

E. 比较在美国由意外事故造成的死亡和在部队中作战引起的死亡。

50. 孩子出生后的第一年在托儿所度过，会引发孩子的紧张不安。在我们的研究中，有 464 名 12 到 13 岁的儿童接受了特异情景测试法的测试，该项测试意在测试儿童一岁时的状况与对母亲的依附心理之间的关系。其结果：有 41.5％曾在托儿所看护的儿童和 25.7％曾在家看护的儿童被认为紧张不安，过于依附母亲。

以下哪项如果为真，最没有可能对上述研究的推断提出质疑？

A. 研究中所测验的孩子并不是从托儿所看护和在家看护两种情况下随机选取的。因此，这两组样本儿童的家庭很可能有系统性的差异存在。

B. 这项研究的主持者被证实曾经在自己的幼儿时期受到过长时间来自托儿所阿姨的冷漠对待。

C. 针对孩子的母亲另一部分研究发现：由于孩子在家里表现出过度的依附心理，父母因此希望将其送入托儿所予以矫正。

D. 因为风俗关系，在 464 名被测者中，在托儿所看护的大多数为女童，而在家看护的多数为男童。一般说来，女童比男童更易表现为紧张不安和依附母亲。

E. 出生后第一年在家看护的孩子多数是由祖父母和外祖父母看护的，并形成浓厚的亲情。

51. 自 1940 年以来，全世界的离婚率不断上升。因此，目前世界上的单亲儿童，即只与生身父母中的某一位一起生活的儿童，在整个儿童中所占的比例，一定高于 1940 年。

以下哪项关于世界范围内相关情况的断定如果为真，最能对上述推断提出质疑？

A. 1940 年以来，特别是 70 年代以来，相对和平的环境的医疗技术的发展，使中青年已婚男女的死亡率极大地降低。

B. 1980 年以来，离婚男女中的再婚率逐年提高，但其中的复婚率却极低。

C. 目前全世界儿童的总数，是 1940 年的两倍以上。

D. 1970 年以来，初婚夫妇的平均年龄在逐年上升。

E. 目前每对夫妇所生子女的平均数，要低于 1940 年。

52. 在我们的法律体系中存在着一些不合理性。在刑法中，尽管作案的动机是一样的，但是，对于成功作案的人的惩罚比对试图作案而没有成功的人的惩罚要严重得多。然而，在民法中，一个蓄意诈骗但没有获得成功的人却不必支付罚款。

以下哪项如果为真，严重地削弱了上述议论中的看法？

A. 许多被监禁的罪犯一旦获释将会犯其他的罪行。

B. 除了对一个人的罪恶行为进行法律制裁外还要给予道德上的谴责。

C. 学民法的人比学刑法的人更容易找工作，可见民法与刑法大不相同。

D. 对这个国家来说，刑事审判比民事审判要付出更高的代价。

E. 刑法的目标是惩罚罪犯，而民法的目标则是给受害者以补偿。

53. 由于预测明年经济增长速度会放慢，引起了最近美元币值的下跌。但是如果没有政府的巨额预算赤字，该预测就不会对美元有负面影响，因而必须降低该赤字来防止将来的货币贬值。

以下哪一项如果是正确的，将最严重地削弱关于如何防止将来货币贬值的结论？

A. 政府几乎没有做过努力来预算赤字。

B. 预算赤字没有造成经济增长速度的减缓。

C. 这一年在最近的经济增长放缓的预测之前，美元的币值已下跌了好几次。

D. 在没有巨额预算赤字时，更慢的经济增长的预测经常导致美元的贬值。

E. 当存在巨额预算赤字时，除了经济增长放缓的预测之外的其他事件。

54. 一份研究报告指出，为接受研究的 3～5 岁的孩子准备的一个特殊教育方案提高了他们在今后学校教育中获得成功的可能。因此，对所有孩子实行类似的教育方案会提高他们在以后学校教育中取得成功的机会。

下面哪个如果正确，最能削弱上面的论点？

A. 在美国，学龄前儿童的父母被教育流行风尚所吸引，他们并不清楚孩子接受什么样的早期教育才是有利的。

B. 儿童在 3～5 岁时的认知能力是不断变化的。

C. 调查人员并未意识到他们把以前曾受过另一种教育培养训练的一大批孩子包括了进来。

D. 很多父母错误地认为早期正规教育将占用孩子们本来可以更好地独立探索世界的时间。

E. 在国家的基础上建立这样的教育培训项目需要特别的公共支出。

55. 地震、火山喷发和异常的天气在最近十年里造成对人们产生不利影响的自然灾害要比前数十年多得多。我们可以得出结论，作为一种自然环境，地球变得愈加不友善和危险了，我们应利用气象学和地球学来探寻这种趋向的原因。

下面哪一个如果正确，将最严重地削弱上述所得结论？

A. 气象学和地球学在近十年里提供的针对自然灾害的早期预警系统比前数十年要好。

B. 在近十年里，对受自然灾害的灾民进行的国际救援行动要比前数十年组织得好。

C. 发生在近十年和前数十年的主要地地震、火山爆发、干旱、山崩和洪水均有记录。

D. 人口压力和贫困迫使越来越多的人住在易受自然灾害影响的地区。

E. 过去十年里，可能影响气候的土地使用情况并没改变。

56. 一个部落或种族在历史的发展中灭绝了，但它的文字会留传下来。"亚里洛"就是这样一种文字。考古学家是在内陆发现这种文字的，经研究、"亚里洛"中没有表示"海"的文字，但有表示"冬天"、"雪"和"狼"等的文字。因此，专家们推测，使用"亚里洛"文字的部落或种族在历史上生活在远离海洋的寒冷地带。

以下哪项如果为真，最能削弱上述专家的推测？

A. 蒙古语中有表示"海"的文字，尽管古代蒙古人从没见过海。

B. "亚里洛"中有表示"鱼"的文字。

C. "亚里洛"中有表示"热"的文字。

D. "亚里洛"中没有表示"山"的文字。

E. "亚里洛"中没有表示"云"的文字。

57. 据对一批企业的调查显示，这些企业总经理的平均年龄是 57 岁，而在 20 年前，同档的这些企业的总经理的平均年龄大约是 49 岁。这说明，目前企业中总经理的年龄呈老化趋势。

以下哪项，对题干的论证提出的质疑最为有力？

A. 题干中没有说明，20 年前这些企业关于总经理人选是否有年龄限制。

B. 题干中没有说明，这些总经理任职的平均年数。

C. 题干中的信息，仅仅基于有 20 年以上历史的企业。

D. 20 年前这些企业总经理的平均年龄仅是个近似数字。

E. 题干中没有说明被调查企业的规模。

58. 市场上推出了一种新型的电脑键盘。新型键盘具有传统键盘所没有的"三最"特点，即最常用的键设计在最靠近最灵活手指的部位。新型键盘能大大提高键入速度，并减少错误率。因此，用新型键盘替换传统键盘能迅速地提高相关部门的工作效率。

以下哪项如果为真，最能削弱上述论证？

A. 有的键盘使用者最灵活的手指和平常人不同。

B. 传统键盘中最常用的键并非设计在离最灵活手指最远的部位。

C. 无论使用何种键盘，键入速度和错误率都因人而异。

D. 新型键盘的价格高于传统键盘的价格。

E. 越能高效率地使用传统键盘，短期内越不易熟练地使用新型键盘。

59. 研究人员发现，每天食用五份以上的山药、玉米、胡萝卜、洋葱或其他类似蔬菜可以降低患胰腺癌的风险。他们调查了2230名受访者，其中有532名胰腺癌患者，然后对癌症患者喜食的农产品加以分类，并询问他们其他的生活习惯，比如总体饮食和吸烟情况，将其与另外1701名的生活习惯作比较。结果发现，每天至少食用五份蔬菜的人患胰腺癌的几率是每天食用蔬菜两份以下人的一半。

以下哪一个问题不构成对上述研究结论的质疑？

A. 受访者在调查中所说的话都是真的吗？

B. 在胰腺癌患者中，男女各占多大比例？

C. 调查所涉及的胰腺癌患者与非胰腺癌患者在生活习惯方面的差异是否有重要遗漏？

D. 胰腺癌患者有没有遗传方面的原因？

第四节　评价与解释

一、评价

评价是支持和削弱两种题型的综合。评价题型的选项一般来说都是问句。当选项是一般疑问句时，对这个问句有两方面的回答：是和否。若对这个问句回答"是"对题干推理起到了支持作用；若对这个问题回答"不是"对题干推理起到了削弱作用。于是，这个问题就对题干推理有评价作用。

当选项是一般疑问句时，我们首先对这个问题做出精确的回答。在得到回答的精确信息之后，再否定这个信息。这样我们就得到了两方面的信息。如果一种信息能支持和加强题干，而另一种信息能削弱或反驳题干，那么也就起到了评价的作用。

如果选项是陈述句时，一般的我们都可以把它们转换成一般疑问句或特殊疑问句来处理。例如：

1. 睡眠不足是引起工作事故的众所周知的原因。许多医生经常连续 24 小时或更长时间不睡觉，然而在同事之间做的常规检查中，这些医生很少有被诊断为睡眠不足。因此，没有理由担心习惯性睡眠不足会导致广泛的医疗事故。

对下列哪个问题的回答最有助于评价上面的论述？

A. 诊断为睡眠不足的医生是否同时也表现出其他与睡眠无关的疾病征兆。

B. 医生习惯性睡眠不足是否会严重减弱他判断他人睡眠不足征兆的能力。

C. 是否除了习惯性睡眠不足之外还有其他的医生本身的因素而导致工作失误？

D. 在最近接受治疗的人当中，相信医生有时受睡眠不足之苦的人占多大比例？

E. 在医生中睡眠不足的发病率是否比在其他医疗工作人员中更高？

解析：

结论是：习惯性睡眠不足不会导致广泛的医疗事故。理由是：睡眠不足的医生之间做的常规检查中，这些医生很少有被诊断为睡眠不足。对 B 项作肯定和否定的回答，就能得到对上述推理是支持还是削弱，所以答案是 B。

2. 大学图书管理员：三年以前，非学生读者使用本图书馆是免费的。后来，因为我们的预算减少了，所以我们要求他们每年支付 100 美元的费用。然而，仍然约有 150 名非学生读者使用了图书馆而没有缴费。因此，如果我们雇用一名警卫来辨认非学生读者并令其缴费，那么我们就可以获得经济收益。

下列哪一项对于评价图书管理员的结论是最为重要的？

A. 每年使用图书馆的学生人数。

B. 今年图书馆的预算。

C. 图书馆是否安装了昂贵的计算机分类系统。

D. 三年前图书馆的预算降低了多少。

E. 图书馆雇用一名警卫每年的成本是多少。

解析：

对选项 E 的肯定和否定的回答，能知道雇用一名警卫费用是大于 15000 元，还是小于 15000 元。所以答案是 E。

3. 一般计算机的逻辑器件成本正以每年 25％ 的比例下降，一般的计算机储存件则以每年 40％ 的比例下跌。如果成本下跌的比例在三年内不变，在三年后一般的计算机存储器件的成本下降的数量要比一般逻辑器件成本下降的数量更大。

关于以下哪一项的准确信息在评价以上的结论的正确性方面最有用？

A. 今后三年内计划购买的逻辑器件和存储器件的数量。

B. 一般的逻辑器件和存储器件实际收取的价格。

C. 不同厂家的器件和存储器件的兼容性。

D. 逻辑器件和存储器件的相对耐用性。

解析：

题干是通过两种器件的比例数据得出一个结论：在三年后一般的计算机存储器件的成本下降的数量要比一般逻辑器件成本下降的数量更大。这就涉及两种器件的原来成本问题。B 项指出，一般的逻辑器件和存储器件实际收取的价格是多少。若二者原来成本基本相同，那么就支持了上面的推理；若存储器件的实际价格要远远小于逻辑器件的实际价格，则反对了题干的推理。所以 B 选项是一个评价。

4. 哈丁争论说，人们使用共同拥有的（即对任何使用者开放的）牧场比使用私人的牧场更不注意。每个放牧者都有过度使用公地的冲动，因为从中获得的利益将归于个人，而由于过度使用土地引起的土地质量下降的成本由所有使用者分摊。但一项研究比较了 2.17 亿英亩公用牧场和 4.33 亿英亩的私人牧场，表明公用牧场的条件更好。

与哈丁的宣称作比较，评价以上描述的这项研究的意义时，以下哪一个问题的答案将最有用？

A. 有没有一些放牧者，他们是土地属于被研究之列，既使用公用又使用私人土地的人？

B. 那些自己的土地属于被研究之列的放牧者是否倾向于更愿意使用公地而不使用私人土地来放牧？

C. 在用来放牧之前该研究中的私人土地是否与公地的质量相当？

D. 该研究中的公地使用者是否至少与私人土地的使用者一样有钱。

解析：

哈丁根据公用牧地比私人牧地状况好而得出结论：由于过度使用，公用牧地比私人牧地条件恶化的更快。C 项指出，在用来放牧之前该研究中的私人土地是否与公地的质量相当？如果在放牧前，公用牧地的条件比私人牧地差，该研究中指出的现象就会削弱哈丁的宣称；但如果在放牧前，公用牧地的条件好于私人牧地，该研究中指出的现象就支持哈丁的宣称。所以，选项 C 是一个很好的评价。

二、解释

解释是关于题干给出的某些事实或现象的客观描述，要求对这些事实、现象、结果或矛盾做出合理的说明。其主要表现形式是，在题干中给出某种需要说明、解释的现象，再问什么样的理由、根据、原因能够最好地解释该现象，或最不能解释该现象，既与该现象的发生不相干。解释的范围一般是解释结论或现象，解释差异或矛盾。例如：

1. 由于邮费上涨，某《周末画报》杂志为减少成本，增加利润，准备将每年发行 52 期改为每年发行 26 期，但每期文章的质量、文章总数和定价都不变。经认真研究认为，杂志的订户和在杂志上刊登广告的客户数量均不会下降。

以下哪项，如果为真，最能说明该杂志社的利润将会因上述变动而降低？

A. 在新的邮资政策下，每期的发行费用将比原来高 1/3。

B. 杂志的大部分订户较多地关心文章的质量，而较少地关心文章的数量。

C. 即使邮资上涨，许多杂志的长期订户仍将继续订阅。

D. 在该杂志上购买广告页的多数广告商将继续在每一期上购买同过去一样多的页数。

E. 杂志的设计、制作成本预期将保持不变。

解析：

正确选项是 D。因为，题干指出，每年发行 52 期改为每年发行 26 期，发行量减少了一半。而 D 说明广告商在每一期购买的页数不变，这样必然会减少该杂志社的利润。

2. 美国某大学医学院的研究人员在《小儿科杂志》上发表论文指出，在对 2702 个家庭的孩子进行跟踪调查后发现，如果孩子在 5 岁前每天看电视超过 2 小时,他们长大后出现行为问题的风险将会增加 1 倍多。所谓行为问题是指性格孤僻、言行粗鲁、侵犯他人、难与他人合作等。

以下哪项最好地解释了以上论述?

A. 电视节目会使孩子产生好奇心,容易导致孩子出现暴力倾向。

B. 电视节目中有不少内容容易使孩子长时间处于紧张、恐惧的状态。

C. 看电视时间过长,会影响孩子与其他人的交往,久而久之,孩子便会缺乏与他人打交道的经验。

D. 儿童模仿能力强,如果只对电视节目感兴趣,长此以往,会阻碍他们分析能力的发展。

E. 每天长时间地看电视,容易使孩子神经系统产生疲劳,影响身心发展。

解析:

该题要求解释的是,为什么看电视时间过长会导致行为问题。诸选项中,只有 C 和 E 涉及看电视时间过长的影响,其中 C 最能解释题干。

3.《都市青年报》准备在 5 月 4 日青年节的时候推出一种订报有奖的营销活动。如果你在 5 月 4 日到 6 月 1 日之间订了下半年的《都市青年报》的话,你就可以免费获赠下半年的《都市广播导报》。推出这个活动之后,报社每天都在统计新订户的情况,结果非常失望。

以下哪项如果为真,最能够解释这项促销活动没能成功的原因?

A. 根据邮局发行部门的统计,《都市广播导报》并不是一份十分有吸引力的报纸。

B. 根据一项调查的结果,《都市青年报》的订户中有些已经同时订了《都市广播导报》。

C.《都市广播导报》的发行渠道很广。据统计,订户比

《都市青年报》的还要多一倍。

D.《都市青年报》没有考虑很多人的订阅习惯。大多数报刊订户在去年年底已经订了今年一年的《都市广播导报》。

解析：

选项 D 给出了一个非常合乎逻辑的解释。指出了促销活动没能成功的原因。

4. 一项对东华大学企业管理系 94 届毕业生的调查的结果看来有些问题，当被调查毕业生被问及其在校学习成绩的名次时，统计资料表明：有 60% 的回答者说他们的成绩位居班级的前20 名。

如果我们已经排除了回答者说假话的可能，那么下面哪一项对上述现象给出更合理的解释？

A. 未回答者中也并不是所有的人的成绩名次都在班级的前20 名以外。

B. 虽然回答者没有错报成绩，但不排除个别人对于学习成绩的排名有不同的理解。

C. 东华大学对学生学习成绩的名次排列方式与其他大多数学校不同。

D. 成绩较差的毕业生在被访问时一般没有回答这个有关学习成绩名次的问题。

解析：

如果所有的上述毕业生都受到了调查，并且所有的被调查者都回答了所有的问题，那么，题干的断定就包含了明显的矛盾。而 D 项断定，成绩较差的毕业生在被访问时一般没有回答这个有关学习成绩名次的问题。因此，产生题干矛盾的条件不成立，也就是说，回答问题者的成绩都较好。因此，其中的 60% 的成绩居前就不奇怪。这就对题干做出了一个恰当的解释。

5. 大学生利用假期当保姆已不再是新鲜事。一项调查显示，63% 的被调查者赞成大学生当保姆，但是，当问到自己家里是否会请大学生保姆时，却有近 60% 的人表示不会。

以下哪项陈述如果为真，能够合理解释上述看似矛盾的现象？

A. 赞成大学生当保姆的人中，有69%的人认为做家政工作对大学生自身有益，只有31%的人认为大学生保姆能提供更好的家政服务。

B. 在不赞成大学生当保姆的人中，有40%的人认为，学生实践就该选择与自己专业相关的领域。

C. 在选择会请大学生当保姆的人中，有75%的人打算让大学生担任家教或秘书工作，只有25%的人想让大学生从事家务劳动。

D. 调查中有62%的人表示只愿意付给大学生保姆800元到1000元左右的月薪。

解析：

题干的矛盾现象在于：一方面，大部分被调查者赞成大学生当保姆；另一方面，大部分被调查者却表示自己家里不会请大学生当保姆。

如果选项A为真，即在赞成大学生当保姆的人中，大部分人认为做家政工作对大学生自身有益，同时大部分人认为大学生当保姆不能提供更好的家政服务。因此，从站在对方（大学生）的角度赞成大学生当保姆，而站在自己的角度，不会请大学生保姆。从不同的角度去考虑同一个问题，所持的看法就可能不同。这就很好地解释了题干矛盾的两个方面。

练习题：

1. 毫无疑问，未成年人吸烟应该加以禁止。但是，我们不能为了防止给未成年人吸烟以可乘之机，就明令禁止自动售烟机的使用。这种禁令就如同为了禁止无证驾车在道路上设立路障，这道路障自然禁止了无证驾驶者，但同时也阻挡了99%以上的有证驾驶者。

为了对上述论证作出评价，回答以下哪个问题最为重要？

A. 未成年吸烟者在整个吸烟者中所占的比例是否超过 1%？

B. 未成年人吸烟的危害，是否真如公众认为的那样严重？

C. 无证驾车者在整个驾车者中所占的比例是否真的不超过 1%。

D. 从自动售烟机中是否能买到可心的香烟？

E. 禁止使用自动售烟机带给成年购烟者的不便究竟有多大？

2. 在一次世界范围内的股市剧跌之后的余波中，T 国宣称该国经历的相当严重的股市下跌是由于在下跌之前不久，该国许多行业经历了过快的非国有化过程。

以下哪一项如果能被执行，将最有助于对 T 国股票市场严重下跌原因的评估？

A. 计算在下跌期间 T 国个人交易商的平均损失。

B. 利用经济学理论预测 T 国下一次下跌最有可能的时间。

C. 把 T 国下跌过程中最糟糕的那段时间抛出的股票总数同刚刚下跌前 T 国抛出的股票总数相比。

D. 把 T 国下跌的严重程度同那些其他经济条件与 T 国相似，但没有经历最近的非国有化过程的国家下跌的严重程度相比。

E. 把这次下跌对 T 国货币购买力的长期影响与下跌对 T 国货币购买力的即时的、更严重的短期影响相比。

3. 在频繁地使用几个星期之后，吉他琴弦经常会"死掉"——反应更加迟钝，音调不那么响亮。一个古典吉他演奏家的研究人员提出一个假想，认为这是由脏东西和油，而不是琴弦材料性质的改变而导致的结果。

以下哪一项调查最有可能得出有助于评价该研究人员假想的信息？

A. 确定是否使用了一种金属合金来制作古典吉他演奏家使用的琴弦。

B. 确定古典吉他演奏家使他们的琴弦"死掉"的速度是否比通俗吉他演奏家快。

C. 确定把相同的标准长度相等的琴弦安在不同品牌的吉他上，是否以不同的速度"死掉"。

D. 确定一根"死掉"的弦和一根新弦是否会产生不同音质的声音。

E. 确定在新吉他弦上抹上不同的物质是否能使它们"死掉"。

4. 要么采取紧缩的财政政策，要么采取扩张的财政政策，由于紧缩的财政政策会导致更多的人下岗，所以，必须采取扩张的财政政策。

以下哪一问题，对评论上述论证最重要？

A. 紧缩的财政是否还有其他不利影响？

B. 既不是紧缩的也不是扩张的财政政策是否存在？

C. 扩张的财政政策能否使就业率有大幅度的提高？

D. 扩张的财政政策是否能导致其他的不利后果？

E. 扩张的财政政策能否得到大多数老百姓的理解？

5. 计划委员会决定支持重新开发城市西区的计划，并且发出一篇报告指出这种重新开发是可行的。王刚是计划委员会的一员，而且从委员会建立之初就是其中一员，所以，王刚不可能反对这一重新开发西区的计划。

以下哪一个问题的答案最能帮助我们重新判断上述观点的正确性？

A. 这篇可行性报告是否由独立的顾问委员会成员撰写的？

B. 委员会的决定是否需要全体通过？

C. 王刚是否也在其他委员会任职，而这些委员会又不涉及规划、开发等问题？

D. 委员会发布报告是定期的还是有开发问题需要裁决的？

E. 王刚在这个委员会中地位如何？

6. 自1997年以来，香港陷入比较严重的经济衰退；就在这一年，香港开始实行"一国两制"。有人声称：是"一国两制"造成了香港的经济衰退。

以下哪一个问题对于反驳上述推理最为相关？

A. 两件事情同时发生或相继发生，就能确定它们之间有因果关系吗？

B. 为什么台湾地区、新加坡、韩国、美国在此期间也发生经济衰退？

C. 为什么中国的经济一派欣欣向荣？

D. 为什么以前管制香港的英国在此期间的经济状况也很糟糕？

E. 为什么旧中国的经济也是奄奄一息？

7. 王教授：三年前交通管理委员会改善了我市最繁忙的一个十字路口的可见度，从而减少那里的交通事故的发生。

李研究员：在过去的三年中那个十字路口每周交通事故增加了而不是减少了。因此，那次改变增加了事故发生率。

以下那个问题的回答对于评价李研究员的论述最有用？

A. 当改善措施完成后，交通管理委员会的成员平均值勤多少时间？

B. 镇里大多数居民同意交通委员会的做法么？

C. 邻近城镇过去三年中在改善危险路段可见度方面采取了什么样的措施？

D. 过去三年中这个镇的最繁忙十字路口的车流量的改变情况如何？

E. 过去三年中这个镇的最繁忙十字路口的交通事故增加了吗？

8. 一家超市常常发现有顾客偷拿商品不付款，从而影响该超市的赢利。于是，该超市管理层痛下决心，在该超市安装监控设备，并且增加导购员人数，由此来提高该超市的利润率。

下面哪一项对于评价该超市管理层的决定最为重要？

A. 该超市商品的进价与卖价之比。

B. 该超市每天卖出的商品的数量和价格。

C. 每天到该超市购物的顾客人数和消费水平。

D. 该超市因顾客偷拿商品所造成的损失，与运行监控设备，增加导购员的花费之比。

E. 该超市每天的运行成本与所得利益之比。

9. X：一次性塑料杯子含有对环境有害的氟氯烃，应该用纸杯子代替它。在生产这种泡沫塑料的过程中会产生苯乙烯，它是一种对人体有害的致癌物。此外，泡沫塑料不易被大自然分解，会长久地留在自然界。

Y：你忽视了制造纸杯对环境的影响。研究表明，生产纸杯要燃烧更多的石油，它所需要的电力是泡沫杯的 36 倍，并且需要 12 倍于泡沫杯的蒸汽和 2 倍于泡沫杯的冷却水。况且纸杯比泡沫杯重，运输也要消耗更大的能量。造纸厂会排出废水，当这些杯子腐烂时，还会产生对全球变暖有负面效应的甲烷。所以，不应该用纸杯代替泡沫杯。

以下哪一项对于评价 X 和 Y 的意见分歧最重要？

A. 在多长时间内，X 和 Y 所说的污染才能达到最大？

B. 是否某些国家的人比另一些国家的人使用更多的一次性商品。

C. 能否找到能替代泡沫杯的无环境危害的产品？

D. 在分析一种商品对环境的影响时，生成、销售这种商品以及处理它对环境污染所产生的后果各自应占多大的比重？

E. 它们最流行的大小，纸杯和泡沫杯是否能盛同样多的液体？

10. 有一则电视广告说，草原绿鸟鸡，饿了吃青草，馋了吃蚂蚱，似乎在暗示该种鸡及其鸡蛋的营养价值与该种鸡所吃的草原食物有关。

为了验证这个结论，下面哪种实验方法最为可靠？

A. 选择一优良品种的蛋鸡投放到草原上喂养，然后与在非草原喂养的普通鸡的营养成分相比较。

B. 化验、比较草原上的鸡食物和非草原上的鸡食物的营养成分。

C. 选择品种等级完全相同的蛋鸡，一半投放到草原上喂养，一半在非草原喂养，然后比较它们的营养成分。

D. 选出不同品种的蛋鸡，投放在草原上喂养，然后比较它们的营养成分。

E. 选择品种等级完全相同的蛋鸭，一半投放到草原上喂养，一半在非草原喂养，然后比较它们的营养成分。

11. 在警察新实施的一个项目中，在一些邻近的地区，在凌晨1点到5点钟，往不常使用的汽车窗子上贴上一种特殊的贴花，并且让警察在1点到5点之间拦截带有这种特殊贴花的汽车，检查驾驶员的执照。结果发现：带有这种特殊贴花的汽车的失窃率比从前大大降低。

如果上述汽车失窃率下降这一结论成立，以下哪项对评价结论的有效性最为重要？

A. 汽车所有者是否采取了与警察所实施的项目结合的其他足够谨慎的防止汽车被盗的特殊措施？

B. 究竟有多少邻近地区的汽车使用了警察实施的新项目？

C. 邻近地区积极参加这个新项目的汽车是否有时在白天被盗？

D. 在汽车窗子上有特殊贴花的车主，当他们需要在凌晨1点到5点出车时，是否会受到警察的干扰？

E. 究竟有多少车被贴上这样的特殊贴花？

12. 许多孕妇都出现了维生素缺乏的症状，但这通常不是由于孕妇的饮食中缺乏维生素，而是由于腹内婴儿的生长使她们比其他人对维生素有更高的需求。

为了评价上述结论的确切程度，以下哪项操作最为重要？

A. 对某个缺乏维生素的孕妇的日常饮食进行检测，确定其中维生素的含量。

B. 对某个不缺乏维生素的孕妇的日常饮食进行检测，确定其中维生素的含量。

C. 对孕妇的科学食谱进行研究，以确定有利于孕妇摄入足量维生素的最佳食谱。

D. 对日常饮食中维生素足量的一个孕妇和一个非孕妇进行检测，并分别确定她们是否缺乏维生素。

E. 对日常饮食中维生素不足量的一个孕妇和另一个非孕妇进行检测，并分别确定她们是否缺乏维生素。

13. 一个美国旅游者去希腊克里特岛观光，碰到了一个年轻人。年青人对美国人说："别相信克里持人，他们说的每句话都是谎话。我最了解这一点，因为我就是克里特人。"这个美国人对年轻人说："我无法相信你的话，既然克里特人不说真话，那么，凭什么让我相信你这个克里特人没说谎呢？"

以下哪项最为确切地评价了美国人的反应？

A. 这是站不住脚的，因为年轻人并无恶意，他仅仅想帮助陌生人。

B. 这是自我相悖的，因为不相信年轻人的话正是由于相信了他的话。

C. 这是可以理解的。一个陌生人特别是一个年轻的陌生人的话不应完全相信。

D. 这是非常生硬的，容易使人对美国旅游者产生不好的印象。

E. 这过于谨慎了。因为年轻人既然敢于承认包括自己在内的克里特人都说谎，这说明他是真诚的。

14. 曼其尼公司的档案记录被保持成一种只有通过其现有的计算机系统才能进入的格式，这样当系统不能适当运行时，就得不到这些记录。为了防止因计算机失灵而不能取得它们的记录的可能性，曼其尼公司计划用一个新系统取代现有的计算机系统，该新系统保存记录的格式可以进入几个不同的系统。

以下那个问题的答案对评价该项计划作为保证取得档案记录的方法是最有利的？

A. 曼其尼公司是否经常以计算机的形式来保存其档案记录？

B. 曼其尼公司计划的新计算机系统能否保证保存记录比现

在的系统有更大的安全性？

　　C. 曼其尼公司现有的档案记录能否立刻转送到新计算机系统？

　　D. 新的计算机系统是否能比现有的系统执行更多的任务？

　　E. 新计算机系统是否有保密措施？

　　15. 一家实木地板销售商在其合同文本中郑重承诺："本店所销售的地板绝对是木头做的；负责免费安装，但安装所需材料费除外；免费保修一年，但非本公司过错所造成的损失除外。如有欺诈，本公司愿负法律责任，并付 1000 倍以上赔偿金。本公司保留对此合同条款的一切解释权。"

　　下面哪一个选项是对该公司及其合同的正确评价？

　　A. 该公司肯定很诚实，因为它承诺：若发现欺诈，愿付 1000 倍以上赔偿金。

　　B. 该公司的合同实际上对它的行为没有任何约束力。

　　C. 该公司所卖地板肯定都是货真价实的实木地板。

　　D. 从顾客角度看，该公司的合同条款是可以接受的。

　　16. 一个徒步旅行者看见路上的里程碑正面标着"23"，由此，他断定下一个里程碑将意味着他达到了两个端点距离之间的中心。但是下一个里程碑正面写着"20"，反面写着"24"。

　　以下哪项理由能解释上述现象？

　　A. 里程碑上面标的是公里而不是里。

　　B. 下一个里程碑上的数字写反了。

　　C. 里程碑被人为地放错了。

　　D. 里程碑原本是为了记载里程而不是为徒步旅行人服务的。

　　E. 里程碑正面标的是到终点的距离，而不是离开起点的距离。

　　17. 贾女士：本报对减肥成功者所作的一项调查显示。70%的受调查者称服用东参减肥丸，30%的称服用灵芝瘦身丹。没有被调查者服用其他减肥药。

　　陈先生：这说明在被调查者中，服用东参减肥丸的人数，比服用灵芝瘦身丹的两倍还多。

贾女士：另外，25％的被调查者称他们从不通过药物减肥。

以下哪项如果为真，最有利于解释贾女士的断定中看来存在的矛盾？

A. 30％的服用灵芝瘦身丹的被调查者，包括在70％的服用东参减肥丸的被调查者中。

B. 一些被调查者服用上述两种减肥药。

C. 被调查者的人数超过100人。

D. 被调查者在整个减肥成功者中，只占很小的比例。

E. 减肥成功者在整个减肥者中只占很小的比例。

18. 西双版纳植物园中有两种樱草，一种自花授粉，另一种非自花授粉，即须依靠昆虫授粉。近几年来，授粉昆虫的数量显著减少。另外，一株非自花授粉的樱草所结的种子比自花授粉的要少。显然，非自花授粉樱草的繁殖条件比自花授粉的要差。但是，游人在植物园多见的是非自花授粉樱草而不是自花授粉樱草。

以下哪项断定最无助于解释上述现象？

A. 在上述植物园中，为保护授粉昆虫免受游客伤害，非自花授粉樱草多植于园林深处。

B. 和自花授粉樱草相比，非自花授粉樱草的种子发芽率较高。

C. 前几年，上述植物园中非自花授粉樱草和自花授粉樱草的数量比大约是5：1。

D. 当两种樱草杂生时，土壤中的养分更易于被非自花授粉樱草吸收，这又往往导致自花授粉樱草的枯萎。

E. 自花授粉的条件比非自花授粉的条件要好得多。

19. 为了更好地理解人类个性的特征极其发展，一些心理学家对动物的个性进行了研究。

以下各项如果为真，都能对上述行为提供解释，除了

A. 人类和动物的行为都产生于类似的本能，但动物的本能

较为明显。

B. 对人的某些实验受到法律的限制，但对动物的实验一般不受限制。

C. 和对动物的实验相比，对人的实验的费用较为昂贵。

D. 在数年中可完成对某些动物个体从幼年至老年个性发展的全程观察。

E. 对人的个性的科学理解，能为恰当理解动物的个性提供模式。

20. 确凿的证据表明：汽车安全座将大大减少儿童在汽车事故中蒙受的严重伤害的比率，法律已经通过使用这种安全座的条例。可是，人们毫无例外地发现那些使用安全座位的儿童仍然在汽车事故中继续蒙受严重的伤害。因此，那些事实上被证明具有防止受伤害作用的安全座应该被撤销。

以下哪一项最能合理地解释上文中这个没料到的发现？

A. 许多没有对他们的儿童使用安全座的父母蔑视或违抗这个法规。

B. 儿童比使用安全座之前更喜欢乘汽车旅行。

C. 儿童安全座的高成本使许多父母拖延安置它。

D. 汽车安全座不能防止所有类型的伤害，所以仍然遭受一些伤害并不奇怪。

E. 儿童安全座所提供的防护作用依靠它们被正确地使用，许多父母没有正确使用它。

21. 对中国 31 个省市自治区的商人信任度的调查结果表明，一半本地人都认为本地人值得信任。如北京人为北京人打出的可信任度分数是 57.9。而为天津人打出的分数是 15，有一个地方例外，就是海南人自己并不信赖海南人。

如果以下陈述为真，除了哪项之外，都能对上述的例外提供合理解释？

A. 海南本来就骗子多，互不信任。

B. 海南绝大多数的被抽查者是从外地去那里经商留下的。

C. 外地人对海南商人不了解，给他们打得信任分数很低。

D. 在海南经商的大多数商人不是本地人。

E. 海南人大多为外地移民，在身份认同上还没有把自己融于海南。

22. 国家最大的零售商们报道说，在过去 6 个月中有销售旺季。在这个销售旺季，利润比通常要低。这是不寻常的，因为就一般情况而言，当销售增加时，利润也增加。

下面哪一项如果为真，最有利于解释题干中的不寻常现象？

A. 利率的降低允许许多零售商增加他们的库存而不需要付会削减利润的高利息。

B. 在男性衣服销售量不大时，女性和孩子的衣服销售上升超过 20%。

C. 两个最大的独立零售商设法以低价购买他们的商品。

D. 国家最大的零售商通过剧烈增加在广告上的花费来吸引更多的顾客。

E. 许多零售商为了在最近消费增长中获益，而增加价格。

23. 一月份出售的新房子数量大幅下降了，因为按揭贷款的利率正在降低，许多消费者在等待着看利率会低到什么程度，销售的大幅下降伴随着所售新房子平均价格的激增。

下面哪个如果正确，最好地解释了新房子平均价格的激增？

A. 价格较高的房子的销售没有受销量下降的影响，因为它们的买主较少有制约他们支付的总额的限制。

B. 建筑商和建筑工会的劳动协议到明年一月才到期。

C. 过去三年中，新房子的价格一直在缓慢上涨，因为住房不足的严重程度增加了。

D. 一月份比先前的三个月中有更多的房屋所有者再次出售他们的中等价位的房子。

E. 如果总体商业活动增加的预测被证明是准确的，今年晚些时候的房屋按揭贷款利率预计会大幅上升。

24. 一些社区几乎全部是退休人员居住，如果有，也只是很少的带小孩的家庭居住。然而这些社区聚集了很多欣欣向荣的专门出租婴儿和小孩使用的家具的企业。

以下哪一项，如果是正确的，能最好地缓解以上描述的表面矛盾？

A. 专门出租小孩用的家具的企业是从 F 外的批发商那里买来的家具。

B. 居住在这些社区的为数不多见的孩子都相互认识，并经常到其他人的房子里过夜。

C. 这些社区的许多居民点经常搬家，更愿意租用他们的家具而不愿意去买。

D. 这些社区的许多居民必须为来访几个星期的孙子或孙女们提供必要的用品。

E. 出租的孩子用的家具与商店里拿来卖的家具质量相同。

25. 我国博士研究生中女生的比例近年来有显著的增长。说明这一结论的一组数据是：2000 年，报考博士生的女性考生的录取比例是 30%；而 2004 年这一比例上升为 45%。另外，这两年报考博士生的考生中男女的比例基本不变。

为了评价上述论证，对 2000 年和 2004 年的以下哪项数据进行比较最为重要？

A. 报考博士生的男性考生的录取比例。

B. 报考博士生的考生的总数。

C. 报考博士生的女性考生的总数。

D. 报考博士生的男性考生的总数。

E. 报考博士生的考生中理工科的比例。

26. 尽管对于备办酒宴机构的卫生检查程序要比普通餐厅的检查程序严格得多，在报到市卫生主管部门的食品中毒案件中，还是来自酒宴服务的比来自普通餐厅的多。

以下哪个选项为真，最能够解释题干中表面上的矛盾现象？

A. 在任何时间里，在餐厅吃饭的人比参加酒宴的人都要多。

B. 备办酒宴的机构清楚地知道他们将为多少人服务，因此比普通餐厅更不可能有剩余食物，后者是食品中毒的一个主要来源。

C. 许多餐厅在提供备办酒宴服务的同时，也提供个人餐饮服务。

D. 上报的在酒宴中发生食品中毒案件的数目，与备办酒宴者和顾客常去场所的服务无关。

E. 人们不大可能在吃一顿饭和随之而来的疾病之间建立关联，除非该疾病影响到一个相互联系的群体。

27. 烟草业仍然是有利可图的。在中国，尽管今年吸烟者中成人的人数减少，烟草生产商销售的烟草总量还是增加了。

以下哪项不能用来解释烟草销售量的增长和吸烟者中成人人数的减少？

A. 今年中，开始吸烟的妇女数量多于戒烟的男子数量。

B. 今年中，开始吸烟的少年数量多于同期戒烟的成人数量。

C. 今年，非吸烟者中咀嚼烟草及嗅鼻烟的人多于戒烟者。

D. 今年和往年相比，那些有长年吸烟史的人平均消费了更多的烟草。

E. 今年中国生产的香烟中用于出口的数量高于往年。

28. 在过去十年内，登山设备有了一些改进。这些改进使这项运动对于有经验的登山者而言更安全和更具有娱乐性。然而，尽管有了这些改进，登山者的受伤率在过去十年中还是增加了。

假如以上信息属实，下面哪一项为真，最能够解释题干中表面上的矛盾？

A. 许多登山者陷入一种虚假的安全感，使用新设备去尝试一些他们没有能力做到的高难度动作。

B. 一些登山者受伤是由于未预见到的天气条件造成的。

C. 登山运动，尽管有危险，通常不会给没有经验的登山者带来伤害。

D. 在过去十年内，登山设备和登山技术都有一些提高。

E. 尽管登山受伤率已经增加，登山死亡率没有变化。

29. 某市一项对健身爱好者的调查表明，那些称自己每周固定进行二至三次健身锻炼的人近两年来由 28％ 增加到 35％，而对该市大多数健身房的调查则显示，近两年去健身房的人数明显下降。

以下各项，如果为真，都有助于解释上述看来矛盾的断定，除了

A. 进行健身锻炼没什么规律的人在数量上明显减少。

B. 健身房出于非正常的考虑，往往少报顾客的人数。

C. 由于简易健身的出现，家庭健身活动成为可能并逐渐流行。

D. 为了吸引更多的顾客，该市健身房普遍调低了营业价格。

E. 受调查的健身锻炼爱好者只占全市健身锻炼爱好者的 10％。

30. 一个社会的婴儿死亡率通常标志着这个社会的一般健康水平。虽然在美国的部分地区婴儿死亡率比发展中国家还要高，但从美国全国的总体比率来看，婴儿死亡率一直是持续下降的。不过，这种婴儿死亡率的下降却不足以表明美国现在的婴儿在出生时的一般健康水平比以前好。

以下哪项如果为真，对上文中明显的不一致能提供最好的解释？

A. 作为总体比率的婴儿死亡率的数字掩盖了个别地区的缺陷。

B. 美国半数以上婴儿死亡的原因是由于出生时体重不足。

C. 在美国，医疗技术已经有了很大的发展，足以挽救早产和体重不足的婴儿，这些婴儿需要在医院里延长寿命。

D. 去年在美国 11 个地区的婴儿死亡率有所下降。

E. 婴儿没有得到抚养者精心的照料，从而影响了他们的成长，并且使他们的体重增长缓慢。

31. 资本的特性是追求利润。2004 年上半年我国物价上涨的幅度超过了银行存款的利率。1～7 月份，居民收入持续增加，

但居民储蓄存款增幅持续下滑，7 月外流存款达 1000 亿元左右，同时定期存款在全部存款中的比重不断下降。

以下哪项如果为真，最能够解释这 1000 亿元储蓄资金中大部分资金的流向？

A. 由于预期物价持续上涨，许国居民的资金只能存活期，以便随时购买自己所需的商品。

B. 由于预期银行利率将上调，许国居民的资金只能存活期，准备利率上调后改为定期。

C. 由于国家控制贷款规模，广大民营企业资金吃紧，民间借贷活跃，借贷利息已经远远高于银行存款利率。

D. 由于银行存款利率太低，许多居民考虑是否买股票或是基金。

E. 由于银行存款利率太低，许多居民考虑购买房地产。

第五节　逻辑运算

逻辑运算是各种逻辑推理或逻辑方法的综合运用，它要求有较强的思维能力和一定的运算能力。解答此类型试题，关键是要弄清题干所给出的各种条件及其条件之间的内在联系，要充分利用这些条件及其条件之间的各种关系，不能有任何遗漏。另外，假设法在逻辑运算型试题中运用的较为广泛。

假设法的根据是归谬式推理，即如果从一个命题出发能够推出自相矛盾的结论，则这个命题肯定不成立。因此，假设法具体步骤是：先假设某个前提或选项为真或为假，看能否从中推出矛盾。如果能推出矛盾，则原来的假设不成立，该假设的否定成立；如果不能推出矛盾，则一般来说该假设成立的可能性是较大的。例如：

1. 有甲、乙、丙、丁、戊五个人，每个人头上戴一顶白帽子或者黑帽子，每个人显然只能看见别人头上帽子的颜色，看不见自己头上帽子的颜色。并且，一个人戴白帽子当且仅当他说真话，戴黑帽子当且仅当他说假话。已知：

甲说：我看见三顶白帽子一顶黑帽子；乙说：我看见四顶黑帽子；丙说：我看见一顶白帽子三顶黑帽子；戊说：我看见四顶白帽子。根据上述题干，下列陈述都是假的，除了

A. 甲和丙都戴白帽子。

B. 乙和丙都戴黑帽子。

C. 戊戴白帽子，但丁戴黑帽子。

D. 丙戴黑帽子，但甲戴白帽子。

E. 丙和丁都戴白帽子。

解析：

解这道题只能用假设法和归谬法。先假设甲的话为真，则甲戴白帽子，加起来共有四顶白帽子一顶黑帽子，于是乙和丙的话就是假的，乙和丙都戴黑帽子，这与 A 的话为真的结果（一顶黑帽子）矛盾，因此 A 的话不可能为真，必定为假，A 戴黑帽子。再假设乙的话为真，则他自己戴白帽子，共有一顶白帽子四顶黑帽子；这样，由于丙看不见他自己所戴帽子的颜色，当他说"我看见一顶白帽子三顶黑帽子"时，他所说的就是真话，于是他戴白帽子，这样乙和丙都戴白帽子，有两顶白帽子，与乙原来的话矛盾。所以，乙所说的只能是假话，他戴黑帽子。既然已经确定甲、乙都戴黑帽子，则戊所说的"我看见四顶白帽子"就是假话，戊也戴黑帽子。现假设丙的话为假，则他实际看见的都是黑帽子，他自己也戴黑帽子，于是五个人都戴黑帽子，这样，乙的话就是真话；但我们已经证明乙的话不可能为真，因此丙的话也不可能为假，于是丙和未说话的丁戴白帽子。最后结果是：甲、乙、戊说假话，戴黑帽子；丙、丁说真话，戴白帽子。所以，正确的选项是 E。

2. 全运会男子 10000 米比赛，大连、北京、河南各派了三名运动员参加。赛前四名体育爱好者在一起预测比赛结果。甲断言："传统强队大连队训练很扎实，这次比赛前三名非他们莫

属。"乙则说:"据我估计,后起之秀北京队或者河南队能够进前三名。"丙预测:"第一名如果不是大连队的,就是北京队的。"丁坚持:"今年与去年大不相同了,前三名大连队最多能占一席。"比赛结束后,发现四人中只有一人的预测是正确的。

以下哪项最可能是该项比赛的结果?

A. 第一名大连队,第二名大连队,第三名大连队。

B. 第一名大连队,第二名河南队,第三名北京队。

C. 第一名北京队,第二名大连队,第三名河南队。

D. 第一名河南队,第二名大连队,第三名大连队。

E. 第一名河南队,第二名大连队,第三名北京队。

解析:

我们先假设某个选项为真,看它能否与给定的前提相容,若不相容,则该选项不可能成立。设选项 A 成立,则甲的话真,丙的话也真,因为丙说的是一个充分条件假言命题,并且它的前件为假,该充分条件假言命题肯定为真,这样就有两句真话,与题干中"四人中只有一人预测正确"矛盾,因此选项 A 不成立。再设选项 B 成立,则乙和丁的预测是正确的,这又与给定条件"四人中只有一人预测正确"矛盾,因此 B 不成立。E 的情形同B,因此也不成立。再设 C 成立,则乙、丙、丁的话都是真的,与给定条件矛盾,故不成立。所以,正确的选项是 D,因为这时只有乙的话是真的,甲、丙、丁的话都是假的,与给定条件相符。

3. 某地有两个奇怪的村庄,张庄的人在星期一、三、五说谎;李庄的人在星期二、四、六说谎。在其他日子他们说实话。一天,外地的一个人来到这里,遇见两个人,分别向他们提出关于日期问题。两个人都说:"前天是我说谎的日子。"

如果被问的人分别来自张庄和李庄,以下哪项最可能真?

A. 这一天是周五或周日。

B. 这一天是周二或周日。

C. 这一天是周一或周三。

D. 这一天是周四或周五。

E. 这一天周三或周六。

解析：

假设 A 成立，先假设这一天是周五，张庄的人周五说谎，所以，张庄的人说"前天是我说谎的日子"这句话是谎话，即前天说真话，周五的前天是周三，而周三张庄的人说真话，与题意矛盾，故这一天不是周五。用同样的方法假设这一天是周日，也推出矛盾，所以 A 不成立。同样用假设方法证明 B、D、E 都不成立。假设 C 成立，先假设这一天是周一，张庄的人周一说谎，所以，张庄的人说"前天是我说谎的日子"这句话是谎话，即前天说真话，周一的前天是周六，而周六张庄的人说真话，符合题意，故这一天是周一；再假设这一天是周一，李庄如何？李庄在周一说真话，即"前天是我说谎的日子"这句话是真话，即前天说谎话，周一的前天是周六，而周六李庄的人说谎话，符合题意，故这一天是周一。

练习题

1. 小王、小张、小赵一个是辽宁大学毕业的，一个是东北大学毕业的，一个是沈阳师范大学毕业的。小赵年龄比沈阳师范大学毕业的年龄大，小王和东北大学毕业的人不同岁，东北大学毕业的人比小张年龄小。

根据上述断定，可推出结论是：

A. 小王是辽宁大学毕业的，小张是东北大学毕业的，小赵是沈阳师范大学毕业的。

B. 小王是东北大学毕业的，小张是辽宁大学毕业的，小赵是沈阳师范大学毕业的。

C. 小王是东北大学毕业的，小张是沈阳师范大学毕业的，小赵是辽宁大学毕业的。

D. 小王是沈阳师范大学毕业的，小张是辽宁大学毕业的，小赵是东北大学毕业的。

E. 小王是辽宁大学毕业的，小张是沈阳师范大学毕业的，小赵是东北大学毕业的。

2. 某宿舍住着若干人，其中，一个是大连人，两个是北方人，一个是云南人，两个人这学期只选修逻辑学，三个人这学期选修哲学。

假设以上介绍涉及了这宿舍中所有的人，那么，这宿舍中最少可能几个人？最多几个人？

A. 最少可能是 3 人，最多可能是 8 人。

B. 最少可能是 5 人，最多可能是 8 人。

C. 最少可能是 5 人，最多可能是 9 人。

D. 最少可能是 3 人，最多可能是 9 人。

E. 无法确定。

3. 有甲、乙、丙、丁四个队参加比赛。赛前，各队长对比赛结果分别作出猜测：

队长甲：我队最有可能夺冠，其他队不可能。

队长乙：如果四个队中必有一个冠军，那么非丁队莫属了。

队长丙：冠军若不是甲队，那么我们队就更无望了。

队长丁：冠军一定出自乙和丙两个队之中。

赛后，实践证明四人中只有一个人预测成真了。以下哪项判断最可能真？

A. 队长甲猜对了，甲队冠军。

B. 队长乙猜对了，丁队冠军。

C. 队长甲和乙都说错了。

D. 乙和丁都说错了。

E. 丙和丁都说错了。

4. 有一道单选试题的四个选择答案是：

〔1〕甲吸烟。

〔2〕乙吸烟。

〔3〕丙吸烟。

〔4〕甲吸烟或乙吸烟。

该题答案是：

A〔1〕 B〔2〕 C〔3〕 D〔4〕 E无法确定。

5. 小王、小赵、小张三人在不同学校上学，一个在辽宁大学，一个在东北大学，一个在沈阳大学。他们所学专业分别是中文、哲学、外语。已知：

〔1〕小赵不学外语。

〔2〕小赵不在沈阳大学。

〔3〕小张不在辽宁大学。

〔4〕学中文的不在东北大学。

〔5〕学外语的在辽宁大学。

根据上述条件，可推出三人所在学校和所学专业。

A. 小王在辽宁大学学外语，小赵在沈阳大学学哲学，小张在东北大学学中文。

B. 小王在辽宁大学学外语，小赵在东北大学学中文，小张在沈阳大学学哲学。

C. 小王在辽宁大学学外语，小赵在东北大学学哲学，小张在沈阳大学学中文。

D. 小王在辽宁大学学哲学，小赵在东北大学学中文，小张在沈阳大学学外语。

E. 小王在东北大学学外语，小赵在辽宁大学学哲学，小张在沈阳大学学中文。

6. 小张、小王、小李各买了不同种类的股票。股票分别是：东大阿尔派；海尔和春兰。他们让小赵猜三人各买的是什么股票。小赵说："小张买的是东大阿尔派；小王买的肯定不是春兰；小李买的自然不是东大阿尔派"。很可惜，小赵只猜对了一个。由此，下面哪项为真？

A. 小张买的是海尔，小王买的是东大阿尔派，小李买的是春兰。

B. 小张买的是东大阿尔派，小王买的是春兰，小李买的是海尔。

C. 小张买的是东大阿尔派，小王买的是海尔，小李买的是春兰。

D. 小张买的是海尔，小王买的是春兰，小李买的是东大阿尔派。

E. 小张买的是春兰，小王买的是海尔，小李买的是东大阿尔派。

7. 某公司的销售部有五名工作人员，其中有两名本科专业是市场营销，两名本科专业是计算机，有一名本科专业是物理学。又知道五人中有两名是女士，她们的本科专业背景不同。根据上文所述，以下哪项论断最可能为真？

A. 该销售部有两名男士是来自不同的本科专业。

B. 该销售部的一名女士一定是计算机本科专业毕业的。

C. 该销售部三名男士来自不同的本科专业，女士也来自不同本科专业的。

D. 销售部至多有一名男士是市场营销专业毕业的。

E. 该销售部本科专业为物理学的一定是男士，不是女士。

8. 甲、乙、丙是同一工业局下属的三个兄弟厂，在市场上也是竞争对手。在市场需求的五种产品中，甲厂擅长生产高压锅、电饭锅和电炒锅；乙厂擅长生产电饭锅、保温瓶和保温水壶；丙厂擅长生产保温瓶和保温水壶。如果两个厂生产同样的产品，一方面是规模不经济，另一方面是会产生恶性内部竞争。如果一个厂生产三种产品，在人力和设备上也有问题。

为了发挥好各厂优势，三个厂的领导对各自的生产产品作了协调，作出了满意的决策。

以下哪项最可能是这几个厂的产品选择方案？

A. 甲厂生产高压锅和保温水壶，乙厂只生产电饭锅。

B. 甲厂生产高压锅和电饭锅，乙厂生产保温瓶和保温水壶。

C. 乙厂生产电饭锅和保温瓶，丙厂只生产电炒锅。

D. 乙厂生产电饭锅和保温水壶，丙厂生产保温瓶和电炒锅。

E. 丙厂生产保温瓶和保温水壶，乙厂只生产电饭锅。

9. 有一个盒子里有 100 只分别涂有红、黄、绿三种颜色的球。

小张：盒子里至少有一种颜色的球少于 33 只。

小李：盒子里至少有一种颜色的球不少于 34 只。

小王：盒子里任意两种颜色的球的总数不会超过 99 只。

以下哪项论断是正确的？

A. 小张和小李的说法正确，小王的说法不正确。

B. 小李和小王的说法正确，小张的说法不正确。

C. 小王和小张的说法正确，小李的说法不正确。

D. 小张、小李、小王的说法都不正确。

E. 小张、小李、小王的说法都正确。

10. 甲、乙、丙、丁四人的血型各不相同，即他们的血型各是 A、B、O、AB 四种血型中的一种。

甲：我是 A 型。

乙：我是 O 型。

丙：我是 AB 型。

丁：我不是 AB 型。

四个人的自述中，有一个人的自述是假的。

〔1〕甲的自述假，可推出四个人各是何种血型。

〔2〕乙的自述假，可推出四个人各是何种血型。

〔3〕丙的自述假，可推出四个人各是何种血型。

〔4〕丁的自述假，可推出四个人各是何种血型。

下面哪项成立？

A. 仅〔3〕。

B. 仅〔4〕。

C. 仅〔1〕、〔2〕。

D. 仅〔3〕、〔4〕。

E. 〔1〕、〔2〕、〔3〕、〔4〕都不成立。

11. 外语六级考试，教委要求选出前三名给予奖励。参赛的学校是：辽宁大学、东北大学、沈阳师范大学。考前四名有关人员在一起预测考试排名情况：

甲：辽宁大学前三名顶多进一个。

乙：辽宁大学功夫下的大，前三名非他们莫属。

丙：据我看，东北大学或沈阳师范大学会获奖的。

丁：第一如果不是辽宁大学，就该是沈阳师范大学了。

后来发现四个人中只有一个人预测正确。以下哪项最可能是考试结果？

A. 第一名：辽宁大学；第二名：辽宁大学；第三名：辽宁大学。

B. 第一名：辽宁大学；第二名：东北大学；第三名：沈阳师范大学。

C. 第一名：沈阳师范大学；第二名：辽宁大学；第三名：东北大学。

D. 第一名：东北大学；第二名：辽宁大学；第三名：辽宁大学。

E. 第一名：东北大学；第二名：辽宁大学；第三名：沈阳师范大学。

12. 有三户人家，每家有一个孩子，他们的名字是：小萍〔女〕、小红〔女〕、小虎。孩子的爸爸是老王、老张和老陈。妈妈是刘蓉、李玲和方丽。对于这三家人，已知：

〔1〕老王和李玲家的孩子都参加了少年女子游泳队。

〔2〕老张的女儿不是小红。

〔3〕老陈和方丽不是一家。

依据以上条件，下面哪项判断是正确的？

A. 老王、刘蓉和小萍是一家。

B. 老张、李玲和小红是一家。

C. 老陈、方丽和小虎是一家。

D. 老王、方丽和小红是一家。

E. 老陈、刘蓉和小萍是一家。

13. 甲、乙、丙三个工厂的厂长在一起聊天。

甲厂长：我厂今年的利润是 22 万元，比乙厂少 2 万元，但比丙厂多 1 万元。

乙厂长：我厂的利润不是最少的，丙厂和我厂差 3 万元，丙厂的利润是 25 万元。

丙厂长：我厂今年的利润比甲厂少，甲厂的利润是 23 万元，乙厂的利润比甲厂的多 3 万元。

后来弄清楚，出于商业上的原因，这三个厂长在他们说的三句话中，都有意识地说错一句。根据这一线索，对这三个工厂今年的利润，下面的哪项判断是正确的？

A. 甲厂 25 万元，乙厂 22 万元，丙厂 23 万元。

B. 甲厂 22 万元，乙厂 25 万元，丙厂 23 万元。

C. 甲厂 23 万元，乙厂 22 万元，丙厂 25 万元。

D. 甲厂 23 万元，乙厂 25 万元，丙厂 22 万元。

E. 甲厂 25 万元，乙厂 23 万元，丙厂 22 万元。

14. 小刘、小赵、小张三位男同学各有一个妹妹，这天，六个人一起打乒乓球，举行的是男女混合双打，并且规定，兄妹两人不搭伴。第一盘对局情况是：小刘和小萍对小张和小英。第二盘对局情况是：小张和小红对小刘和小赵的妹妹。

请根据题干的条件，确定以下哪项为真？

A. 小刘和小红、小赵和小萍、小张和小英各是兄妹。

B. 小刘和小英、小赵和小萍、小张和小红各是兄妹。

C. 小刘和小萍、小赵和小英、小张和小红各是兄妹。

D. 小刘和小红、小赵和小英、小张和小萍各是兄妹。

E. 小刘和小萍、小赵和小红、小张和小英各是兄妹。

15. 车辆检测所的人员对 A、B、C、D、E 五种车型，每百里的耗油量举行了测试，发现 A 型车的耗油量低于 B 型车的，B 型车的耗油量不比 C 型车高。D 型车的耗油量不如 E 型车低，E 型车的耗油量不如 B 型车低，有两种车型的耗油量相同。

以下哪项肯定与以上事实不符？

A. A 型车的耗油量低于 D 型车的耗油量。

B. E 型车的耗油量不如 C 型车低。

C. B 型车和 C 型车的耗油量相同。

D. A 型车和 C 型车的耗油量相同。

E. C 型车和 E 型车的耗油量相同。

16. 某地举办了一次"我所喜欢的导演、演员"评选活动，评委要在得票最多的四位当选人中确定两对导演、演员分别获金奖和银奖。这四位当选人中，一位是上海的女演员，一位是北京的男演员，一位是重庆的女导演，一位是大连的男导演。不论在金奖还是银奖中，评委都不希望出现男演员和女导演配对的情况。

以下哪项是评委所不希望出现的结果

A. 获金奖的一对中，一位是北京演员；获银奖的一对中，一位是女导演。

B. 获金奖的一对中，一位是上海演员；获银奖的一对中，一位是女导演。

C. 获金奖的一对中，一位是男导演；获银奖的一对中，一位是女演员。

D. 获金奖的一对中，一位是上海演员，另一位是重庆的导演。

E. 获银奖的一对中，一位是男演员，另一位是大连导演。

17. 在国庆 50 周年仪仗队的训练营地，某连队一百多个战士在练习不同队形的转换。如果他们排成五列人数相等的横队只剩下连长在队伍前面喊口令，如果他们排成七列这样的横队只有连长仍然可以在前面领队，如果他们排成八列就可以有两人作为领队了。在全营排练时，营长要求他们排成三列横队。

以下哪项是最可能出现的情况？

A. 该连队官兵正好排成三列横队。

B. 除了连长外正好排成三列横队。

C. 排成了整齐的三列横队，另有两人作为全营的领队。

D. 排成了整齐的三列横队，其中有一人是其他连队的。

E. 排成了三列横队，连长在队外喊口令，但营长临时排在队中。

18—19题基于以下题干：

某岛上男性公民分为骑士和无赖。骑士只讲真话，无赖只讲假话。骑士又分为贫穷的和富有的两部分。有一个姑娘只喜欢贫穷的骑士，一个骑士只讲一句话，使得这姑娘确信他是一个贫穷的骑士。另外，姑娘问任何一个男性公民一个问题，根据回答就能确定他是否为贫穷的骑士。

18. 以下哪项可能是该骑士所讲的话？

A. 我不是无赖。

B. 我是贫穷的骑士。

C. 我不是富有的骑士。

D. 我很穷但我不说假话。

E. 我正是你所喜欢的人。

19. 以下哪项可能是姑娘的问话？

A. 你是富有的骑士吗？

B. 你是无赖吗？

C. 你是贫穷的骑士吗？

D. 你说真话吗？

E. 你说假话吗？

20. 某地住着甲、乙两个部落，甲部落总是讲真话，乙部落总是讲假话。一天，一个旅行者来到这里，碰到一个土著人 A。旅行者就问他："你是哪一个部落的人？"A 回答说："我是甲部落的人。"这时，又过来一个土著人 B，旅行者就请 A 去问 B 属于哪一个部落。A 问过 B 后，回来对旅行者说："他说他是甲部落的人。"

根据这种情况，对 A、B 所属部落，旅行者所做出的正确的判断应是下列的哪项？

A. A 是甲部落，B 是乙部落。

B. A 是乙部落，B 是甲部落。

C. A 是甲部落，B 所属部落不明。

D. A 所属部落不明，B 是乙部落。

E. A、B 所属部落不明。

21. 张、李、王、刘四个股民预测股市走向，其中一人预测错误，当他们被问及谁的预测错误时，他们的回答是：

张：李预测错误。

李：王预测错误。

王：李说地不对。

刘：我预测没错。

如果他们当中只有一人说话为真，那么谁预测错？谁的话为真？

A. 张预测错误，刘的话对。

B. 李预测错误，刘的话对。

C. 刘预测错误，王的话对。

D. 王预测错误，王的话对。

E. 李预测错误，张的话对。

22. 某侦察队长接到一项紧急任务，要他在代号为 A、B、C、D、E、F 六个队员中挑选若干人侦破一件案子，人选的配备要求，必须注意下列各点：

（1）A、B 两人中至少去一个人。

（2）A、D 不能一起去。

（3）A、E、F 三人中要派两人去。

（4）B、C 两人都去或都不去。

（5）C、D 两人中去一人。

（6）若 D 不去，则 E 也不去。

下面哪一个选项是符合题干要求的人员配备？

A. C、D、E 三个人去。

B. E、F 两人去。

C. B、D、F 三个人去。

D. A、B、C、F 四个人去。

E. 六个人都去。

23. 已知：

（1）或者甲考上大学，或者乙考上大学；

（2）并非甲必然考上大学；

（3）乙考上了大学；

（4）并非甲可能没考上大学。

上述四个句子，有两个是真的，两个是假的。下面哪一个选项可以从上述条件推出：

A. 甲和乙都考上了大学。

B. 甲考上了，乙却没考上。

C. 甲和乙都没考上。

D. 乙考上了，甲却没考上。

E. 无法确定。

24. 某校要推选一位学生会主席，推举委员会提出，作为学生会主席的候选人须满足如下的要求：

1. 各门课程的成绩都是优；

2. 是足球爱好者或是围棋爱好者；

3. 数学比赛中得过名次或在报刊上发表过文章。

如果一定要从学生中推选出一位学生会主席，那么对于下列条件：

Ⅰ. 有的学生既是足球爱好者又是围棋爱护者；

Ⅱ. 有的学生或是各门课程的成绩都优或是在报刊上发表过文章；

Ⅲ. 有的学生既在数学比赛中得过名次又是足球爱好者。

Ⅳ. 有的学生各门课程的成绩都是优。

哪些是可以不满足的？

A. 仅Ⅰ和Ⅲ。

B. 仅Ⅱ和Ⅲ。

C. 仅Ⅲ和Ⅳ。

D. 仅Ⅰ、Ⅱ和Ⅲ。

E. Ⅰ、Ⅱ、Ⅲ和Ⅳ。

25. 大卫是一位资深 CEO，他打定主意去一家待遇最好的公司。惠众公司和康拓公司有意聘用他，这两个公司在其他方面的待遇均相同，只有工资待遇略有差别。惠众公司提供的条件是：半年工资 50 万美元，工资每半年增加 5 万美元。康拓公司的条件是：年工资 100 万美元，每年加薪 20 万美元。

请问下面哪一项正确地描述了大卫的选择？

A. 大卫将去康拓公司，因为他两年将多得 15 万美元。

B. 大卫将去惠众公司，因为他每年将多得 5 万美元。

C. 大卫将去康拓公司，因为他每年将多得 5 万美元。

D. 大卫将去惠众公司，因为他每年将多得 7 万美元。

附录：综合练习题

综合练习题（一）

一、单项选择题（每小题1分，共15分）

1. "所有S都是P"与"有M不是N"这两个逻辑形式它们
（　　）
    A. 变项和逻辑常项都相同
    B. 变项不同但逻辑常项相同
    C. 逻辑常项不同但变项相同
    D. 变项和逻辑常项都不同

2. 在属概念和种概念的内涵与外延之间存在着（　　）关系。
    A. 真包含
    B. 真包含于
    C. 交叉
    D. 反变

3. 相同素材的A命题与I命题之间的关系是（　　）
    A. 反对关系
    B. 矛盾关系
    C. 差等关系
    D. 下反对关系

4. 命题间的矛盾关系，应是（　　）关系。
    A. 对称且传递
    B. 对称且非传递
    C. 非对称且传递
    D. 对称且反传递

5. 对一充分条件假言命题来说，如果其（　　），那么该命题一定为假。
    A. 前件真，后件真
    B. 前件真，后件假
    C. 前件假，后件假
    D. 前件假，后件真

6. 在一次讨论中，某人说："我虽然完全同意你的看法，但还有一点不同意见。"这一说法（　　）

A. 违反同一律　　　　 B. 违反矛盾律

C. 违反排中律　　　　 D. 不违反普通逻辑的基本规律

7. 直接推理 SAP→SE$\overline{P}$ 属于(　　)推理。

A. 换质法　　　　　　　　 B. 换位法

C. 换质位法　　　　　　　 D. 换位质法

8. "（p→q）∧（r→s）∧（p∨r）→q∨s"这一推理是(　　)

A. 两难推理的简单构成式　 B. 两难推理的简单破坏式

C. 两难推理的复杂构成式　 D. 两难推理的复杂破坏式

9. "明天必然刮风，所以，明天不可能不刮风。"该推理是(　　)

A. 联言推理　　　　　　　 B. 两难推理

C. 模态推理　　　　　　　 D. 三段论推理

10. 类比推理不是一种(　　)推理。

A. 必然性　　　　　　　　 B. 或然性

C. 结论超出前提范围的　　 D. 个别到个别的

11. "所有的朋友都相信我，你是我的朋友，所以，你也相信我。"这一推理的结构与下列(　　)推理结构相同。

A. 所有毒品对人类都是极端有害的，艾滋病对人类也是极端有害的，所以，艾滋病是毒品

B. 所有的正常人都应有理性思维，你是正常人，所以，你应有理性思维

C. 凡真理都是经过实践检验被证明为正确的，燃素说是经过实践检验被证明为错误的，所以燃素说不是真理

D. 如果你相信我，你就是我的朋友，你不相信我，所以你不是我的朋友

12. 不可能所有的错误都能避免。

以下最接近于上述断定的含义是(　　)

A. 有的错误必然不能避免

B. 有的错误必然能避免

C. 所有的错误必然都不能避免

D. 所有的错误可能都不能避免

13. 某招待所报案失窃巨款。保安人员经过周密调查，得出结论是前台经理孙某作的案。所长说："这是最不可能的。"保案人员说："当所有其他的可能性都被排除了，剩下的可能性不管看来是多么不可能，都一定是事实。"以下各项如果为真，则有力地动摇保安人员说法的项是（　　）。

A. 孙某是该招待所公认的优秀经理

B. 保安人员事实上不可能比所长更了解自己的经理

C. 保安人员无法穷尽所有的可能性

D. 对非法行为惩处的根据，不能是逻辑推理，而只能是证据

14. 大会主席宣布："此方案没有异议，大家都赞同、通过。"如果大会主席宣布的不是事实，则下面必为事实的是（　　）。

A. 大家都不赞同此方案　　B. 有少数人不赞同此方案

C. 至少有人不赞同此方案　D. 至少有人赞同此方案

15. 小王和小李关于抽烟有如下对话：

小王："我想，你不应该反对我抽烟。"小李："这很难说。"

小王："至少我没有反对你抽烟啊！"

小王的话中隐含的前提是（　　）。

A. 抽烟有害健康

B. 抽烟对健康多大危害

C. 抽烟者对不抽烟者没有多大影响

D. 如果我不反对你抽烟，那么你也不应该反对我抽烟

二、双项选择题（在下列每小题五个备选答案中选出二个正确答案，并将其字母标号填入题干的括号内。每小题 2 分，共 20 分）

1. 当 S 与 P 具有（　　　）关系或（　　　）关系时，SAP 为假但 SIP 为真。

   A. 全同　　　　　B. S 真包含 P　　　　　C. S 真包含于 P

   D. 交叉　　　　　E. 全异

2. 这个单位已发现有育龄职工违纪超生。

   如果上述断定是真的，则在下列断定中不能确定真假的是（　　　）（　　　）

   A. 这个单位没有育龄职工不违纪超生

   B. 这个单位所有育龄职工都不违纪超生

   C. 这个单位有的育龄职工没违纪超生

   D. 这个单位有的育龄职工不是没有违纪超生

   E. 这个单位没有一个育龄职工是违纪超生的

3. "甲班没有同学不是团员"和"甲班所有同学都不是团员"，这两个性质命题（　　　）（　　　）

   A. 不能同真，可以同假

   B. 不能同假，可以同真

   C. 既不能同真，也不能同假

   D. 至少有一假，可能全假

   E. 至少有一真，可能全真

4. 要使命题 p∨q→r 为假，则可能的条件有（　　　）（　　　）

   A. p、q、r 皆真　　　　　B. p、q、r 皆假

   C. p 真而 q、r 为假　　　　　D. q 真而 p、r 为假

   E. r 真而 p、q 为假

5. 以 PAM 为大前提，再增补（　　　）或（　　　）为小前提，可有效推出结论 SOP。

   A. SAM　　B. SEM　　C. SIM　　D. SOM　　E. MOS

6. 命题"P←q"的负命题的等值命题是（　　　）（　　　）

A. p∧→q   B. →p∧q   C. →P∧→q

D. →q∨p   E. →（→p→→q）

7. 若 SEP 为真，则（　　）（　　）也为真。

A. SAP   B. SIP   C. SOP   D. $\overline{P}A\overline{S}$ E. $\overline{P}O\overline{S}$

8. 由命题"任务必然完成"可推出（　　）（　　）。

  A. 任务不可能不完成   B. 任务不必然完成

  C. 任务可能没完成   D. 任务不可能完成

  E. 任务可能完成

9. 以 p∨q∨r 和 →p 为前提，能有效推出结论（　　）或（　　）

  A. q   B. r   C. →q→r   D. q∨r   E. q∨̇r

10. 在下列各推理式中，有效的推理式为（　　）（　　）

  A.（→p∨q）∧→p→q   B.（→p∨q）∧p→q

  C.（→p∨̇q）∧p→→q   D.（→p∨̇q）∧p→→q

  E.（→p∨q∨r）∧p→q∧r

三、填空题

1. 普通逻辑是一门具有工具性和_____性的科学。

2. 正确划分所得的各子项之间必然是_____关系。

3. 性质命题按质划分，可以分为_____。

4. 在联言命题 p∧q 中，如果 p 真而 q 假，则该命题的值为_____。

5. 若 SAP 真，根据_____律，可断定 SEP 假。

6. 在性质命题换位中，O 命题不能换位。因为如果 O 命题能换位，则原命题不周延的主项在换位后，成为否定结论的谓项，而这谓项是_____的，这就违反了换位法的规则。

7. 联言推理的两种形式是分解式和_____式。

8. 归纳推理就是以个别或特殊性知识为前提，得出以_____知识为结论的推理。

9. 科学假说就是以已有的事实材料和科学原理为依据，对于_____或规律性所作的假定解释。

10. 反证法是先论证与原论题相矛盾的论断为假，然后根据_____律确定原论题真。

四、图表题（第 1 小题 4 分，第 2 小题 6 分，共 10 分）

1. 请用欧拉图表示出下列概念间的关系：

A. 学校　　　B. 大学教师　　　C. 教师　　　D. 女教师

2. 试用真值表方法判定下列 A、B 两个命题是否等值。

A："要么小周当选为班长，要么小李当选为班长。"

B："小周当选为班长，而小李没有当选为班长。"

P	q	
T	T	
T	F	
F	T	
F	F	

（设"小周当选为班长"表示为 p，"小李当选为班长"表示为 q，"真"表示为 T，"假"表示为 F）

五、分析题（每小题 5 分，共 25 分）

1.（1）"划分包括一次划分、二分法和连续划分。"该语句作为划分是否正确？请说明理由。

（2）"笔是用来写字的工具。"该语句作为定义是否正确？请说明理由。

2. 当概念 S 与概念 P 之间存在真包含关系时，请回答以 S 为主项，P 为谓项的四个性质命题中，什么命题取值为假？什么命题取值为真？取值为假的命题间具有何种关系？

3. 写出下列三段论的推理式，指出其格与式，并根据三段论规则，说明其是否有效：

有些错误不是不可避免的，考试作弊是一种错误，所以，考试作弊是可以避免的。

4. "棉花能保温，积雪也能保持地温。据测定，新降落的雪有 40% 到 50% 的空隙，棉花是植物纤维，雪是水的结晶，很不相同，但两者都是疏松多孔的。可见，疏松多孔的东西能够保温。"

分析此例运用了何种探求因果联系的方法，说明理由并写出该逻辑方法的公式。

5. 各行各业的成功经验证明，实行岗位学雷锋可以做到坚持不懈。例如：干部、战士岗位学雷锋可以做到坚持不懈；工人、农民岗位学雷锋可以做到坚持不懈；教师、学生岗位学雷锋可以做到坚持不懈。

分析此例论证的结构，指出其论题、论据、论证方式和论证方法。

六、证明题（8 分）

有一个正确的三段论，它的大前提是肯定的，大项在前提和结论中都周延，小项在前提和结论中都不周延。请证明这一三段论的推理形式是第二格 AOO 式。

七、综合题（每小题 6 分，共 12 分）

1. 警察抓住了 A、B、C、D、E 五名犯罪嫌疑人，经讯问，五人作了如下回答：

A："如果不是 C 干的，那么也不是 D 干的。"

B："是 D 或 E 干的"。

C："不是我干的"。

D："如果不是 B 干的，那么也不是 A 干的"。

E："不是 B 干的而是 A 干的"。

经进一步调查得知，作案者是这五名犯罪嫌疑人中的某一人，并知道其中一人说了假话，而其余四人说了真话。试问：谁说了假话？是谁作的案？（用 A 表示；"是 A 干的"，用→A 表示"不是 A 干的"，其余类同）

2. 已知：

①只有 A 没得奖或 B 得奖，C 与 D 才得奖；

②"C 没得奖或 D 没得奖"是不真实的；

③B 得奖了。

问：由上述已知前提能确定 A、C、D 中谁得了奖？谁未得奖？写出推导过程和推导根据。（用 A 表示"A 得奖了"，用 A 表示"A 没得奖"，其余类同）

综合练习题（二）

一、单项选择题（在每小题的四个备选答案中，选出一个正确的答案，并将其号码填在题干的括号内。每小题 1 分，共 20 分）

1. 普通逻辑的研究对象是（　　）。
   ①研究思维形式及其规律的科学
   ②研究社会现象及其规律的科学
   ③研究思维的逻辑形式及其基本规律的科学
   ④研究思维及其规律的科学

2. 在"要学好逻辑，就要多做逻辑练习题"这句话中，"逻辑"一词是表达（　　）。
   ①"事物发展的客观规律"的含义的
   ②"立场、观点"的含义的
   ③"思维的规律、规则"的含义
   ④"逻辑学"的含义的

3. "命题"与"复合命题"这两个概念之间，有：（　　）。
   ①全同关系
   ②真包含关系
   ③真包含于关系
   ④交叉关系

4. 概念的概括是：（　　）。
   ①通过减少概念的内涵以扩大概念的外延来明确概念的
   ②通过减少概念的内涵以缩小概念的外延来明确概念的
   ③通过增加概念的内涵以缩小概念的外延来明确概念的

④通过增加概念的内涵以增加概念的外延来明确概念的

5. 依次以（　　）代入 S、P，则 SIP 与 SOP 成为真命题而 SAP 与 SEP 成为假命题。

　①"大学生"、"中学生"

　②"青年"、"团员"

　③"团员"、"青年"

　④"大学生"、"学生"

6. 根据性质命题的对当关系，可以用（　　）来驳斥"有的金属不是导体"。

　①"有的金属是导体"

　②"并非有的金属是导体"

　③"所有的金属都是导体"

　④"所有的金属都不是导体"

7. 当概念 S 与概念 P 有（　　）关系时，SAP 与 SIP 都假而 SEP 与 SOP 都真。

　①全同　②全异　③种属（真包含于）

　④属种（真包含）

8. （　　）的主谓项都不周延。

　①SAP　　②SEP　　③SIP　　④SOP

9. 从（　　）的角度来考虑，单称命题可以作为全称命题来处理。

　①对当关系　　　②主谓项的周延性

　③命题的形式　　④语言表述

10. "p 并且 q"真，当且仅当（　　）。

　①p 真 q 真　　　　②p 真 q 假

　③p 假 q 真　　　　④p 假 q 假

11. "没有一个国家不解决交通能源问题而能使经济高度发展"是（　　）。

　①否定命题　　　　②负命题

　③联言命题　　　　④全称命题

12. "并非所有 S 是 P"等值于（　　　）。

①有的 S 是 P　　　　②有的 S 不是 P

③所有 S 不是 P　　　　④某个 S 不是 P

13. 与◇→P 具有矛盾关系的命题是（　　　）。

①□P　　②□P　　③◇P　　④□P

14. 运用对当关系推理，从（　　　）可以推出并非 SIP。

①并非 SAP　　②SOP　　③并非 SEP　　④SEP

15. 从 SEP 可以推出（　　　）。

①O　　②SE　　③ES　　④SAP

16. 如果一个三段论的有效式的结论是 SAP，小前提也是 A 命题，则大前提只能是（　　　）。

①PAM　　②MAP　　③MAS　　④SAM

17. "肯定前件式"是（　　　）。

①充分条件假言推理的有效式

②相容选言推理的有效式

③必要条件假言推理的有效式

④联言推理的有效式

18. 若"p→q"真与"q"真，则（　　　）。

①"p"真假不定　　　　②"p"真

③"p"假　　　　　　④"→p"假

19. "p∧q"真，据联言推理分解式可推出（　　　）。

①"p"真　　　　　　②"p"假

③"q"假　　　　　　④"非 q"真

20. "瑞雪兆丰年"这个结论不是可以：（　　　）。

①用完全归纳推理得到的

②用科学归纳法得到的

③用简单枚举法得到的

④用不完全归纳推理得到的

二、多项选择题（在每小题的五个备选答案中，选出二个至五个正确的答案，并将其号码分别填在题干的括号内，多选、少选、错选，均无分。每小题 1 分，共 20 分）

1. 下列各题中标有横线的语词，有哪些是在非集合意义下使用的：（　　）。

①列宁的著作有数十卷

②《国家与革命》是列宁的著作

③列宁的著作是列宁写的

④列宁的著作不是一天能读完的

⑤小张在书店里买了一本列宁的著作

2. 根据概念所反映的对象是否具有某属性，概念分为：（　　）。

①集合概念　　　②非集合概念　　　③正概念

④负概念　　　　⑤普遍概念

3. 下列对"市人民代表大会"这个概念所进行的概括和限制中，有哪些是正确的？（　　）。

①概括：人民代表大会

②概括：省人民代表大会

③限制：区人民代表大会

④限制：成都市人民代表大会

⑤限制：市人民代表大会常委会主任

4. 划分的方法有（　　）。

①一次划分法　　②二分法　　　③连续划分法

④分解法　　　　⑤种差加属概念方法

5. 令 p 是 q 的必要条件，则（　　）。

①无 p 必无 q　　②无 p 未必无 q　　③有 p 必有 q

④有 p 必无 q　　⑤有 p 未必有 q

6. 下列哪些语句是正确地表述了属概念和种概念的内涵与外延间的反变关系的：（　　）。

①一个概念的外延越大，则它的内涵越少

②一个概念的外延越小，则它的内涵越多

③一个概念的内涵越多，则它的外延越大

④一个概念的内涵越多，则它的外延越小

⑤一个概念的内涵越少，则它的外延越大

7. 当概念 S 与概念 P 有（　　）关系时，SEP 为假而 SOP 为真。

①全同　　　　　　　　②种属（真包含于）

③属种（真包含）　　　④交叉

⑤全异

8. 表达充分条件假言命题的汉语语句形式是（　　）。

①尽管 p，但 q　　　　②既 p，又 q

③既然 p，那就 q　　　④只要 p，就 q

⑤假如 p，那么 q

9. "当□→p" 真时，则（　　）。

①"□p" 假　　　②"◇p" 假　　　③"→◇→p" 假

④"◇→p" 假　　　⑤"◇→p" 真

10. 从 SEP 可以推出（　　）。

①SA－P　②PA－S　③SIP　④PIS　⑤PES

11. 设 P、q 都真，则（　　）。

①（P∧q）真　　　　　②（P∨q）假

③（P→q）真　　　　　④（P↔q）真

⑤（P∨·q）真

12. 下列关于排中律的议论中，有哪些是正确的：（　　）。

①同时否定 "SEP" 与 "SAP" 是违反排中律的

②同时否定 "SEP" 与 "SIP" 是违反排中律的

③同时否定 "SEP" 与 "并非 SOP" 是违反排中律的

④同时否定 "SEP" 与 "SAP" 并没有违反排中律

⑤同时否定 "SEP" 与 "SIP" 并没有违反排中律

13. 从 "→p←→q" 和 "q" 推出 p，这是（　　）。

①肯定后件式　　②否定后件式　　　③不正确的推理

④假言推理　　　⑤正确的推理

14. 从"→p→q"和"→p"推出 q，这是(　　)。
①充分条件假言推理　　　②肯定后件式
③必要条件假言推理　　　④肯定前件式
⑤否定前件式

15. 运用对当关系的直接推理，从(　　)可以推出 SIP。
①SAP　　②SOP　　③并非 SE　　④并非 SOP
⑤SEP

16. 从 SAP 可以推出 (　　)。
①I　　②O　　③I　　④O　　⑤A

17. 必要条件假言推理的规则是 (　　)。
①肯定前件不能肯定后件
②肯定后件不能肯定前件
③否定前件不能否定后件
④否定后件不能否定前件
⑤否定后件就要肯定前件

18. 探求因果联系的逻辑方法有 (　　)。
①求同法　　②共变法　　③剩余法　　④求异法
⑤类比法

19. "对人民内部的民主方面和对反动派专政的方面，相互结合起来，就是人民民主专政。为了什么理由要这样做？大家很清楚。不这样，革命就要失败，人民就要遭殃，国家就要灭亡。"在这个论证中，论证方式是：(　　)。
①直接论证　　　②间接论证
③归纳论证　　　④运用三段论的演绎论证
⑤反证法

20. 在论证过程中，如果违反了论据方面的规则，就会犯(　　)。
①"论证过多"的错误　　②"预期理由"的错误

③"论据虚假"的错误　　④"论证过少"的错误
⑤"转移论题"的错误

三、名词解释题（每小题 2 分，共 10 分）

1. 集合体和集合概念
2. 概念的外延
3. 非对称关系
4. 必要条件
5. 类比推理

四、写出与下列命题的负命题相等值的命题，并写出等值所依据的公式。（每小题 4 分，共 8 分）

1. 写出与下列命题的负命题相等值的命题，并写出等值所依据的公式：太阳是行星而不是卫星。

2. 写出与下列命题的负命题相等值的命题，并写出等值所依据的公式：老王上大学，当且仅当老王不是在职干部。

五、将下列命题改写为等值的充分条件假言命题，并写出等值公式。（每小题 4 分，共 8 分）

1. 将下列命题改写为充分条件的假言命题，并写出改写所依据的逻辑等值公式：并非鲁迅既不是工程师，又不是文学家。

2. 把下列命题改写成充分条件假言命题，并写出逻辑等值公式：除非懂法律，否则，不能胜任律师工作。

六、用真值表方法判定下列两个复合命题逻辑形式是否等值。（4 分）

p←q　　p∨q

七、下列推理是否正确？为什么？并写出给出推理的逻辑形式。（每小题 4 分，共 20 分）

1. 凡非期刊都不是定期出版的刊物，因为期刊都是定期出版的刊物。

2. 一切经济规律都不是以人的意志为转移的，经济规律是客观规律，所以，一切客观规律都不是以人的意志为转移的。

3. 鲸是哺乳动物，因为鲸是水生动物，并且有的水生动物是哺乳动物。

4. 某甲不是原告，或某甲是被告；已知某甲不是被告，所以某甲是原告。

5. 如果这工厂改进技术或加强管理，那么这工厂的经济效益就提高；这工厂的经济效益没有提高，所以这工厂既未改进技术又未加强管理。

八、将下列省略三段论恢复为完整式，并说明其是否正确？为什么？如果正确，写出其格式。(5分)

有的社会现象不是具有阶级性的，所以，有的社会现象不是上层建筑。

九、简述题 (5分)

简述定义的规则以及违反定义规则的逻辑错误

综合练习题（三）

一、单项选择题（本大题共 15 小题，每小题 1 分，共 15 分）

在每小题列出的四个备选项中只有一个是符合题目要求的，请将其代码填写在题后的括号内。错选、多选或未选均无分。

1. "所有 S 都是 P"与"有 S 不是 P"这两个逻辑形式，它们（　　）
   A. 变项和逻辑常项都相同
   B. 变项相同但逻辑常项不同
   C. 变项不同但逻辑常项相同
   D. 变项和逻辑常项都不同

2. 在"人是由猿进化来的"和"人是有思维能力的"两语句中，概念"人"（　　）
   A. 都是集合概念
   B. 前者是非集合概念，后者是集合概念
   C. 前者是集合概念，后者是非集合概念
   D. 都是非集合概念

3. 相同素材的 SAP 命题与 SEP 命题之间的关系是（　　）
   A. 反对关系　　　　　　B. 矛盾关系
   C. 差等关系　　　　　　D. 下反对关系

4. 概念之间的真包含于关系是（　　）
   A. 对称且非传递关系　　B. 非对称且非传递关系
   C. 反对称且反传递关系　D. 反对称且传递关系

5. 一个命题式"p∧q"为真，当且仅当（　　）

A. p 真且 q 真　　　　　　　　B. p 真且 q 假

C. p 假且 q 真　　　　　　　　D. p 假且 q 假

6. 若同时断定 SEP 和 SIP 都假，则（　　）

A. 违反同一律　　　　B. 违反矛盾律

C. 违反排中律　　　　D. 不违反普通逻辑的基本规律

7. 直接推理"SEP├PA S"（符号："├"表示推出）是（　　）

A. 换质法直接推理　　　　　　B. 换位法直接推理

C. 换质位法直接推理　　　　　D. 换位质法直接推理

8. "p，q├p∧q"，该推理式是（　　）

A. 联言推理式　　　　　　B. 选言推理式

C. 假言推理式　　　　　　D. 两难推理式

9. 充分条件假言推理不是（　　）

A. 必然性推理　　　　　　B. 演绎推理

C. 三段论推理　　　　　　D. 或然性推理

10. "明天可能不下雨"是（　　）

A. 必然肯定模态命题　　　B. 必然否定模态命题

C. 或然肯定模态命题　　　D. 或然否定模态命题

11. 一个产品要想稳固地占领市场，产品本身的质量和产品的售后服务二者缺一不可。空谷牌冰箱质量不错，但售后服务跟不上，因而很难长期稳固地占领市场。以下推理的结构和上述的最为类似的是（　　）

A. 德才兼备是一个领导干部的必要条件。李主任富于才干，但疏于品德，因而他难以胜任领导岗位

B. 如果天气晴朗并且风速在三级以下，跳伞训练场将对外开放。今天的天气晴朗，但风速在三级以上，所以跳伞场地不会对外开放

C. 必须有超常业绩或者教龄在 30 年以上，才有资格获得教育部颁发的特殊津贴。张教授获得了教育部颁发的特殊津贴，但教龄只有 15 年，因而他一定有超

常业绩

D. 如果不深入研究广告制作的规律，则所制作的广告
知名度和信任度不可兼得。空谷牌冰箱的广告既有
知名度又有信任度，因而这一广告的制作者肯定深
入研究了广告制作的规律

12. "小王并非既懂英语又懂法语"，如果这句话真，那么下
面必真的是（　　）

A. 小王懂英语而不懂法语

B. 小王懂法语而不懂英语

C. 小王或者不懂英语，或者不懂法语

D. 小王既不懂英语又不懂法语

13. "如果张红是教师，那么他一定学过心理学"，做出这一
命题的前提是（　　）

A. 一个好教师应该学习心理学

B. 只有学过心理学才可以做教师

C. 有些教师不懂心理学

D. 心理学知识有助于提高教学质量

14. 医生告诫病人："吸烟有百害而无一利，特别是像你这
样的患者，应该立即戒烟。"未能给医生的观点提供进
一步论证的是（　　）

A. 吸烟者认为戒烟后可能引起其他疾病

B. 烟草中的尼古丁不仅危害人体健康，还可能引起精
神紊乱

C. 吸烟可能诱发心血管病

D. 吸烟不仅损害心脏和肺，而且对皮肤也有危害

15. "打猎不仅无害于动物，反而对其有一定的保护作用。"
推出这个观点的前提最可能的是（　　）

A. 许多人除非自卫，否则不会杀死野生动物

B. 对经济困难的家庭来说，打猎也是一种经济来源

C. 当其他食物缺乏时，野生动物会偷吃庄稼

D. 当野生动物过多时，减少其数量有利于种群的生存和发展

二、双项选择题（本大题共 10 小题，每小题 2 分，共 20 分）

在每小题列出的五个备选项中有二个是符合题目要求的，请将其代码填写在题后的括号内。错选、多选、少选或未选均无分。

16. 当 SEP 和 SOP 均假时，S 与 P 的外延关系为（　　）
    A. 全同关系　　　　　　　B. S 真包含于 P
    C. S 真包含 P　　　　　　D. 交叉关系
    E. 全异关系

17. 与"并非所有科学家都是天才"相等值的命题为（　　）
    A. 所有科学家都不是天才　　B. 有的科学家是天才
    C. 所有科学家是天才　　　　D. 科学家不都是天才
    E. 有的科学家不是天才

18. 两命题：（1）"雨果和巴尔扎克都是法国著名的作家"
    （2）"光既有粒子性又有波动性"。它们（　　）
    A. 都是简单命题
    B. （1）是简单命题，（2）是复合命题
    C. （1）是复合命题，（2）是简单命题
    D. 都是复合命题
    E. 都是联言命题

19. 根据性质命题的直接推理，并非 SAP 可推得（　　）
    A. PO S　　B. PAS　　C. SOP　　D. SI－P　　E. PIS

20. "p∨q→r"为假，当且仅当 p、q、r 的值为（　　）
    A. p 真、q 真、r 真　　　　B. p 真、q 真、r 假
    C. p 假、q 假、r 真　　　　D. p 假、q 真、r 假
    E. p 真、q 假、r 假

21. 以两前提"MEP、MAS"构成的三段论式不能推出（　　）

A. SEP   B. SOP   C. SIP   D. PIS   E. POS

22. 与"p→q"相等值的命题是（   ）

A. p∨q   B. p∧q   C. p→q   D. ﹁p→q   E. q→p

23. S1 是 P，

S2 是 P，

S3 是 P，

……

Sn 是 P，

（S1，S2，S3，…Sn 是 S 类中的部分对象）

所以，所有 S 都是 P。

上述推理式为（   ）

A. 完全归纳推理式　　　　B. 不完全归纳推理式

C. 类比推理式　　　　　　D. 必然性推理式

E. 或然性推理式

24. 已知"◇p"假，则（   ）

A. ◇p 真　　B. □p 假　　C. □p 假　　D. ◇p 假

E. □p 真

25. 下列演绎推理式中，无效式为（   ）

A. （p→q）∧q⊢q　　　　B. （p←q）∧p⊢q

C. （p∨q）∧p⊢q　　　　D. （要么p要么q）∧p⊢q

E. （p→q）∧（q→r）∧（r→s）⊢（p→s）

三、填空题（本大题共 10 小题，每小题 1 分，共 10 分）

请在每小题的空格中填上正确答案。错填、不填均无分。

26. 普通逻辑具有_____和全人类性。

27. 概念是反映对象_____或本质属性的思维形式。

28. 命题是对思维对象_____的思维形式。

29. 一个必要条件假言命题是假的，当且仅当_____。

30. 表述或论证自己观点时同时否定两个相互矛盾的命题，这是违反_____律的逻辑错误。

31. 根据思维进程的方向不同，推理分为_____、归纳推理和类比推理。

32. 一个充分条件假言推理式，否定后件就要_____前件。

33. 完全归纳推理是根据某类中_____具有某种属性，推出该类对象都具有某种属性的推理。

34. 类比推理与归纳推理不同，它是由个别到_____，或是由一般到一般的推理。

35. 选言证法是通过先论证与原论题相关的其他_____都不能成立，然后确定论题真的一种间接论证方法。

四、图表题（本大题共 2 小题，第 36 小题 4 分，第 37 小题 6 分，共 10 分）

36. 用欧拉图表示下列概念之间的关系：

A. 大学生　　　 B. 共青团员　　　 C. 体育运动员

37. 试用真值表方法判定联言命题与选言命题的关系式：（p ∧ q）→（p ∨ q）是否为永真蕴涵式。

P	q			
T	T			
T	F			
F	T			
F	F			

（"T"表示真，"F"表示假）

五、分析题（本大题共 5 小题，每小题 5 分，共 25 分）

38.（1）"天文学就是研究地球所在的太阳系的科学。"该句作为定义是否正确？请说明理由。

（2）"市场分为国际市场、国内市场、农村市场、资本主义市场、社会主义市场等。"该句作为划分是否正确？请说明理由。

39. 指出下列命题之间的真假关系：

A. 甲班没有同学不是团员。

B. 甲班所有同学都不是团员。

40. "劳模要起带头作用,我不是劳模,所以,我不要起带头作用。"

(1) 写出上述推理的形式;

(2) 指出该推理的格和式;

(3) 用逻辑规则检查它是否有效。

41. 种植马铃薯是选用大个的薯块好,还是选用小的好?有一个农业试验站曾做过这样的试验:用 10 克、20 克、40 克、80 克、160 克重的马铃薯分别播在同一块田里,施同样的肥料。收获时,10 克重的产量是 245 克,20 克重的产量是 430 克,40 克重的产量是 565 克,80 克重的产量是 940 克,160 克重的产量竟达 1090 克。这说明选用大个的薯块作种,可以提高产量。

分析此例运用了何种探求因果联系的方法,说明理由并写出该逻辑方法的公式。

42. 分析下列证明的结构,指出其论题、论据、论证方式和论证方法:

为什么要搞对外开放,而不能闭关自守呢?道理很简单,我们的产品统统在国内销?什么都要自己制造?还不是要从外面买进来一批,自己的卖出去一批。没有对外开放,翻两番困难,现在任何国家要发达起来,闭关自守都不可能。我们吃过闭关自守的苦头,我们的老祖宗吃过这个苦头。恐怕明成祖时候,郑和下西洋还算是开放的。明成祖死后,明朝逐渐衰落,以后清朝康乾时代,不能说是开放的,如果从明朝中叶算起,到鸦片战争,有 300 多年的闭关自守。如果从康熙算起,也有近 200 年的闭关自守。把中国搞得贫穷落后,愚昧无知。我们建国以后,第一个五年计划也是对外开放的,只不过是对苏联东欧开放。以后关起门来,没有什么发展。

六、证明题 (本大题 8 分)

43. 证明正确三段论的三个项,不能分别周延两次。

七、综合题 (本大题共 2 小题,每小题 6 分,共 12 分)

44. 关于确定商务谈判代表的人选,甲、乙、丙三位公司老总的意见分别是：

甲：如果不选派李经理，那么不选派王经理。

乙：如果不选派王经理，那么选派李经理。

丙：要么选派李经理，要么选派王经理。

请问同时满足甲、乙、丙三人意见的方案是什么？并说明推导过程。

45. 如果张生喜欢演戏，则他报电影学院，如果他不喜欢演戏，则他可以成为电影剧作家。如果他不报考电影学院，则他不能成为电影剧作家。

由此可推出张生将怎么办？并说明推导过程。

综合练习题（四）

本大题共 30 小题，每小题 2 分，共 60 分。（下面每题所给出的五个选项中，只有一项是符合要求的）

1. 某服装学院的服装师说："在服装设计中，用于解决美术方面问题的计算机程序软件越来越多了，这样就不必对学习服装设计的学生们的手工美术有较高的要求。因此，手工美术课可以用其他重要的服装设计课程取代。"

以下哪项如果为真，能削弱齐老师的上述论证？

Ⅰ. 手工美术课程的一个重要目标是培养学生的美感，这种美感对服装设计来说很关键。

Ⅱ. 服装设计课程已经包含了相关的手工美术教学内容。

Ⅲ. 在服装设计中，设计计算机软件程序没有手工的美术功底是不行的。

A. 只有Ⅱ

B. 只有Ⅰ和Ⅲ

C. 只有Ⅰ和Ⅲ

D. 只有Ⅱ和Ⅲ

E. Ⅰ、Ⅱ和Ⅲ

2. 在一项社会调查中，调查者通过电话向大约一万名随机选择的被调查者问及有关他们的收入和储蓄方面的问题。结果显示，被调查者的年龄越大，越不愿意回答这样的问题。这说明，年龄较轻的人比年龄较大的人更愿意告诉别人有关自己的收入状况。

以下哪项如果为真，最能削弱上述论证？

A. 小张不是被调查者，他在其他场合表示，不愿意告诉别人自己的收入状况

B. 老李是被调查者，愿意告诉别人自己的收入状况

C. 老陈是被调查者，不愿意告诉别人收入状况，并在其他场合表示，自己年轻时因收入高，很愿意告诉别人自己的收入状况。

D. 小刘是被调查者，愿意告诉别人自己的收入状况，并且在其他场合表示，自己的这种意愿不会随着年龄而改变

E. 被调查者中，年龄大的收入状况一般比年龄小的要好。

3. 游戏规则要求：十发子弹射中 80 环；游泳 1000 米进入前三名；骑自行车超过 5 公里。如果这三项要求均满足，则允许进行下一项比赛。如果以上要求有一项达不到，那么就不能参加下一项比赛。小王十发子弹射中 80 环，但是评判小组没有允许小王参加下一项比赛。

基于以上陈述能得出以下哪项结论？

A. 小王游泳第四名。

B. 小王骑自行车没超过 5 公里。

C. 如果小王游泳 1000 米获第二名，那么他骑自行车没超过 5 公里。

D. 只有小王骑自行车超过 5 公里，他游泳才能进入前三名。

E. 如果小王游泳取得了第一名，那么他骑自行车一定超过 5 公里。

4. 在一次调查中发现：

甲：甲状腺疾病是缺碘造成的。

乙：确实是有人得了甲状腺疾病，但发病的原因不是缺碘。

丙：如果发病的原因是缺碘造成的，则有人得了甲状腺疾病。

丁：甲状腺疾病是缺碘造成的，但没有人得甲状腺疾病。

如果上述断定中只有一个人的断定为真，则以下哪一项可能为真？

A. 甲的断定为真。

B. 乙的断定为真。

C. 丙的断定为真，有人得了甲状腺疾病。

D. 丁的断定为真。

E. 丙的断定为真，没有人得甲状腺疾病。

5. 需求量总是与价格呈相反方向变化。如果价格变化导致总收入与价格反向变化，那么需求就是有弹性的。在 2007 年，虽然 W 大学的学费降低了 20％，但是 W 大学收到的学费总额却比 2006 年增加了。在这种情况下，对 W 大学的需求就是有弹性的。

如果以上陈述为真，以下哪项陈述一定真？

A. 如果价格的变化导致总收入与价格同向变化，那么需求就是有弹性的。

B. 与 2006 年相比，学费降低 20％会给 W 大学带来更好的经济效益。

C. 如果需求是有弹性的，那么价格变化会导致总收入与价格同向变化。

D. 与 2006 年相比，W 大学在 2007 年招生增长的幅度超过了 20％。

E. 与 2006 年相比，W 大学在 2007 年招生增长的幅度没有变化。

6. 去年经纬汽车专卖店调高了营销人员的营销业绩奖励比例，专卖店李经理打算新的一年继续执行该奖励比例，因为去年该店的汽车销售数量较前年增加了 16％。陈副经理对此持怀疑态度。她指出，他们的竞争对手并没有调整营销人员的奖励比例，但在过去的一年也出现了类似的增长。

以下哪项最为恰当地概括了陈副经理的质疑方法？

A. 运用一个反例，否定李经理的一般性结论。

B. 运用一个反例，说明李经理的论据不符合事实。

C. 运用一个反例，说明李经理的论据虽然成立，但不足以推出结论。

D. 指出李经理的论证对一个关键概念的理解和运用有误。

E. 指出李经理的论证中包含自相矛盾的假设。

7. 最新医学报道："肥胖会导致突发性脑出血。"就此，医学专家提出，要通过体育锻炼来减肥，从而避免或减少突发性脑出血病症的出现。根据医学专家的意见，李先生认为除非不参加体育锻炼，否则不得脑出血。

王先生：不对，我遇见好多人不参加体育锻炼，也不得脑出血。

以下哪项最为恰当地指出了王先生反驳的漏洞？

A. 王先生反驳的漏洞在于：如果参加体育锻炼，那么不得脑出血。

B. 王先生反驳的漏洞在于：参加体育锻炼就不得脑出血。

C. 王先生反驳的漏洞在于：很多肥胖者不爱参加体育锻炼。

D. 王先生反驳的漏洞在于：没有肥胖者爱参加体育锻炼。

E. 王先生反驳的漏洞在于：如果不参加体育锻炼，那么也得脑出血。

8. 在秋季来临时，青蛙用叫声吸引配偶。除非看见其他异性青蛙或者同性类青蛙，否则青蛙会叫声不断。

根据以上陈述，以下哪项是青蛙在没看见异性青蛙的秋季所做的？

A. 青蛙在吸引异性。

B. 青蛙在与同性争斗。

C. 青蛙在消遣。

D. 如果青蛙没有看见同性类青蛙，它就会叫声不断。

E. 如果青蛙没有看见同性类青蛙，它就在寻找异性。

9. 为了抑制房价上涨，中央政府多次出台抑制房价政策。人们拭目以待。认为调控政策不能抑制房价，如果这成为事实的话，那么，房地产的泡沫就无法消除。房地产泡沫的不消除就会直接影响到经济的发展。因此，为了推动经济的发展，使房地产有个良好发展环境，任何调控政策都能抑制房价。

以下哪项是对上述论证的评价最为恰当？

A. 上述论证有漏洞，它忽略了由否定"任何调控政策都不能抑制房价"，推不出"任何调控政策都能抑制房价"。

B. 上述论证是成立的。

C. 上述论证有漏洞，它忽略了有些调控政策不能抑制房价。

D. 上述论证有漏洞，它夸大了调控政策的作用。

E. 上述论证有漏洞，它忽略了房地产泡沫的危害性。

10. H 国小麦的经营商所获得的利润是受国际小麦市场价格变动而变动的。因为该国 80％小麦是按国际市场价格购进的。2008 年以来，随着国际市场价格的不断攀升，小麦经营商的运营成本大幅度增加，但该国小麦经营商的利润并没有因此而减少，还有些增加。

以下哪项如果为真，最有助于解释上述看似矛盾的现象？

A. H 国小麦的运营成本 2008 年比前一年上涨了 10％。

B. 为了应付国际小麦市场价格不断上涨的局面，该国小麦运营商准备提高国内小麦的零售价格。

C. 在国际市场小麦价格上涨其间，该国小麦经营商对职工进行了减员。

D. H 国也有一部分小麦来自国内，这部分受国际市场价格影响较小。

E. H 国小麦价格依据市场供需确定，随着国际小麦市场价格的上涨，该国政府调整了有关政策，为小麦经营商提供了一定的补贴。

11. 某股份有限公司由甲、乙、丙、丁四个子公司组成。每个子公司承担的上缴利润份额与每年该子公司员工占公司总员工数的比例相等。例如如果某年甲公司员工占总员工的比例是 20％。则当年总公司计划总利润的 20％须由甲公司承担上缴。但是去年该公司的财务报告却显示，甲公司在员工数量增加的同时向总公司上缴利润的比例却下降了。

如果上述财务报告为真，则以下哪项一定为真？

A. 甲公司员工增长的比例比前一年小。

B. 乙、丙、丁公司员工增长的比例都超过了甲公司员工增长的比例。

C. 甲公司员工增长的比例至少比其他三个子公司的一个小。

D. 在四个子公司中，甲公司的员工增长数是最小的。

E. 在四个子公司中，甲公司的员工数量最少。

12. 所有大学生都义务献了血，有些大学生是党员，义务献血的大学生都得到了经济补偿。

如果上述断定是真的，以下哪项必定是真的？

A. 所有党员都义务献了血。

B. 没有义务献血的不是党员。

C. 有些党员得到了经济补偿。

D. 有些得到经济补偿的不是党员。

E. 所有党员都得到了经济补偿。

13. 我可以设身处地的把一些外在符号跟一些内心时间关联起来，比如将呻吟和脸的扭曲跟痛的感受关联起来。我从痛的体验中得知，当我有痛感时，往往就会呻吟和脸扭曲。因此，一旦我看到他人有相同的外在符号时，我就是理所当然地认为，他们也有与我相同的内心活动事件。毕竟我和他人之间，在行为举止和通常的生理功能方面，显然是相类似的，为什么在内心活动方面不也相类似呢？

下面那一项能够有力地支持上面的论证？

A. 相似的结果一定有相似的原因。

B. 痛感与呻吟和脸扭曲之间可能有密切联系。

C. 行为举止与内心活动也许有某种内在关联。

D. 人与人之间很多方面都是相似的。

E. 人们之间的内心活动是相似的。

14. 发展中国家所面临的问题一般都是共同的，一个是维持它的经济发展；另一个就是要保持优良的生态环境。针对上述两难问题，专家做出了两种不同的断定：一是维持经济发展要么保持优良的生态环境；二是维持经济发展或者保持优良的生态环境。

如果上述两种断定只有一种为真，可以推出以下哪项结论？

A. 维持经济发展并且保持优良的生态环境。

B. 不能维持经济发展，但是保持了优良的生态环境。

C. 维持经济发展，但是没有保持优良的生态环境。

D. 发展中国家既没维持经济发展，也没有保持优良的生态环境。

E. 如果维持经济发展，就不会保持优良的生态环境。

15. 人们已经认识到，除了人以外，一些高级生物不仅能适应环境，而且能改变环境以利于自己的生存。其实，这种特性很普遍。例如一些低级浮游生物会产生一种气体，这种气体在大气层中转化为硫酸盐颗粒，这些颗粒使水蒸气浓缩而形成云。事实上，海洋上空的云层的形成很大程度上依赖于这种颗粒。较厚的云层意味着较多的阳光被遮挡，意味着地球吸收较少的热量。因此，这些浮游生物使得地球变得凉爽，而这有利于它们的生存，当然也有利于人类。

以下哪项最为准确地概括了上述议论的主题？

A. 为了改变地球的温室效应，人类应当保护浮游生物。

B. 并非只有高级生物才能改变环境以利于自己的生存。

C. 一些浮游生物通过改变环境以利于自己的生存，同时也造福于人类。

D. 海洋上空云层形成的规模，很大程度上取决于海洋中浮游生物的数量。

E. 低等生物以对其他种类的生物无害的方式改变环境，而高等生物则往往相反。

16. 在某些城市，政府不顾这些城市中很高的办公楼闲置率，还在继续进行雄心勃勃的建造计划。闲置的办公楼虽然可以租出去，但不幸的是，它们并未具备作为法院和实验室等所需设施的要求。所以，政府并不为财政浪费而内疚。

下面哪个是以上的论证所依据的假设？

A. 如果可能，把这些闲置的办公楼改造成符合政府需要不会使出租这些办公楼比重新建造更节省成本。

B. 当两种替代性选择都在成本上具有效率时，政府更青睐于租借设施而非拥有它们。

C. 如果可以租到的设施与满足政府要求的设施所要的条件非常相近，政府可以稍微放松其条件来妥协地考虑一下那些设施。

D. 考虑到相关城市中可供出租的设施的存货，政府的建造计划不会最终完成。

E. 在开始任何大型建筑计划之前，法律要求政府毫无疑义地确定不存在最节省成本的替代性选择。

17. 王先生：滨海市过去十年的GDP（国内生产总值）增长率比临海市高，因此滨海市的经济前景比临海市好。

张女士：我不同意你的观点。滨海市GDP增长率虽然比临海市高，但临海市的GDP数值却更大。

以下哪项最为准确地概括了王先生和张女士争议的焦点：

A. 临海市的GDP数值是否确实比滨海市大？

B. 滨海市的GDP增长率是否确实比临海市高？

C. 一个城市的GDP数值大，是否经济前景一定好？

D. 一个城市的GDP增长率高，是否经济前景一定好？

E. 比较两个城市的经济前景，GDP数值与GDP增长率哪个更重要？

18. 足协官员："与广大球迷一样，我们也迫切希望惩办那些收受贿赂的黑哨。但打击黑哨要靠真凭实据，不能靠猜测，否则很可能出现冤假错案。所以，有的人在没有证据的情况下，仅根据某些现象猜测某些裁判是黑哨还是很不应该的。"

以下哪项如果为真，会有力地削弱足协官员的论证？

A. 被猜测为黑哨的裁判通常在足球场上表现了某种不公正。

B. 被猜测为黑哨的裁判有可能真的是黑哨。

C. 被猜测为黑哨的裁判不一定真的是黑哨。

D. 受贿案件一般侦破过程是：先根据现象进行猜测，再根据猜测查找证据。

E. 裁判被球迷指责为黑哨后，即使没有受贿，也应该首先检查自己是否公正。

19. 不可能所有的时候人都不犯错误，不一定有人有的时候会犯严重错误。

如果上述断定为真，则以下哪项一定为真？

A. 必然所有的时候所有的人犯错误，可能所有人所有的时候不会犯严重错误。

B. 人都会在有的时候犯错误，但所有的人都可能不犯严重错误。

C. 必然有的时候有的人犯错误，可能所有人所有时候会犯错误。

D. 可能有的时候有的人犯错误，可能所有人所有的时候不会犯严重错误。

E. 必然有的时候有的人犯错误，可能所有人所有的时候不会犯严重错误。

20. 某剧作家在其晚期的作品中没有像其早期那样严格遵守诗体结构的成规。由于最近发现的一部他的剧本中的诗句像他早期的剧本一样严格地遵守了那些成规，因此该剧本一定创作于他的早期。

下面哪一个是上面论述所做的假设？

A. 所有他的剧本都写成诗体。

B. 他在其创作生涯的晚期没有写过任何模仿其早期作品风格的剧本。

C. 随着创作的发展，他日益意识不到其诗体结构的成规。

D. 在其职业生涯晚期，他是其时代唯一的有意打破诗体成规的剧作家。

E. 古代的剧作家在其创作晚期比早期更倾向于不再愿意打破某种陈规。

21. 近 12 个月来，深圳楼市经历了一次惊心动魄的下挫，楼市均价以 36％的幅度暴跌，如果算上更早之前 18 个月的疯狂上涨，深圳楼市在整整 30 个月里，带着各种人体验了一回过山车般的晕眩。没有人知道这辆快车的终点在哪里，当然更没有人知道该怎样下车。

如果以上陈述为真，以下哪项陈述必然为假？

A. 所有的人都不知道这辆快车的终点在哪里，并且所有的人都不知道该如何下车。

B. 有的人知道这辆快车的终点在哪里，但所有的人都不知道该如何下车。

C. 有的人不知道这辆快车的终点在哪里，并且有的人不知道如何下车。

D. 没有人知道这辆快车的终点在哪里，并且有的人不知道该如何下车。

E. 有的人不知道这辆快车的终点在哪里，并且所有的人不知道该如何下车。

22. 某校以年级为单位，把学生的成绩分为优、良、中、差四等。在一学年中，各门考试分前 10％的为优；后 30％为差，其余的为良和中。在上一学年中，高二年级成绩为优的学生多于高一年级成绩为优的学生。

如果上述为真，则以下哪项一定为真？

A. 高二年级成绩为差的学生少于高一年级成绩为差的学生。

B. 高二年级成绩为差的学生多于高一年级成绩为差的学生。

C. 高二年级成绩为优的学生少于高一年级成绩为良的学生。

D. 高二年级成绩为优的学生不少于高一年级成绩为良的学生。

E. 高二年级成绩为差的学生多于高一年级成绩为中的学生。

23. 研究表明，严重失眠者中 90％爱喝浓茶。老张爱喝浓茶，因此，他很可能严重失眠。

以下哪项最为恰当地指出了上述论证的漏洞？

A. 它忽视了这种可能性：老张属于喝浓茶中10%不严重失眠的那部分人。

B. 它忽视了引起严重失眠的其他原因。

C. 它忽视了喝浓茶还可能引起其他不良后果。

D. 它依赖的论据并不涉及爱喝浓茶的人中严重失眠者的比例。

E. 它低估了严重失眠对健康的危害。

24. 事实表明，对坐飞机感到恐惧是没有道理的。仅在1996年，车祸就使得56000人死亡，而从1990年至今，国家航空公司平均年死亡率仅为89人，地方航空公司的事故死亡率也只略高一点。

如果上述论据准确，以下哪项对于评价该论据最重要？

A. 多次乘飞机旅行的经验是否会减轻对坐飞机的恐惧。

B. 地方航空公司与国家航空公司在每架飞机的维护上是否花费了相同的时间。

C. 有多少人对坐飞机感到恐惧，因而不坐飞机。

D. 自1990年以来，乘车的人次和乘坐飞机的人次。

E. 自1990年以来，地方航空公司的事故率比国家航空公司高多少。

25. S校一班有同学参加了围棋协会。除非S校某班有同学参加了围棋协会，否则，任何班级的同学都不能参加电脑协会。二班同学参加了电脑协会。

如果上述断定都真，则以下哪项据此不能断定真假？

(1) S校一班同学都没参加围棋协会。

(2) S校一班所有同学参加电脑协会。

(3) 二班同学都参加了围棋协会。

A. 只有（1）。

B. 只有（2）。

C. 只有（3）。

D. 只有（2）和（3）。

E. （1）、（2）和（3）

26. 许多人通过非法拷贝而不是购买为家中的计算机获得软件。但在过去的 5 年中，因为人们为家用计算机购买软件的平均数量显著增加，所以人们购买且用于家用计算机的平均非法拷贝软件的数量一定比以前少了。

下列哪一项，如果正确，最能支持以上论述？

A. 家用计算机的使用数量在过去 5 年显著增加了。

B. 5 年前，大约一半用于家用计算机的软件是非法拷贝而不是购买的。

C. 大多数拥有家用计算机的人们使用他们的计算机越频繁，他们拥有计算机的时间就越长。

D. 很少有偏好非法拷贝计算机软件的人因为他们没有熟人拥有这些软件而不能拷贝它们。

E. 平均来说，如今拥有家用计算机的人与 5 年前相比基本上拥有相同数量的软件。

27. A 型蚊子是蚊子的一个变种，最近在美国东南部衍居，它没有当地的沼泽蚊子分布广。沼泽蚊子与 A 型蚊子都能携带有时能使人致命的病毒，但 A 型蚊子对公众健康危害更大。

下列选项除哪个外，如果正确，都能提供附加信息来支持以上所做出的对公共健康产生危害的判断。

A. 与沼泽蚊子不同，A 型蚊子原产于亚洲，且 20 世纪 80 年代中期以前在美国还没有发现过 A 型蚊子的幼虫。

B. 不同于沼泽蚊子，A 型蚊子倾向在人类居住地附近度过它们的大部分成熟期。

C. 不同于沼泽蚊子的幼虫，A 型蚊子幼虫生存于花盆、锡罐，和许多盛有少量水的家用物体中。

D. 与沼泽蚊子相比较，A 型蚊子是大量所知的能导致人类严重疾病的病毒的宿主。

E. A 型蚊子是比沼泽蚊子搜索更大范围的动物宿主，更可能叮咬人类。

28. 某地区过去三年日常生活必需品平均价格增长了 30%。在同一时期，购买日常生活必需品的开支占家庭平均月收入的比例并未发生变化。因此，过去三年中家庭平均收入一定也增长了 30%。

以下哪项最可能是上述论证所假设的？

A. 在过去三年中，平均每个家庭购买的日常生活必需品数量和质量没有变化。

B. 在过去三年中，除生活必需品外，其他商品平均价格的增长低于 30%。

C. 在过去三年中，该地区家庭的数量增加了 30%。

D. 在过去三年中，家庭用于购买高档消费品的平均开支明显减少。

E. 在过去三年中，家庭平均生活水平下降了。

29、对某高校本科生的某项调查统计发现：在因成绩优异被推荐免试攻读硕士研究生的文科专业学生中，女生占有 70%，由此可见，该校本科生专业的女生比男生优秀。

以下哪项如果为真，能有力地削弱上述结论？

A. 在该校本科生专业学生中，女生占 30% 以上

B. 在该校本科生专业学生中，女生占 30% 以下

C. 在该校本科生专业学生中，男生占 30% 以下

D. 在该校本科生专业学生中，女生占 70% 以下

E. 在该校本科生专业学生中，男生占 70% 以上

30. 为迎接友人，主人在饭店订了一桌酒席。主人要求：

（1）如果有鸡，那么也要有鱼。

（2）如果没有鲍鱼，那么必须有海参。

（3）甲鱼汤和乌鸡汤不能都有。

（4）如果没有鸡而有鲍鱼，则需要有甲鱼汤。

如果酒席中有乌鸡汤，则关于该酒席的搭配哪项为真？

A. 酒席中有鸡。
B. 酒席中有鲍鱼。
C. 酒席中没有鲍鱼。
D. 酒席中没有鱼和海参。
E. 酒席中有鱼或海参。

综合练习题（五）

本大题共 30 小题，每小题 2 分，共 60 分。（下面每题所给出的五个选项中，只有一项是符合要求的）

1. 社会成员的幸福感是可以运用现代手段精确量化的。衡量一项社会改革措施是否成功，要看社会成员的幸福感总量是否增加，S 市最近推出的福利改革明显增加了公务员的幸福感总量。因此，这项改革措施是成功的。

以下哪项如果为真，最能消弱上述论证？

A. 上述改革措施并没有增加 S 市所有公务员的幸福感。

B. S 市公务员只占全市社会成员很小的比例。

C. 上述改革措施在增加公务员幸福感总量的同时，减少了 S 市民营企业人员的幸福感总量。

D. 上述改革措施在增加公务员幸福感总量的同时，减少了 S 市全体社会成员的幸福感总量

E. 上述改革措施已经引起 S 市市民的广泛争议。

2. 甲、乙、丙三人在一起议论红队和兰队比赛的事，他们有如下推测：

甲：只有红队输，兰队才不能进入前四名。

乙：红队没有输，但兰队却进入了前四名。

丙：如果红队没有输，那么兰队没有进入前四名。

已知甲、乙、丙三人有两人说假话，则可推出以下哪项结论？

A. 甲说真话，红队输了，兰队没有进入前四名。

B. 丙说真话，红队没有输，兰队也没有进入前四名

C. 丙说真话，红队赢了，兰队进入了前四名。

D. 甲说真话，红队输了，兰队进入了前四名。

E. 乙说真话，红队没有输，兰队也没有进入前四名。

3. 贾女士：在英国，根据长子继承权的法律，男人的第一个妻子生的第一个儿子有首先继承家庭财产的权利。

陈先生：你说得不对。布朗公爵夫人就合法地继承了她父亲的全部财产。

以下哪项对陈先生所作断定的评价最为恰当？

A. 陈先生的断定是对贾女士的反驳，因为他举出了一个反例。

B. 陈先生的断定是对贾女士的反驳，因为他揭示了长子继承权性别歧视的实质。

C. 陈先生的断定不能构成对贾女士的反驳，因为任何法律都不可能得到完全的实施。

D. 陈先生的断定不能构成对贾女士的反驳，因为他对布朗夫人继承父产的合法性并未给予论证。

E. 陈先生的断定不能构成对贾女士的反驳，因为他把贾女士的话误解为只有儿子才有权继承财产

4. 某公司为了扩大经销范围，把产品打入国际市场，调整了目前的经销策略。准备在美国和加拿大至少成立一个代销公司，但在国内撤销深圳代销公司。主管营销的副经理把此项论证报告送交了总经理。总经理表示不赞同。

以下哪项最为准确表达了总经理实际同意的意思？

A. 美国、加拿大和深圳都成立代销公司。

B. 美国、加拿大和深圳都不成立代销公司。

C. 美国、加拿大两个国家至多成立一个代销公司，如果这点不能做到，那么也不能撤销国内的深圳代销公司。

D. 美国、加拿大两个国家都成立代销公司，如果这点不能做到，那么也不能撤销国内的深圳代销公司。

E. 美国、加拿大两个国家都不成立代销公司，如果这点不

能做到，那么也不能撤销国内的深圳代销公司

5. 随着年龄的增长，人体对卡路里的日需求量逐渐减少，而对维生素的需求却日趋增多。因此，为了摄取足够的维生素，老年人应当服用一些补充维生素的保健品，或者应当注意比年轻时食用更多的含有维生素的食物。

为了对上述断定作出评价，回答以下那个问题最为重要？

A. 对老年人来说，人体对卡路里需求量的减少幅度，是否小于对维生素需求量的增加幅度？

B. 保健品中的维生素，是否比日常食品中的维生素更易被人体吸收？

C. 缺乏维生素所造成的后果，对老年人是否比对年轻人更严重？

D. 年轻人的日常食物中的维生素含量，是否较多地超过人体的实际需要？

E. 维生素的保健品一般都合格。

6. 最近发现，19 世纪 80 年代保存的海鸟标本的羽毛中，汞的含量仅为目前同一品种活鸟的羽毛汞含量的一半。由于海鸟羽毛中的汞的积累是海鸟吃鱼所导致，这就表明现在海鱼中汞的含量比 100 多年前要高。

以下哪项是上诉论证的假设？

A. 进行羽毛汞含量检测的海鸟处于相同年龄段。

B. 海鱼的汞含量取决于其活动海域的污染程度。

C. 来源于鱼的汞被海鸟吸收后，残留在羽毛中的含量会随时间的变化而改变。

D. 在海鸟的食物结构中，海鱼所占的比例，在 19 世纪 80 年代并不比现在高。

E. 用于海鸟标本制作和保存的方法并没有显著减少海鸟羽毛中的汞含量。

7. 胡品：谁也搞不清甲型流感究竟是怎样传入中国的，但它对我国人口稠密地区经济发展的负面影响是巨大的。如果这种

疫病在今秋继续传播蔓延，那么，国民经济的巨大损失将是不可挽回的。

吴艳：所以啊，要想挽回这种损失，只需要阻止疫病的传播就可以了。

以下哪项陈述与胡品的断言一致而与吴艳的断言不一致？

A. 疫病的传播被阻断而国民经济遭受了不可挽回的损失

B. 疫病继续传播蔓延而国民经济遭受了不可挽回的损失。

C. 疫病的传播被阻断而国民经济没有遭受不可挽回的损失。

D. 疫病的传播被控制在一定范围内而国民经济没有遭受不可挽回的损失。

E. 疫病的传播被阻断而国民经济挽回了损失。

8. 加拿大南部和美国北部多草的湿地在过去的几十年中被广泛地排水和开发，而这些地方对鸭子、鹅、天鹅及其他绝大多数水禽的筑巢和孵化是必不可少的。在此期间，北美的鸭类数量显著下降，而天鹅和鹅的数量却未受明显的影响。

下面哪一项，如果正确，最有助于解释上面提到的差异？

A. 在被开发的地区对禁止捕猎水鸟的禁令比野生土地更容易被加强。

B. 大多数鹅类、天鹅筑巢和孵化的地区是在比鸭类更靠北部的仍然未被开发的地区

C. 已经收获的土地很少提供适合于水鸟的食物。

D. 鹅类和天鹅的数目在干旱期下降，那时孵化的地区越来越少。

E. 因为鹅类和天鹅比鸭类更大，所以它们在被开发的土地上更难以发现受保护的筑巢点。

9. 一些法学家认为，如果没有作案动机，那么就不能视为犯罪故意。而事实是，有作案动机，但不属于犯罪故意。所以，法学家的上述观点是不对的。

上述推理的漏洞也类似地出现在以下哪项中？

A. 有人认为，有好的生存环境，人们生活的也不舒适。因

此，"没有好的生存环境，人们就不能生活的舒适"这一断定是不成立的。

B. 有人认为，人们生活是否舒适，与环境没有关系。

C. 大李图便宜，买了双旅游鞋，穿不了几天就坏了。因此，怀疑"便宜无好货"是没道理的。

D. 既然不怀疑他是这次事故的肇事者，那就没有理由担心他会逃跑。

E. 已经证明是水的污染造成了水稻歉收。因此，关于水稻歉收是由于肥料不足的说法是站不住脚的。

10. 在一次审计中发现，夜班制作的蛋糕中约有 6% 存在问题，但是在白班制作的蛋糕中却没有发现问题。检查是针对同一班上制作的蛋糕进行的，所以，很明显，尽管是在夜间工作，夜班上的质量控制检查人员也比白班上的质量控制检查人员更警觉。

以上论述基于下列哪种假设？

A. 白班制作的糕点中至少有一些是存在质量问题的。

B. 并不是所有的夜班质量控制检查员评判为有问题的点心实际上是有问题的。

C. 夜班质量控制检查员在质量控制程序上比白班质量检查员接受了更多的训练。

D. 在平常的日子，面包厂夜班所烤制的不到 6% 的点心被发现有缺陷。

E. 面包厂仅有两个班次：白班和夜班。

11. 房价一旦再攀升，政府就要进一步施压。如果土地拍卖价格得不到控制，房价上升是不可避免的。如果房价继续攀升，就会让那些真正需要房子的人买不起房子。如果真正需要房子的人买不起房子，那么政府就要扩大经济适用房的数量。政府扩大了经济适用房的数量，是否就能控制房价的攀升也是未知数。

如果以上陈述为真，以下哪一个选项一定为真？

A. 房价不再攀升或者政府要扩大经济适用房的数量。

B. 如果土地拍卖价格得到控制，房价就不能上升。

C. 如果政府不能扩大经济适用房的数量，那么房子价格就要上升。

D. 只有政府进一步出台更加严厉的房价调控政策，房价才不能攀升。

E. 只有土地拍卖价格得不到控制，政府才能出台更加严厉的调控政策。

12. 现在中央政府是按照 GDP 指标考量地方政府的政绩。要提高地方的 GDP，就要高价拍卖土地。在现在体制下，地方政府只有通过转让土地，房价才能上涨。所以，要提高地方的 GDP，房价就要上涨。

以下哪项最为恰当地概括了上述推理中存在的错误？

A. 上述论证漏洞是：误把必要条件看做充分条件。

B. 上述论证漏洞是：误把充分条件看做必要条件。

C. 上述论证漏洞是："提高地方的 GDP"，不是"高价拍卖土地的"充分条件。

D. 上述论证漏洞是："提高地方的 GDP"与"房价上涨"不存在条件关系。

E. 上述论证漏洞是：要提高地方的 GDP，房价也不能上涨。

13. 我国城市居民的最低生活保障权利已经以立法的形式得到确认，但占全国人口总数 80% 以上农民的最低生活保障（即农村低保）依然是一片空白。一位经济学家断言：实现农村低保的关键是筹集资金。

以下哪项如果为真，能给这位经济学家的断言以最大的支持？

A. 目前我国农村有 2365 万绝对贫困人口，用现有方法已经不能解决脱贫问题，只能依赖农村低保的建立健全。

B. 如果筹集不到资金，那么实现农村低保就是一句空话。

C. 农村低保每年大约需要资金 250 亿，是修建三峡工程所用资金 2000 亿元的 1/8。

D. 2000 年以后，政府加大了扶贫开发资金的投入力度，但绝对贫困人口减少的速度明显放缓。

E. 每年大约需要资金 250 亿，只占我国财政年总收入的很小部分。

14. 总经理：快速而准确地处理订单是一项关键商务。为了增加利润，我们应当用电子方式而不是继续用人工方式处理客户订单，因为这样订单可以直接到达公司相关业务部门。

董事长：如果用电子方式处理订单，我们一定会赔钱。因为大多数客户喜欢通过与人打交道来处理订单。如果转用电子方式，我们的生意就会失去人情味，就难以吸引更多的客户。

以下哪项最为恰当地概括了上述争论的问题？

A. 转用电子方式处理订单是否不利于保持生意的人情味？

B. 用电子方式处理订单是否比人工方式更为快速和准确？

C. 转用电子方式处理订单是否有利于提高商业利润？

D. 快速而准确地运作方式是否一定能提高商业利润？

E. 客户喜欢用何种方式处理订单？

15—16 基于以下题干：

私人侦探在我国悄然兴起，他们利用跟踪、拍摄、录音等各种手段获得的证据，为当事人打官司起到了不小的作用。由于他们获得的证据是直接获得的，所以具有一定的真实性。

但是，私人侦探利用跟踪、拍摄、录音等各种手段获得的证据总是按当事人的意图和愿望而获得的，他们总是反应了问题的某个侧面的真实性而不是全部的真实，在这个意义上，私人侦探获得的证据是不真实的。因此，根据我国的国情，以私人侦探获得的证据在法庭上是不恰当的。

15. 以下哪项是上述论证所假设的？

A. 目前的法庭审理都把录音、照片等作为重要物证。

B. 全部的真实性是不可把握的。

C. 不完全反映全部真实的东西不能成为恰当的证据。

D. 如果从不同角度拍摄一个物体，就可以把握它的全部真实性。

E. 法庭具有判定任一证据真伪的能力。

16. 以下哪项如果为真，最能削弱上述论证？

A. 私人侦探刚刚兴起，他们获得证据的手段是科学的，完全能反应事实的全部真实。

B. 就反映真实性而言，私人侦探的个人职业素质有很大的差别。

C. 在法庭审理中，有些录音虽然不能成为证据，但有重要的参考价值。

D. 有些证据是通过技术手段合成或伪造的。

E. 任何证据只需要反映事实的某个侧面。

17. 为减轻学生沉重的课业负担，我国不断对高考的内容进行改革，高考的科目由原来的 7 科减为 4 科，但是，考试难度却增加了，学校不得不强化学生的应试训练。有些省市尝试稍微降低考试的难度，结果学生的成绩普遍提高，高校录取的分数线也随之上升，为上大学，学生必须考出更高的分数。由此可见（　　　）。

以下哪项可以最合乎逻辑地完成上面的论述？

A. 将高中会考成绩作为高考成绩的一部分可以减轻学生的课业负担。

B. 只对高考的内容进行改革可能无法解决学生的课业负担。

C. 应当在高考中增加能力测试的比重，以此来改变整个基础教育中应试教育的倾向。

D. 扩大高校招生规模可以减轻学生的课业负担。

E. 对高考的内容进行改革可以解决学生的课业负担。

18. 根据学校关于保送研究生的有关规定，除非学习成绩排名前三名和无不良记录，否则不能选上保送研究生。小王没有不良记录，但学习成绩排名第四，因此，小王不可能被选上保送研究生。

以下哪项推理的结构和题干的最为类似？

A. 鱼和熊掌不可兼得。即使你得到了鱼，也不可能得到熊掌。

B. 只有既得鱼又得熊掌才是人生所想往的好事。即使你得到了鱼，也得到了熊掌，也不可能说你没有得到人生所想往的好事。

C. 要想成就一件好事，就说明你既得鱼又得熊掌。谁都知道，鱼和熊掌不可兼得，因此，世界上没有这样的好事。

D. 如果天气晴朗并且风速在三级之下，跳伞训练场将对外开放。今天的天气晴朗，但风速在三级以上，所以跳伞场地不会对外开放。

E. 必须有超常业绩或者教龄在 30 年以上，才有资格获得教育部颁发的特殊津贴。张教授获得了教育部颁发的特殊津贴，但教龄只有 15 年，因此，他一定有超常业绩。

19. 通过调查可知，虹桥的学生对篮球非常喜爱。发现经常玩篮球的学生的平均学习成绩相对其他学生来说更好一些。看来，玩篮球可以提高学生的学习成绩。

以下哪项如果为真，最能削弱上面的推论？

A. 玩篮球不仅锻炼身体，而且还能缓解压力。

B. 学习好的同学老师给他们最好的奖励就是开心的玩篮球。

C. 如果学习不好，那么就不能玩篮球。

D. 玩篮球有助于智力开发，从而提高学习成绩。

E. 玩篮球就应该向姚明学习，打进美国 NBA。

20. 有 90 个病人，都患难治病 T，服用过同样的常规药物。这些病人被分为人数相等的两组，第一组服用于治疗 T 的试验药物 W 素，第二组服用不含 W 素的安慰剂。10 年后的统计显示，两组都有 44 人死亡。因此，这种药物是无效的。

以下哪项为真，最能削弱上述论证？

A. 在上述死亡病人中，第二组的平均死亡年份比第一组早两年。

B. 在上述死亡病人中，第二组的平均寿命比第一组小两岁。

C. 在上述活着病人中，第二组的比第一组病情更严重。

D. 在上述活着病人中，第二组的比第一组的更年长。

E. 在上述活着病人中，第二组的比第一组的更年轻。

21. 某些理发师留胡子。因此，某些留胡子的人喜欢穿白衣服。

下述哪项推理为真，能推出上述论断的正确性？

A. 某些理发师喜欢穿白衣服。

B. 某些喜欢穿白衣服的理发师不留胡子。

C. 所有理发师都喜欢穿白衣服。

D. 某些理发师不喜欢留胡子。

E. 所有喜欢穿白衣服的人都是理发师。

22. 在雨水多的时候荷花生长很快；在阳光充足的时候牡丹生长很快。在辽宁省的大部分地区，荷花和牡丹至少有一种生长很慢。

如果上述断定为真，则以下哪项一定为假？

A. 辽宁省的一半地区，既雨水多阳光又充足

B. 辽宁省的大部分地区雨水不多或者阳光不充足。

C. 辽宁省的大部分地区雨水多。

D. 辽宁省的某些地区雨水既不多阳光也不充足。

E. 牡丹很美，但在该省的所有地区都无法生长。

23. 在 L 国，10 年前放松了对销售拆锁设备的法律限制后，盗窃案发生率急剧上升。因为合法购置的拆锁设备被用于大多数盗窃案，所以重新引入对销售该设备的严格限制将有助于减少 L 国的盗窃发生率。

下面哪一项，如果正确能有力地支持了以上论述？

A. L 国的总体犯罪率在过去 10 年中急剧增加了。

B. 对于重新引入对拆锁设备销售的严格限制，在 L 国得到了广泛的支持。

C. 在 L 国重新引入对拆锁设备的严格限制不会阻碍警察和

其他公共安全机构对这种设备的合法使用。

D. 在 L 国使用的大多数拆锁设备是易坏的，并且通常会在购买几年后损坏而无法修好

E. 5 年前引进的对被控盗窃的人更严厉的惩罚对 L 国的盗窃率没有什么影响。

24. P 国政府宣称：六大城市之一的 T 城是今年 P 国的所有城市中唯一保持了强劲就业增长势头的城市。然而很明显，那里的任何就业增长纯粹是虚构的，实际上，仅 T 城，今年的失业人数就多于去年。

反对政府的宣称的论述取决于下列哪一个假设：

A. P 国的失业工人没有在政府宣称 T 城就业增长势头强劲后大量涌入 T 城。

B. 今年 T 城的失业率高于以前任何一年。

C. P 国政府所采取的行动对 T 城的失业率影响巨大。

D. T 城的失业率尽管增加了，但在 P 国的任何城市中仍然是最低的。

E. 作为一个整体而言，P 国的失业率并没有显著的季节性变化。

25. 要参加面试，必须通过笔试。只有参加面试，才能被录取。以下各项都符合题干的意思，除了哪一项？

A. 小张不能被录取，除非通过笔试。

B. 只有小张通过笔试，才能被录取。

C. 如果小张参加面试，就不会不通过笔试。

D. 不能想象小张被录取，但没有参加笔试。

E. 小张或者没有被录取，或者没有参加笔试。

26. 在过去的 30 年中，某国大学生的数量持续增加，但是低于总人口的增长速度。

下列哪项与上述信息相矛盾？

A. 在过去的 30 年中，该国中学生上大学的比例有所增加。

B. 在过去的 30 年中，该大学生在总人口的比例没有什么

变化

C. 在过去的 30 年中，该国大学教师占总人口的比例增加比较快。

D. 在过去的 30 年中，该国大学生占全部同龄青年总数从 23％下降到 21％。

E. 在过去的 30 年中，该国高等教育的经费投入增加了将近一倍。

27. 所有红苹果都是苹果。这一断定是真的。因此，所有犯罪嫌疑人都是犯罪分子，这一断定也是真的。

以下哪项最为恰当地指出了题干论证的漏洞？

A. 题干的论证忽略了：一个命题是真的，不等于具有该命题形式的任一命题都是真的。

B. 题干的论证忽略了：红苹果与苹果的关系，不等同于犯罪嫌疑人和犯罪分子的关系。

C. 题干的论证忽略了：在犯罪嫌疑人中，大部分不是犯罪分子。

D. 题干的论证忽略了：还有苹果不是红色的。

E. 题干的论证忽略了：此种论证方式会得出其他许多明显违反事实的结论。

28. 制度好可以使坏人无法任意横行，制度不好可以使好人无法充分做好事，甚至会走向反面。从这个意义上说，制度带有根本性。因此，我们不仅要持续推进经济体制改革，而且要加速推进政治体制改革。

下面哪一个选项最强地支持了题干中的论证？

A. 目前，我国的经济体制和政治体制还存在很多严重的弊端。

B. 人性中至少含有恶的因素，任何人都应受到制度的制约与防范。

C. 政治体制改革的滞后会严重影响经济体制的成功运行。

D. 健全的制度可以使整个社会有序运行，并避免动辄发动社会革命。

　　E. 政治体制改革要比经济体制改革困难。

　　29. 国产影片《英雄》显然是前两年最好的古装武打片。这部电影是由著名导演、演员、摄影师、武打设计师参与的一部国际化制作的电影，票房收入明显领先说明观看该片的人数远多于进口的美国大片《卧虎藏龙》的人数，尽管《卧虎藏龙》也是精心制作的中国古装武打片。

　　为使上述论证成立，以下哪项是必须假设的？

　　Ⅰ. 国产影片《英雄》和美国影片《卧虎藏龙》的票价基本相同。

　　Ⅱ. 观众数量是评价电影质量的标准。

　　Ⅲ. 导演、演员、摄影师、武打设计师和服装设计师的阵容是评价电影质量的标准。

　　A. 只有Ⅰ。　　　　　　B. 只有Ⅱ。　　　　　C. 只有Ⅲ。
　　D. 只有Ⅰ和Ⅱ。　　　 E. Ⅰ、Ⅱ、Ⅲ。

　　30. 小张既爱好乒乓球又爱好游泳。他的朋友中没有人爱好乒乓球，又爱好游泳，但他的所有朋友都爱好滑冰。

　　如果上述断定为真，则以下哪项不可能为真？

　　A. 小张爱好滑冰。

　　B. 小张的所有朋友都爱好游泳。

　　C. 小张的所有朋友的爱好都一致。

　　D. 小张有一个朋友既不爱好乒乓球，也不爱好游泳。

　　E. 小张爱好的体育项目，他有一个朋友都爱好

综合练习题（六）

本大题共 30 小题，每小题 2 分，共 60 分，从下面每小题所列的 5 个备选答案中选取一个，多选为错。

1. 除非不表明态度，否则说话算数。

以下哪项正确的表达了上述断定：

(1) 只有说话算数，才有明确态度。

(2) 如果说话不算数，那么态度不明确。

(3) 如果没有表明态度，则说话一定不算数。

A. 只有 (1)　　　　B. 只有 (2)　　　　C. 只有 (3)

D. 只有 (1) 和 (2)　　E. (1) (2) 和 (3)

2. 只有那些钢性购房的人才能够愿意房价下跌；钢性购房的每一个需求者都盼望政府再出台更加严厉的限制房价上扬的政策；每一个盼望政府再出台更加严厉的限制房价上扬的政策的人都愿意买到低价住房。

根据上面的这些句子，判断下列各项哪项一定是真的？

ⅰ. 每一个愿意房价下跌的人都愿意买到低价住房。

ⅱ. 不愿意买到低价住房的人中没有一个能够愿意房价下跌。

ⅲ. 每一个愿意买到低价住房的人都能够不愿意房价下跌。

A. 仅ⅰ　　　　B. 仅ⅰ和ⅱ　　　　C. 仅ⅱ

D. 仅ⅱ和ⅲ　　E. ⅰ、ⅱ、ⅲ

3. 环保机构必须对接触教室空气中的石棉纤维给孩子健康带来的危害做出反应。因为不可能关闭学校的建筑。所以最好的方法就是着手实施强制性立即消除所有学校建筑中的石棉的计划，而不管这些建筑物是否在使用中。

下列哪一个假如正确，是最强有力的原因来说明环境保护机构不应当实行上面所提出的计划？

A. 可行的消除石棉的技术通常增加空中的石棉含量。

B. 学校是居民活动最可能导致石棉释放到大气中的场所。

C. 接触空气中石棉的孩子比接触空中的石棉的成人得癌症的风险更大。

D. 消除石棉的成本在各个学校中不同，它取决于被除去石棉的量及可接近的程度。

E. 不可能确切判定含有石棉的建筑材料是否且什么时候将分解并且释放石棉纤维而进入空气。

4. 三分之二的陪审员认为证人在被告作案时间、作案地点或作案动机上提供伪证。

以下哪项能作为结论从上述断定中推出？

A. 三分之二的陪审员认为证人在被告作案时间上提供伪证。

B. 三分之二的陪审员认为证人在被告作案地点上提供伪证。

C. 在被告作案时间，作案地点或作案动机这三个问题中，至少有一个问题，三分之二的陪审员认为证人在这个问题上提供伪证。

D. 在被告作案时间，作案地点或作案动机这三个问题中，至少有一个问题，三分之一的陪审员认为证人在这个问题上提供伪证。

E. 以上各项均不能从题干的断定推出。

5. 专家从一幅 16 世纪意大利艺术家所作画中的人物上去除了一层 18 世纪加上的红颜料，发现下面有一层绿色。由于绿颜料来自 16 世纪，所以该人物像在 1563 年完成时应是绿色而非红色。

下列哪一个，如果正确，最削弱上面的论述？

A. 专家们被委任去重新恢复该画被完成时的颜色。

B. x 射线揭示在人物的绿颜色下还有一层颜色。

C. 化学分析被用于决定红颜色和绿颜色的年代。

D. 在18世纪被加上的红色是修复17世纪晚期所导致的损害的一个补救。

E. 画中另一个人物袍子上的红色可追溯到16世纪。

6. 海滨市北海大学门前所有书店都设有 MBA 招生广告。这些广告或者是民办或者是某学院承办。

如果上述断定为真，则一下哪项一定为真？

Ⅰ. 海滨市有一些 MBA 招生广告是民办的。

Ⅱ. 如果海滨市北海大学门前书店没有 MBA 招生广告，那么这家书店不在北海大学。

Ⅲ. 如果海滨市北海大学门前一家书店有 MBA 招生广告，那么这家书店是在北海大学。

A. 只有Ⅰ   B. 只有Ⅱ   C. 只有Ⅰ和Ⅱ

D. 只有Ⅰ和Ⅲ   E. Ⅰ、Ⅱ和Ⅲ

7. 一个关于孩子嚼口香糖对虫牙影响的控制性研究结果表明，每个孩子三年中平均共新生虫牙数为：

经常嚼用 X 致甜的口香糖的孩子 4。

经常嚼用 Y 致甜的口香糖的孩子 1.5。

不嚼口香糖的孩子 2.5。

下列哪一项如果正确，最有助于解释嚼用 X 致甜和用 Y 致甜的口香糖与不嚼口香糖的孩子的差异。

A. X，而不是 Y，含有一种保护牙齿抵抗其他食物中有害物质的成分。

B. 在研究中，不嚼任何口香糖的孩子比嚼用 X 致甜的口香糖和用 Y 致甜的口香糖的孩子吃的甜食少。

C. 嚼口香糖刺激唾液的产生，其中含有一种可预防牙齿腐坏的物质，而 X 可加速牙齿腐坏，Y 却不会。

D. 在研究中，嚼口香糖的每一组孩子与研究中不嚼口香糖的孩子刷牙更频繁，但是嚼用 Y 致甜的口香糖的孩子没有嚼用 X 致甜的口香糖的孩子刷牙频繁。

E. 嚼口香糖的行为可提高腮部的血液循环并且加强成人牙齿的牙根，但它同时使幼儿牙齿比没有嚼口香糖的情况掉得快得多。

8. 某单位的职工代表大会有 65 人参加，男性 40 人，民主党派 24 人，女性中不是民主党派的 11 人。

根据上述陈述，参加此次职工代表大会的男性民主党派有几人？

A. 5 人　　B. 7 人　　C. 8 人　　D. 10 人　　E. 11 人

9. 警官：我们的警察学院不再要求申请者在被录取之前通过一项身体检查。这样，一些患有心脏病和高血压的候选人被录取了。因此，我们可以预测未来的警察队伍会比目前的警察队伍存在更多的健康问题。

下面每一个知识对决定警官预言的可靠性最为相关，除了

A. 警官候选人在加入警官队伍前被测试有无高血压。

B. 现在不健康的警官候选人作为警官后也可能不健康。

C. 警官学院的毕业生被要求通过身体检查。

D. 目前警官候选人的健康比以前警官候选人的健康程度糟糕。

E. 一个警官的健康是警官表现的一个可靠指示。

10. 爱迪生做过一个有趣的实验，他让新来的年轻职员去巡查各个商店，然后写出各自的建议和批评报告。其中的一个职员是化学工程师，说他的兴趣和专长是化学，而他的报告却几乎没有谈到化学方面的问题，详述的是怎样出货和陈设商品的事情。爱迪生认为这位员工的兴趣和专长是销售管理，于是分派他做销售管理，结果他的工作非常出色。

爱迪生的实验有力地支持以下哪一项结论？

A. 人们会很自然地被他感兴趣的事物所吸引，他自己却未必能觉察到。

B. 人们自己所认定的兴趣和专长，不一定是他的真正兴趣和专长。

C. 人们首先对自己感兴趣，其次对与自己有关的人或事物感兴趣。

D. 只有对某类事物感兴趣，该类事物才能吸引你的注意力。

E. 如果对某类事物感兴趣，那么该类事物就能吸引你的注意力。

11. 一群在海滩边嬉戏的孩子的口袋中，共装有 25 块卵石。他们的老师对此说了以下两句话：

第一句话："至多有 5 个孩子口袋里装有卵石。"

第二句话："每个孩子的口袋中，或者没有卵石，或者至少有 5 块卵石。"

如果上述断定为真，则以下哪项关于老师两句话关系的断定一定成立？

Ⅰ. 如果第一句话为真。则第二句话为真。

Ⅱ. 如果第二句话为真，则第一句话为真。

Ⅲ. 两句话可以都是真的，但不会都是假的。

A. 仅Ⅰ。

B. 仅Ⅱ。

C. 仅Ⅲ。

D. 仅Ⅰ和Ⅱ。

E. 仅Ⅱ和Ⅲ。

12. 在过去的十年中，由美国半导体工业生产的半导体增加了 200%，但日本半导体工业生产的半导体增加了 500%。因此，日本现在比美国制造的半导体多。

以下哪项为真，最能削弱以上命题？

A. 在过去五年中，由美国半导体工业生产的半导体增长仅 100%。

B. 过去十年中，美国生产的半导体的美元价值比日本生产的高。

C. 今天美国半导体出口在整个出口产品中所占的比例比十年前高。

D. 十年前，美国生产的半导体占世界半导体的 90%，而日本仅 2%。

E. 十年前，日本生产半导体是世界第 4 位，而美国列第一位。

3. 为营造一个良好的社会环境，促进和谐的社会氛围，实施严格的奖惩制度是有意义的，但几乎看不到见义勇为的行为受到奖励，如果这样的事情继续下去的话，势必给人民的生命或财产造成威胁。人民的生命或财产受到威胁社会就不会稳定，和谐的社会氛围就会遭到破坏。因此，为了保护人民的生命或财产安全，为了社会的稳定，任何见义勇为的行为都要给予奖励。

以下哪项是对上述论证的评价最为恰当？

A. 上述论证是成立的。

B. 上述论证有漏洞，它忽略了：由否定"见义勇为的行为都不受奖励"，推不出"见义勇为行为都给予奖励"。

C. 上述论证有漏洞，它忽略了：实施严格的奖惩制度是有意义的，推不出见义勇为行为要给多少钱。

D. 上述论证有漏洞，它夸大了见义勇为行为的社会责任。

E. 上述论证有漏洞，它忽略了：有些见义勇为的行为没有受到奖励。

14. 在某一市政府，一法官推翻了一嫌疑犯拥有非法武器的罪名。一看到警察，那个嫌疑犯就开始逃跑，当警察追他时，他就随即扔掉了那件非法武器。那个法官的推理如下：警察追击的唯一原因是嫌疑犯逃跑；从警察旁边逃跑的自身并不能使人合情合理地怀疑他有犯罪行为；在一非法追击中收集的证据是不能接受的。因此，这个案例中的证据是不能接受的。

下面哪一条原则如果正确，最有助于证明那个法官关于那些证据是不能被接受的判决是合理的？

A. 只要涉及其他重要因素，从警察那儿逃跑就能使人产生一个合情合理的有关犯罪行为的怀疑。

B. 人们可以合法地从警察那儿逃跑，仅当这些人在不卷入任何犯罪行为时。

C. 仅当一个人的举动使人合情合理地怀疑他有犯罪行为时，警察才能合法地追击他。

D. 从警察那儿逃跑的自身不应被认为是一个犯罪行为。

E. 在一个人的举动能使人合情合理地怀疑他有犯罪行为的情况下，警察都能合法地追击那个人。

15—16 基于以下题干：

一种流行的说法是，多吃巧克力会引起皮肤特别是脸上长粉刺。确实，许多长粉刺的人都证实，他们皮肤上的粉刺都是在吃了大量巧克力以后出现的。但是，这种说法很可能是把结果当成了原因。最近一些科学研究指出，荷尔蒙的改变加上精神压力会引起粉刺，有证据表明，喜欢吃巧克的人，在遇到精神压力时会吃更多的巧克力。

15. 以下哪项最为恰当地概括了题干所要表达的意思？

A. 发生在前的现象和发生在后的现象之间不一定有因果关系。

B. 精神压力引起多吃巧克力；多吃巧克力引发粉刺。对于长粉刺来说，多吃巧克力是表面原因，精神压力是内在原因。

C. 多吃巧克力是内在原因。

D. 多吃巧克力不大可能引发粉刺，多吃巧克力和长粉刺没有关系。

E. 多吃巧克力不大可能引发粉刺，多吃巧克力和长粉刺二者很可能都是精神压力造成的结果。

16. 以下哪项最为准确地概括了题干中所运用的方法？

A. 引用反例，对所要反驳的观点之论据做出不同的解释。

B. 提出新的论据，对所要反驳的观点之论据做出不同的解释。

C. 运用科学权威的个人影响来破除人们对流行看法的盲从。

D. 指出所要反驳的观点会引伸出自相矛盾的结论。

E. 提出新的论据，对所要反驳的观点之论据做出相同的解释。

17. 引自一篇报纸社论：许多有海洛因瘾的人最终都会试图戒毒，这主要基于两个原因：维持吸毒的开支和害怕被捕。如果海洛因被合法化且可以廉价取得，正像一些人所鼓吹的，那么这两个原因都不适用了。

以上考虑可最好地用于下列哪一论述？

A. 使海洛因销售合法化可能导致其价格下降。

B. 使有海洛因瘾的人容易获得戒毒治疗可能鼓励许多有海洛因瘾的人努力戒毒。

C. 使海洛因销售合法化可能增加有海洛因瘾的人为买毒品而造成的犯罪。

D. 使海洛因能够合法且廉价地获得，将使那些对海洛因上瘾的人不大可能试图戒掉他们的毒瘾。

E. 降低对吸海洛因的个人惩罚的力度，不会增加新的染海洛因瘾的人数。

18. 一项对腐败的检查为可以构造一个严格的社会科学的观念提供了否决依据。就像所有其他蓄意含有秘密的社会现象一样，对腐败进行估量实质上是不可能的，并且这不仅仅是由于社会科学还没有达到它的一定可以达到的、开发出足够的定量技术的目标。如果人们乐意回答有关他们贪污受贿的问题，那就意味着这些做法具有合法化的征税活动的特征，他们就会停止贪污。换句话说，如果贪污可被估量的话，那它一定会消失。

下面哪一条最准确地陈述了一个作者为加强论述而必须做的一个暗含的假设？

A. 有些人认为可以建造一个严格的社会科学。

B. 一个严格科学的首要目的是要对现象进行测量及定量化。

C. 包含有蓄意含有秘密的社会现象的一个本质特征是它们不能被度量。

D. 不能建造一个蓄意含有秘密的严格的社会科学。

E. 只有当一科学研究对象可以被估量时，才有可能建造一个严格的科学。

19. 政府应该不允许烟草公司在其营业收入中扣除广告费用。这样的话，烟草公司将会缴纳更多的税金。它们只好提高自己的产品价格，而产品价格的提高正好可以起到减少烟草购买的作用。

以下哪个选项是上述论点的前提？

A. 烟草公司不可能降低其他方面的成本来抵消多缴的税金。

B. 如果它们需要付高额的税金，烟草公司将不再继续做广告。

C. 如果烟草公司不做广告，香烟的销售量将受到很大影响。

D. 政府从烟草公司的应税收入增加所得的收入将用于宣传吸烟的害处。

E. 烟草公司由此所增加的税金应该等于价格上涨所增加的盈利。

20. 大多数人都熟悉安徒生童话《皇帝的新衣》，故事中有两个裁缝告诉皇帝，他们缝制出的衣服有一种奇异的功能：凡是不称职的人或者愚蠢的人都看不见这衣服。

以下各项陈述都可以从裁缝的断言中逻辑地推出，除了：

A. 凡是不称职的人都看不见这衣服。

B. 有些称职的人能够看见这衣服。

C. 凡是能看见这衣服的人都是称职的人或者不愚蠢的人。

D. 凡是看不见这衣服的人都是不称职的人或者愚蠢的人。

E. 凡是愚蠢的人都看不见这衣服。

21. 某公司的销售部有五名工作人员，其中有两名本科专业是市场营销，两名本科专业是计算机，有一名本科专业是物理学。又知道五人中有两名是女士，她们的本科专业背景不同。根据上文所述，以下哪项论断最可能为真？

A. 该销售部有两名男士是来自不同本科专业的。

B. 该销售部的一名女士一定是计算机本科专业毕业的。

C. 该销售部三名男士来自不同的本科专业，女士也来自不同本科专业。

D. 销售部至多有一名男士是市场营销专业毕业的。

E. 该销售部本科专业为物理学的一定是男士，不是女士。

22．对行为的解释与对行为的辩护，是两个必须加以区别的概念。对一个行为的解释，是指准确地表达导致这一行为的原因。对一个行为的辩护，是指出行为者具有实施这一行为的正当理由。事实上，对许多行为的辩护，并不是对此种行为的解释。只有当对一个行为的辩护成为对该行为解释的实质部分时，这样的行为才是合理的。

上述断定能够得出以下哪项结论？

A. 当一个行为得到辩护，则也得到解释。

B. 当一个行为的原因中包含该行为的正当理由，则该行为是合理的。

C. 任何行为都不可能是完全合理的。

D. 有些行为的原因是不可能被发现的。

E. 如果一个行为是合理的，则实施这一行为的正当理由必定也是导致行为的原因。

23. 尽管人们假定雄孔雀的漂亮尾羽主要是用于吸引雌孔雀的，但没人知道为什么漂亮的尾羽能在求偶中占优势。一种解释是雌孔雀更愿与拥有漂亮尾羽的雄孔雀为偶，而不是那些没有漂亮尾羽的雄孔雀。

下列哪一个是解释中举例论证的推理错误？

A. 把人类的典型特征归属于动物。

B. 把一个仅仅对一类中的一个物种正确的结论扩展到该类中所有物种。

C. 提供一个原则上既没有被证真也没有被证伪的假说作为解释。

D. 提供一个将要被解释的现象作为该现象的解释。

E. 没有根据地假设有漂亮尾羽的雄孔雀可能有其他强烈吸引雌孔雀的特征。

24. 当两栖动物在几百万年前首次出现在地球上时，穿透地球大气层的紫外线辐射量比现在大得多。因此，现在两栖动物数量剧减不会是最近穿透地球大气层的紫外线辐射增加的结果。

以上论述基于下列哪项假设？

A. 现代两栖动物的卵并不比最初两栖动物的卵显著地更易受紫外线辐射的伤害。

B. 现代两栖动物不大可能像早期两栖动物居住的栖息地那样能够遮蔽紫外线。

C. 现在两栖动物不能像早期两栖动物那样容易地适应辐射程度的改变。

D. 两栖动物的皮肤通常比其他动物的皮肤对紫外线更敏感。

E. 与其他形式辐射相比，两栖动物的皮肤对紫外线不那么敏感。

25. 因偷盗、抢劫或流氓罪入狱的刑满释放人员的重新犯罪率，要远远高于因索贿受贿等职务犯罪入狱的刑满释放人员。这说明，在狱中对上述前一类罪犯教育改造的效果，远不如对后一类罪犯。

以下哪项如果为真，最能削弱上述论证？

A. 与其他类型的罪犯相比，职务犯罪者往往有较高的文化水平。

B. 对贪污、受贿的刑事打击，并没能有效地扼制腐败，有些地方的腐败反而愈演愈烈。

C. 刑满释放人员很难再得到官职。

D. 职务犯罪的罪犯在整个服刑犯中只占很小的比例。

E. 统计显示，职务犯罪者很少有前科。

26. 张先生：每年数以百计的交通事故都归因于我市街道条件太差，因此必须维修道路以挽救生命。

李先生：城市可用少于维修街道的花费来改进其众多运输系统，从而大大减少交通拥挤，这对避免交通事故大有裨益。城市负担不起同时进行两项改善，因此它应该改进众多运输系统，因为减少交通拥挤还有其他好处。

下列哪一个最好地描述了张先生和李先生争论的观点？

A. 某一问题实际上是否存在。

B. 某一问题怎样出现。

C. 谁负责处理某一问题。

D. 该城市是否有足够的财力来处理某一问题。

E. 城市如何能够最佳地处理好某一问题。

27. 在美国，尽管新制造的国产汽车的平均油效仍低于新制造的进口汽车，但它在1983年到1988年间却显著地增加了。自那以后，新制造的国产汽车的平均油效没有再提高，但新制造的国产汽车与进口汽车在平均油效上的差距却逐渐缩小。

如以上论述正确，那么基于此下面哪一项也一定正确？

A. 1988年后制造的国产汽车的平均油效高于1988年制造的进口汽车的平均油效。

B. 新制造的国产汽车的平均油效从1988年后逐渐趋向缩小。

C. 新制造的进口汽车的平均油效从1988年以后趋向缩小。

D. 新制造的进口汽车的平均油效在1983年以后趋向增加。

E. 1983年制造的进口汽车的平均油效高于1988年制造的进口汽车的平均油效。

28. 小东在玩"勇士大战"游戏，进入第二关时，界面出现四个选项。第一个是"选择任意选项都需要支付游戏币"，第二个选项是"选择本项后可以得到额外游戏奖励"，第三个选项是"选择本项游戏后游戏不会进行下去"，第四个选项是"选择某个选项不需要支付游戏币"，如果四个选项中的陈述只有一句为真，则以下哪项一定为真？

A. 选择任意选项都需要支付游戏币。

B. 选择任意选项都不需要支付游戏币。

C. 选择任意选项都不能得到额外游戏奖励。

D. 选择第二个选项后可以得到额外游戏奖励。

E. 选择第三个选项后游戏能继续进行下去。

29. 玩一种电脑游戏要取胜，就得闯关，如果所有关都闯过了，就会升级。小张闯了五次关，除非死机。小张很幸运并没有出现死机的情况，虽然小张在闯关时很费劲，但都很顺利，所以，小张升级还有几步之遥。

以下哪项是上述论证所必须假设的？

A. 一次不可能闯两次关。

B. 电脑提示小张最多能闯过四关。

C. 如果不闯七关，那么不能升级。

D. 如果闯七关，那么能升级。

E. 如果没升级，那么没闯过七关。

30. 某单位评选优秀职工有如下条件：首先是工龄没有满 5 年的不能参评；另一条是只有当年没有违纪的才能参评。小张因工龄没有满 5 年没有允许她参评，小张说："我没有违纪行为，根据评选条件我可以参评。"

小张最有可能把评选条件理解为：

A. 除非工龄满 5 年，否则不能参评。

B. 只有没有违纪的人，才不需要满 5 年工龄。

C. 如果没有违纪，那么就能参评。

D. 工龄满 5 年，不一定允许参评。

E. 没有违纪的，就不需满 5 年工龄

参考文献

1. 欧文·M·柯匹（lrving M. Copi），卡尔·科恩（Carl Cohen）著. 张建军，潘天群等译. 逻辑学导论. 中国人民大学出版社，2010

2. 武宏志，周建武，唐坚. 非形式逻辑导论. 人民出版社，2009

3. 中国人民大学哲学院逻辑学教研室. 逻辑学. 中国人民大学出版社，2008

4. 陈幕泽. 数理逻辑基础. 中国人民大学出版社，2003

5. 何向东. 逻辑学教程. 高等教育出版社，2000

6. 编写组. 普通逻辑. 上海人民出版社，1993

7. 王宪钧. 数理逻辑引论. 北京大学出版社，1982

8. 金岳霖. 形式逻辑. 人民出版社，1979

图书在版编目（CIP）数据

逻辑学概论/张振华编著. --沈阳：辽宁大学出
版社，2011.7
ISBN 978-7-5610-6411-5

Ⅰ.①逻… Ⅱ.①张… Ⅲ.①逻辑－高等学校－教材
Ⅳ.①B81

中国版本图书馆 CIP 数据核字（2011）第 134100 号

出　版　者：辽宁大学出版社有限责任公司
　　　　　　（地址：沈阳市皇姑区崇山中路 66 号　　邮政编码：110036）
印　刷　者：抚顺光辉彩色广告印刷有限公司
发　行　者：辽宁大学出版社有限责任公司
幅面尺寸：148mm×210mm
印　　张：13.125
字　　数：350 千字
出版时间：2011 年 7 月第 1 版
印刷时间：2011 年 7 月第 1 次印刷
责任编辑：陈景泓
封面设计：憬　鸿
责任校对：齐　悦

书　　号：ISBN 978-7-5610-6411-5
定　　价：34.00 元

联系电话：024－86864613
邮购热线：024－86830665
网　　址：http://www.lnupshop.com
电子邮件：lnupress@vip.163.com

潮汕文化源流

黄挺◎著

民主与建设出版社

·北京·

图书在版编目 (CIP) 数据

　潮汕文化源流 / 黄挺著 . -- 北京：民主与建设出
版社 , 2022.11

　ISBN 978-7-5139-3977-5

　Ⅰ . ①潮… Ⅱ . ①黄… Ⅲ . ①文化史－潮汕地区
Ⅳ . ① K296.52

　中国版本图书馆 CIP 数据核字（2022）第 174919 号

潮汕文化源流
CHAOSHAN WENHUA YUANLIU

著　　者	黄 挺	
责任编辑	程 旭	
封面设计	即刻设计	
版式设计	梁晓庆	
出版发行	民主与建设出版社有限责任公司	
电　　话	(010) 59417747　59419778	
社　　址	北京市海淀区西三环中路 10 号望海楼 E 座 7 层	
邮　　编	100142	
印　　刷	北京天恒嘉业印刷有限公司	
版　　次	2022 年 11 月第 1 版	
印　　次	2022 年 11 月第 1 次印刷	
开　　本	880 毫米 ×1230 毫米　　　1/32	
印　　张	11	
字　　数	255 千字	
书　　号	ISBN 978-7-5139-3977-5	
定　　价	58.00 元	

注：如有印、装质量问题，请与出版社联系。